Die Vorausabtretung in der Insolvenz

Europäische Hochschulschriften
Publications Universitaires Européennes
European University Studies

**Reihe II
Rechtswissenschaft**

Série II   Series II
Droit
Law

Bd./Vol. 5100

PETER LANG
Frankfurt am Main · Berlin · Bern · Bruxelles · New York · Oxford · Wien

Matthias Voß

Die Vorausabtretung in der Insolvenz

Zum Werthaltigmachen von Forderungen

PETER LANG
Internationaler Verlag der Wissenschaften

Bibliografische Information der Deutschen Nationalbibliothek
Die Deutsche Nationalbibliothek verzeichnet diese Publikation in
der Deutschen Nationalbibliografie; detaillierte bibliografische Daten
sind im Internet über http://dnb.d-nb.de abrufbar.

Zugl.: Halle-Wittenberg, Univ., Diss., 2010

Gedruckt auf alterungsbeständigem,
säurefreiem Papier.

3
ISSN 0531-7312
ISBN 978-3-631-60367-3

© Peter Lang GmbH
Internationaler Verlag der Wissenschaften
Frankfurt am Main 2010
Alle Rechte vorbehalten.

Das Werk einschließlich aller seiner Teile ist urheberrechtlich geschützt. Jede Verwertung außerhalb der engen Grenzen des Urheberrechtsgesetzes ist ohne Zustimmung des Verlages unzulässig und strafbar. Das gilt insbesondere für Vervielfältigungen, Übersetzungen, Mikroverfilmungen und die Einspeicherung und Verarbeitung in elektronischen Systemen.

www.peterlang.de

Meinen Eltern

Vorwort

Die Juristische und Wirtschaftswissenschaftliche Fakultät der Martin-Luther-Universität Halle-Wittenberg hat die Arbeit im Wintersemester 2009/2010 als Dissertation angenommen. Die Entwicklung in Literatur und Rechtsprechung konnte noch bis April 2010 berücksichtigt werden.

Danken möchte ich sehr herzlich meinem Doktorvater, Herrn Professor Dr. Urs Peter Gruber, der nicht nur die Betreuung und die Erstellung des Erstgutachtens übernommen hat, sondern durch Aufmunterung und fortwährende Gesprächsbereitschaft den Rückhalt für die Erstellung dieser Arbeit gegeben hat. Außerdem bedanke ich mich bei Frau Professorin Dr. Caroline Meller-Hannich, die das Zweitgutachten angefertigt hat.

Besonderer Dank gilt meinen Eltern, Ursula und Gerhard Voß, die mich immer und so auch während der Promotionszeit umfassend unterstützt und in meinem Vorhaben stets bestärkt haben. Ihnen widme ich diese Arbeit.

Berlin, im Mai 2010   Matthias Voß

Inhaltsverzeichnis

Einführung 17
A. Die Vorausabtretung als Kreditsicherungsmittel 17
B. Besonderheiten der Vorausabtretung 18
C. Die Bedeutung der Vertragserfüllung für die Vorausabtretung in der Insolvenz 20
D. Gegenstand der Untersuchung 22
E. Verlauf der Untersuchung 24

Teil 1: Die Vorausabtretung und die Vertragserfüllung außerhalb der Insolvenz 27
A. Die Vorausabtretung als Sicherungsabtretung 27
    I. Gesetzliche Regelungen 27
    II. Die Forderungsübertragung gemäß § 398 BGB 27
    III. Sicherungsvereinbarung 28
    IV. Einziehungsermächtigung des Zedenten 29
    V. Einziehung im Sicherungsfall 29
B. Die Vorausabtretung künftiger Forderungen 29
    I. Abgrenzung: Der Begriff der künftigen Forderung 31
    II. Voraussetzung für den Forderungserwerb im Wege der Vorausabtretung 33
        1. Bestimmtheit bzw. Bestimmbarkeit 33
        2. Verfügungstatbestand und Wirksamkeitsvoraussetzung 34
        3. Vereinbarkeit der Vorausabtretung mit § 400 BGB 35
    III. Zusammenfassung 36
C. Die ausstehende Vertragserfüllung 36
    I. Die Einrede des nichterfüllten Vertrages gemäß § 320 BGB 36
        1. Das funktionelle Synallagma bei gegenseitigen Verträgen 36
        2. Nichterfüllung 38
        3. Kein Ausschluss der Einrede 39
        4. Zusammenfassung 39
    II. Die Einrede des § 320 BGB im Verhältnis zwischen Zessionar und Abnehmer 39
    III. Zusammenfassung zur Einrede des nichterfüllten Vertrages 40

D. Die unterschiedlichen Auswirkungen der Vertragserfüllung auf die Forderung ... 40
   I. Beschreibung ... 41
   II. Abgrenzung: Valutierung von Sicherheiten ... 41
   III. Zusammenfassung ... 43

Teil 2: Der Forderungserwerb ohne das Erfüllungswahlrechts nach § 103 InsO ... 45
A. Der Erwerb einer vor der Insolvenzeröffnung entstandenen Forderung aus bereits erfüllten Verträgen ... 45
   I. Masseschutzvorschriften ... 45
   II. Die Sicherungsabtretung in der Insolvenz ... 45
      1. Absonderungsrecht ... 46
      2. Verwertungsbefugnis des Verwalters gemäß § 166 Abs.2 InsO 8 46
      3. Kostenbeteiligung des Sicherungszessionars ... 48
      4. Einziehungsermächtigung ... 49
   III. Ergebnis und Begründung unter Berücksichtigung des Werthaltigmachens ... 49
B. Der Erwerb einer erst nach Insolvenzeröffnung entstandenen Forderung ... 49
   I. Inhaltliche Reichweite der Abtretungsvereinbarung ... 50
   II. Die masseschützenden Vorschriften der §§ 81, 91 InsO ... 51
   III. Das Erwerbsverbot des § 81 InsO ... 51
      1. Verfügung nach Insolvenzeröffnung ... 52
      2. Stellungnahme ... 53
      3. Ergebnis ... 55
   IV. Das Erwerbsverbot des § 91 InsO ... 55
      1. Unanwendbarkeit wegen Verwalterhandelns ... 55
         a) Konsequenzen einer Unanwendbarkeit von § 91 InsO auf Grund Verwalterhandelns ... 56
         b) Stellungnahme ... 56
         c) Ergebnis ... 57
      2. Gegenstand der Insolvenzmasse ... 57
         a) Die unterschiedlichen Auffassungen ... 58
         b) Anwendung dieser Grundsätze auf eine künftige Forderung im Sinne der Untersuchung ... 60
         c) Ergebnis nach BGH und der dargestellten Literaturauffassung ... 60
   V. Notwendigkeit eines weiteren Begründungsansatzes ... 60
      1. Kritik am Vorstellungsbild des Durchgangserwerbs ... 61

    a) Der Durchgangserwerb als Wertungsergebnis 61
    b) Massezugehörigkeit auf Grund des Durchgangserwerbs 61
       aa) § 35 Alt.1 InsO 61
       bb) § 35 Alt.2 InsO 62
       cc) Gegenargumente 63
    c) Stellungnahme 63
  2. Zusätzliche Kriterien zur Begründung der Massezugehörigkeit der Forderung 64
    a) Massezugehörigkeit der Forderung aus der Qualität der Sicherungsabtretung als Absonderungsrecht 64
    b) Die Regelung zur Ersatzaussonderung 65
    c) Der Insolvenzzweck gemäß §§ 1, 38 InsO 66
    d) Verwaltungssurrogation 67
  3. Stellungnahme 68
VI. Die Begründung der Massezugehörigkeit unter zusätzlicher Berücksichtigung des Werthaltigmachens 69

Teil 3: Die Auswirkungen der Insolvenzeröffnung auf den Forderungserwerb bei nachträglicher Vertragserfüllung 71
A. Das Erfüllungswahlrecht des Insolvenzverwalters 71
  I. Voraussetzungen 71
  II. Normzweck 72
B. Die Entwicklung der Rechtsprechung § 103 InsO 72
  I. Die verschiedenen Wendepunkte 73
    1. Traditionelles Normverständnis 74
      a) Wirkung der Konkurseröffnung und Rechtsnatur des Wahlrechts 74
      b) Der gegenseitige Vertrag als grundsätzlich unteilbare Einheit 75
      c) Teilleistungen 76
        aa) Vorleistungen des Gemeinschuldners 76
        bb) Vorleistungen des anderen Teils 77
      d) Auswirkungen auf die Aufrechnungsmöglichkeit und die Abtretung 78
        aa) Erfüllungswahl 78
        bb) Erfüllungsablehnung 79
      e) Konsequenzen 80
    2. Das gewandelte Normverständnis mit der sog. „Erlöschenstheorie" 81
      a) Schutz der Gläubigergesamtheit 82

b) Grundsatz	82
c) Zur Wirksamkeit der Abtretung	83
d) Teilleistungen	83
aa) Teilleistungen des Gemeinschuldners	84
bb) Teilleistungen des anderen Teils	85
e) Auswirkungen der „Erlöschenstheorie" hinsichtlich der Aufrechnung und Zession unter Berücksichtigung des Gegenleistungsgrundsatzes	86
aa) Vorleistungen des Konkursschuldners	86
bb) Vorleistungen des anderen Teils	87
cc) Nachkonkurslicher Vertragsteil	87
3. Der Gegenleistungsgrundsatz als Wertungsprinzip für die „Erlöschenstheorie"	88
4. Die Kritik an der „Erlöschenstheorie"	89
a) Wortlaut und Entstehungsgeschichte des § 17 KO	89
b) Systematik	90
c) Normzweck und Folgenbetrachtung	91
aa) Aufrechnungsmöglichkeiten	91
bb) Abtretung	92
d) Unstimmigkeiten bei gesetzlich angeordneter Erfüllungspflicht	93
e) Festhalten des BGH an der Erlöschenstheorie	93
5. Die „Qualitätssprungtheorie"	94
a) Wirkung der Insolvenzeröffnung	94
b) Wirkung der Erfüllungswahl	95
c) Wirkung der Erfüllungsablehnung	96
d) Vor Insolvenzeröffnung erbrachte Teilleistungen	96
e) Aufrechnung des Vertragspartners	97
f) Abtretung	98
6. Unterschiede zur „Erlöschenstheorie"	98
II. Von der „Qualitätssprungtheorie" abweichende Auffassungen zur Erfüllungswahl und der Abtretung	99
1. Pflicht zur Erfüllungswahl bzw. Ausschluss des Wahlrechts durch die Abtretung	99
2. Wirksame Erfüllungswahl und Wirksamkeit der Sicherungszession	100
3. Ausschluss des Wahlrechts: Unwirksamkeit der Erfüllungswahl	100
a) Fehlende Forderungszuständigkeit	100
b) Fehlendes Einziehungsrecht	101
c) Fortsetzung des Synallagmas	102

  d) Konkurszweckwidrigkeit 102
 4. Wirksamkeit der Erfüllungswahl bei bestehender Lösungsmöglichkeit 102
 5. Wirksamkeit der Erfüllungswahl mit Anrechnungsmöglichkeit: Bereicherungslösung 103
 6. Keine Auswirkung der Erfüllungswahl auf die Zession 104
  a) „Qualitätssprungtheorie" des BGH 105
  b) Die massezugehörige Produktivität 105
  c) Surrogation 106
III. Stellungnahme... 107
 1. Ausschluss des Wahlrechts durch die Sicherungsabtretung 107
  a) Grundgedanke 108
  b) Konstruktive Widersprüche 108
  c) Einflussnahme Dritter auf das Erfüllungswahlrecht 108
  d) Anwendbarkeit von § 119 InsO 109
  e) Die Prämisse der zwingenden nachteiligen Wirkungen 110
  f) Zwischenergebnis zum Ausschluss des Wahlrechts 111
 2. Erfüllungswahl und Forderungserwerb des Zessionars mit anschließendem Bereicherungsausgleich 111
  a) Grundgedanke 112
  b) Konstruktive Unstimmigkeiten 112
  c) Systematische Unstimmigkeiten 114
  d) Das Argument der bereits erworbenen Rechtsposition 116
  e) Zwischenergebnis zur bereicherungsrechtlichen Lösung 118
 3. Wirksame Erfüllungswahl ohne Forderungserwerb 118
  a) Die „Qualitätssprungtheorie"... 118
  b) Produktivität als Vermögenswert 119
  c) Der Surrogationsansatz.. 120
  d) Stellungnahme 124
C. Das Werthaltigmachen als zusätzliches Wertungskriterium für die Wirkungen des Erfüllungswahlrechts 124
D. Zusammenfassung 126

Teil 4: Das Werthaltigmachen Kriterium als ein Kriterium für die Insolvenzanfechtung 129
A. Die Insolvenzanfechtung der Vorausabtretung.................................. 129
 I. Einleitung 129
 II. Die Anfechtung der Vorausabtretung als komplexes Problem 130
 III. Gegenstand und Verlauf der Betrachtung 131
B. Das Konzept des BGH zur Anfechtung der Vorausabtretung 132

I. Die Anfechtung des Forderungserwerbs	133
1. Rechtshandlung und maßgeblicher Zeitpunkt	133
2. Fehlendes Bargeschäftsprivileg der Vorausabtretung	133
3. Kongruenz der Vorausabtretung künftiger Forderungen	134
a) Bedeutung für den Anfechtungsprozess	135
b) Inkongruenz bei bankmäßigen Sicherheiten an zukünftigen Vermögenswerten	136
c) Übertragung auf die Vorausabtretung	136
d) Die Ansicht des BGH	137
II. Die selbständige Anfechtung des Werthaltigmachens	138
1. Rechtshandlung und maßgeblicher Zeitpunkt	138
2. Kongruenz des Werthaltigmachens	139
3. Gläubigerbenachteiligung	140
a) Hypothetische Betrachtung	140
b) Erweiterungen auf Arbeitsleistungen	140
4. Rechtsfolgen der selbständigen Anfechtung des Werthaltigmachens	141
C. Stellungnahme zum Konzept des BGH entwickelten für die Anfechtung der Vorausabtretung	142
I. Die Anfechtung des Forderungserwerbs	142
1. Bargeschäft	142
2. Zur Frage der Kongruenz	143
a) Die Kongruenz als Ergebnis einer Interessenabwägung	144
b) Konstruktive Umsetzung der Wertungsentscheidung	145
aa) Isolierte Betrachtung	146
bb) Abgrenzungskriterium zu den bankmäßigen Sicherheiten	146
c) Berücksichtigung der weiteren Umstände der Vorausabtretung für die Feststellung der Kongruenz	148
II. Kritik an der selbständigen Anfechtung des Werthaltigmachens nach dem Konzept des BGH	148
1. Die Erfüllungsleistungen als selbständig anfechtbare Rechtshandlung mit „Doppelwirkung"	149
2. „Abhängige" Kongruenz	151
3. Das Werthaltigmachen als „Ermöglichen" der Sicherung	151
4. Verhältnis zur Anfechtung des Forderungserwerbs	153
5. Rechtsfolgen der selbständigen Anfechtung des Werthaltigmachens	153
a) Inhalt und Verpflichteter des Rückgewährsanspruchs	154
b) Das Gesamtschuldverhältnis von Zessionar und Abnehmer	155

c) Eingriff in die Risikoverteilung und Berechnungsdetails 156
III. Die Anfechtung des Forderungserwerbs als Alternative zur selbständigen Anfechtung nach dem Konzept des BGH 157
  1. Der Anfechtungsgegenstand beim zeitlich nachfolgenden Werthaltigmachen der Forderung vor dem Hintergrund der Gläubigerbenachteiligung 158
  2. Übereinstimmung mit der Rechtsprechung des BGH zum Werthaltigmachen einer Aufrechnungslage 159
     a) Zur Vergleichbarkeit der Aufrechnung 159
     b) Die unterschiedlichen Entscheidungen 160
     c) Übertragung auf die Abtretung 161
  3. Die Auffassungen in der Literatur zur Anfechtung des Werthaltigmachens bei der Abtretung 161
  4. Das Werthaltigmachen als maßgeblicher Zeitpunkt für die Anfechtung gemäß § 140 InsO 162
  5. Wegfall der „abhängigen" Kongruenz hinsichtlich der Vertragserfüllung 164
  6. Rechtsfolgen der Anfechtung und vereinfachte Abwicklung 165
IV. Zusammenfassung 166
D. Das Werthaltigmachen als Kriterium für die Insolvenzanfechtung 167

Teil 5: Das Werthaltigmachen als einheitliches Wertungskriterium für die Vorausabtretung 171
A. Anwendung des Wertungskriteriums auf den Geldkredit 171
B. Anwendung des Wertungskriteriums auf den Warenkredit 172
  I. Beschreibung des Warenkredits 172
  II. Erfüllungswahlrecht hinsichtlich des Liefervertrages gemäß § 107 Abs. 2 InsO 173
  III. Eigentumsvorbehalt als Aussonderungsrecht 174
  IV. Wirksamkeit bzw. Anfechtbarkeit der Forderungsabtretung 175
    1. Forderungsentstehung nach Insolvenzeröffnung 175
       a) Das Vorstellungsbild des Durchgangserwerbs 175
       b) Berücksichtigung des Werthaltigmachens 176
       c) Stellungnahme 177
    2. Der Warenkredit und das Erfüllungswahlrecht nach § 103 InsO 178
       a) Unanwendbarkeit von § 107 Abs. 1 InsO 179
       b) Folgen der Erfüllungswahl 179
          aa) „Qualitätssprung" der Forderung 180
          bb) Die Berücksichtigung des Werthaltigmachens bzw. des „Gegenleistungsgrundsatzes" als Wertungskriterium 180

15

    3. Insolvenzanfechtung 180
       a) Rechtsprechung und Literatur im Fall des verlängerten Eigentumsvorbehalts 181
       b) Das Kriterium des Werthaltigmachens 181
       c) Übertragung auf die selbständige Anfechtung des Werthaltigmachens 182
  V. Der Warenkredit und das Kriterium des Werthaltigmachens 183
C. Fazit: Das Werthaltigmachen als Wertungskriterium für die Vorausabtretung neben den bisherigen konstruktiven Ansätzen 184
  I. Notwendigkeit eines zusätzlichen Wertungskriteriums 184
  II. Das Werthaltigmachen als Kriterium für die Vorausabtretung im Allgemeinen 184
  III. Die Bildung eines umfassenden Konzepts für die Vorausabtretung 185

Gesamtergebnis in Thesenform 187

Literaturverzeichnis 189

Einführung

A. Die Vorausabtretung als Kreditsicherungsmittel

Zur Finanzierung der laufenden Produktion oder für neue Investitionen müssen die Unternehmen zur Kreditaufnahme den Banken valide Kreditsicherheiten gewähren.

Die Bestellung von Grundpfandrechten scheitert allerdings häufig am Fehlen von belastbarem Grundbesitz.[1] Das bewegliche Betriebsvermögen und die schon vorhandenen sowie auch durchsetzbaren Kundenforderungen sind häufig bereits durch Sicherungsübereignungen bzw. Sicherungsabtretungen an andere Kreditgläubiger gebunden. Rohmaterialien als Teil des Umlaufvermögens stehen häufig unter Eigentumsvorbehalt des Lieferanten. Fertigungsanlagen und Maschinen stehen vielfach im Eigentum eines Leasinggebers oder sind bereits anderweitige sicherungsübereignet.

Persönliche Bürgschaften widersprechen dem Interesse der hinter dem Unternehmen stehenden Gesellschafter bzw. Aktionäre nach beschränkter Haftung, die sich in jedem Fall auf das zur Verfügung gestellte Eigenkapital erschöpfen soll.

Gerade bei kleineren und mittelständischen Unternehmen – insbesondere bei Familienbetrieben – steht der Kreditsicherung durch die Übernahme von Bürgschaft auch entgegen, dass bereits große Teile des Privatvermögens und der Einnahmen des mit dem Familienunternehmen verflochtenen Bürgen in den Geschäftsbetrieb eingebracht worden sind. Bei Eintritt des Sicherungsfalls verfügt der Bürge deshalb häufig nicht mehr über zusätzliches Vermögen, welches seine bereits erbrachte und dem Gläubiger schon haftende Beteiligung übersteigt.[2] Hinzu kommt seit dem Inkrafttreten der Insolvenzordnung die Möglichkeit der Restschuldbefreiung nach §§ 286 ff. InsO für natürliche Personen nach mehrjähriger Wohlverhaltensphase.[3]

---

1 Einerseits belasten finanzierende Banken regelmäßig nur bis zur Beleihungsgrenze von max. 70 % des Verkehrswertes erstrangig. Dabei ist die Wertermittlung naturgemäß großen Schwankungen unterworfen und darüber hinaus bestehen häufig noch vorrangige Belastungen aus der Erwerbsfinanzierung, welche eine weitere Beleihung des Grundbesitzes ausschließen.
2 Der Gläubiger prüft durch eine solche Bürgschaft also vielmehr die Überzeugtheit des Schuldners und des Bürgen vom Erfolg des Projekts, da er selbst diesen kaum beurteilen kann.
3 Grundsätzlich ist das Regelinsolvenzverfahren Zugangsvoraussetzung für die Restschuldbefreiung ist das. Bei Verbrauchern -und unter weiteren Voraussetzungen auch bei begrenzt

Die Rechtsprechung hat seit einiger Zeit die Haftung aus Bürgschaften von Ehegatten und nahen Angehörigen des Hauptschuldners im Hinblick auf eine Sittenwidrigkeit gemäß § 138 Abs.1 BGB unter dem Gesichtspunkt der gestörten Vertragsparität weiteren Einschränkungen unterworfen, aus denen sich weitere Risiken für den Sicherungsnehmer ergeben können.[4]

Darüber hinaus fehlt dem Sicherungsnehmer bei der Bürgschaft grundsätzlich die Möglichkeit, das haftende Vermögen des Bürgen und dessen weitere Verfügung über das haftende Vermögen wirksam zu kontrollieren.

Vor diesem Hintergrund kommt daher die Bereitstellung von Kreditsicherheiten an gegenwärtigem Anlage- und Umlaufvermögen des Unternehmens bzw. Personalsicherheiten für die notwendige Unternehmensfinanzierung weiterer Investitionen häufig nicht in Betracht. Das Unternehmen kann dem Kreditgeber – und damit in der Regel einer Bank – zur weiteren Unternehmensfinanzierung nur solches Vermögen als Sicherheit anbieten, das bei der Kreditvergabe überhaupt noch nicht existiert.

Von erheblicher Bedeutung ist in diesem Zusammenhang die Vorausabtretung von Forderungen aus Lieferungen und Leistungen des Unternehmens, die gegenüber Kunden erst in Zukunft erbracht werden müssen.[5]

B. Besonderheiten der Vorausabtretung

In diesem Fall wird das dem Unternehmen gewährte Gelddarlehen gegen Vorausabtretung der zu diesem Zeitpunkt noch nicht existierenden – also noch künftigen- Forderungen des Unternehmens ausgezahlt.

Häufig müssen Rohmaterialien und Arbeitsleistungen, welche das Unternehmen für die spätere Vertragserfüllung gegenüber seinen Kunden benötigt, mit den sofort erhaltenen Darlehensmitteln vorfinanziert werden.[6]

---

wirtschaftlich tätigen Personen- kann dagegen auch das in vielfacher Hinsicht stark vereinfachte besondere Verbraucherinsolvenzverfahren gemäß § 304 InsO ff den Zugang zur Restschuldbefreiung eröffnen. Vgl. zum europarechtlich zu bestimmenden Verbraucherbegriff FK-*Kothe*, § 304 Rdnr.5ff.

4 BGH NJW 1999, 58f. ; Zur Sittenwidrigkeit und dem Haftungszweck von Ehegattenbürgschaften und generell familiären Bindungen vgl. *Oberhammer*, DZWIR 2000, 45 ff. – ebenfalls *Tiedtke*, NJW 1999, 1209 ff.

5 *Bülow*, Kreditsicherheiten, Rdnr. 1417; *Lwowski*, Kreditsicherung, Rdnr.759. auch *Hahnzog*, Diss. S.1. Die Bedeutung der Vorausabtretung im Rahmen der Globalzession auch BGH NZI 2008, 89 (92).

6 Dies ist natürlich nicht zwingend, dürfte aber häufig der Finanzplanung der Unternehmen entsprechen. Der Vorhalt von Liquidität in Form von Eigenkapital kommt unter wirtschaftlichen Gesichtspunkten kaum in Frage. Bei Werkverträgen folgt die Vorleistungspflicht des

Allerdings sind mit einer sofortigen Darlehensgewährung an das Unternehmen allein gegen Vorausabtretung künftiger Forderungen auf Grund noch abzuschließender und erst noch zu erfüllender Verträge erhebliche Risiken für den Darlehensgeber als Zessionar[7] verbunden.[8]

So ist zu diesem frühen Zeitpunkt der Darlehensvergabe einerseits noch ungewiss, ob die zur Sicherheit vorausabgetretene Forderung auch tatsächlich entsteht. Zur Entstehung der Forderung als Rechtsobjekt ist es zunächst einmal notwendig, dass es dem Zedenten gelingt, am Markt für die Erbringung der Leistungen einen Abnehmer zu finden, so dass es zum Abschluss eines Absatzvertrages kommt.[9]

Allein der Vertragsschluss, der zwar die als Sicherheit dienende Vergütungsforderung rechtlich entstehen lässt, verschafft dem Zessionar jedoch noch keine durchsetzbare Sicherheit. Bei den hier betrachteten gegenseitigen Verträgen ist die mit Vertragsschluss bereits entstandene Vergütungsforderung gegen die Abnehmer gemäß § 320 BGB noch nicht durchsetzbar. Bis zur Vertragserfüllung hat diese Forderung noch keinen wirtschaftlichen Wert. Diese Einrede des Abnehmers gegen die Vergütungsforderung gemäß § 320 BGB entfällt erst, wenn der Zedent die nach dem Absatzvertrag geschuldete Leistung vollständig und ordnungsgemäß erfüllt hat. Für diese Vertragserfüllung werden Rohmaterialien verbraucht bzw. eingesetzt und erforderliche Arbeitsleistungen müssen finanziert werden.

Erst nach der Erfüllung wird die als Sicherheit dienende Vergütungsforderung gegen den Abnehmer durchsetzbar und damit werthaltig. Vor der Vertragserfüllung ist die Forderung zwar als Rechtsobjekt existent, besitzt jedoch noch keinen wirtschaftlichen Wert. Die Vorausabtretung begründet vor der vollständigen Erfüllung des Absatzvertrages keine durchsetzbare und damit wirtschaftlich werthaltige Sicherung des vom Zessionar gewährten Darlehens.

Unternehmens – und damit wirtschaftlich auch das Erfordernis der Vorfinanzierung- aus der Fälligkeit des Vergütungsanspruchs erst nach Abnahme bzw. deren Surrogate gemäß § 641ff. BGB.

[7] Der Sicherungsnehmer wird künftig nur noch als Zessionar bezeichnet.
[8] Auf die Risiken außerhalb der Insolvenz wird in den Ausführungen auf S. 40 ff eingegangen.
[9] Der Sicherungsgeber wird künftig als Zedent, dessen Kunde als Abnehmer und der zwischen ihnen abgeschlossene gegenseitige Vertrag als Absatzvertrag bezeichnet.

C. Die Bedeutung der Vertragserfüllung für die Vorausabtretung in der Insolvenz

Vor diesem Hintergrund ist zu erwarten, dass die Vertragserfüllung maßgeblich bei der Anwendung und Auslegung der insolvenzrechtlichen Vorschriften zum Schutz der gleichmäßigen Gläubigerbefriedigung zu berücksichtigt wird. Nach diesen Schutzvorschriften kann der Zessionar die vorausabgetretene Forderung in Folge der Insolvenzeröffnung nicht erwerben bzw. ist dieser einem anfechtungsrechtlichem Rückgewähranspruch ausgesetzt, falls die gleichmäßige Gläubigerbefriedigung beeinträchtigt ist.

So kann nach den §§ 81, 91 InsO schon der Erwerb der Forderung durch den Zessionar trotz frühzeitiger Vorausabtretung unwirksam sein, wenn es sich bei der vorausabgetretenen Forderung um einen zur Insolvenzmasse gehörenden Gegenstand handelt.

Auch wenn die Forderung noch vor Insolvenzeröffnung entstanden ist, kann der Insolvenzverwalter den Forderungserwerb noch verhindern bzw. den Erwerb neutralisieren. Hier ist einerseits an das Erfüllungswahlrecht des Insolvenzverwalters nach § 103 InsO zu denken, dessen Ausübung nach der Rechtsprechung[10] des BGH den Erwerb der abgetretenen Forderung gemäß § 91 InsO verhindert. Andererseits kann der Insolvenzverwalter den noch vor Insolvenzeröffnung erfolgten Forderungserwerb bzw. die Vertragserfüllung unter den Voraussetzungen der §§ 129 ff. InsO anfechten und auf diese Weise die haftungsrechtliche Unwirksamkeit der Abtretung geltend machen.[11]

Das zeitliche Auseinanderfallen und die unterschiedliche Bedeutung der frühzeitigen Abtretung einer weitgehend wertlosen Forderungshülle und die erst durch die Vertragserfüllung hervorgerufene Durchsetzbarkeit werden vom Wortlaut dieser Schutznormen nicht bzw. nur unvollkommen erfasst. So scheint es bei der Anwendung von §§ 81, 91 InsO nur auf den Abtretungszeitpunkt der Forderung ohne Rücksicht auf die spätere Vertragserfüllung anzukommen. Auch im Zusammenhang mit den Auswirkungen des Erfüllungswahlrechts nach § 103 InsO ist die (nicht vollständige) Vertragserfüllung nur Tatbestandsvoraussetzung. Dem Wortlaut des § 103 InsO lässt sich jedoch nicht entnehmen, welche Auswir-

---

10 Vgl. nur BGHZ 153, 375 ff. = NZI 2002, 375= NJW 2002, 2783 mit Besprechung von *M. Huber*, NZI 2002, 467 sowie *Marotzke* ZZP 111 (2002), 507 ff und *Mohrbutter/Mohrbutter*, DZWIR 2003, 1 ff.
11 Vgl. zum Begriff der haftungsrechtlichen Unwirksamkeit als Folge der Insolvenzanfechtung *Häsemeyer*, Insolvenzrecht, Rdnr.1.1.5.

kungen die Erfüllungswahl auf den Forderungserwerb eines Zessionars als nicht am Absatzvertrag beteiligten Dritten hat.[12]

Deshalb beschränkt sich auch der BGH nicht auf den Wortlaut bzw. den konstruktiven Ansatz der qualitativen Aufwertung der Forderung als Folge der Erfüllungswahl, um die Unwirksamkeit des Erwerbs nach § 91 InsO zu begründen. Vielmehr wird die Vertragserfüllung unter Verbrauch von Mitteln der Insolvenzmasse im Rahmen des „Gegenleistungsgrundsatzes"[13] als maßgebliches Wertungskriterium für die Unwirksamkeit angeführt.[14]

Ähnliches gilt auch für die Anwendung der Anfechtungstatbestände und die allgemeinen Anfechtungsvoraussetzungen. Auch hier genügt es nicht, allein an die frühzeitige Abtretungsvereinbarung als Anfechtungsgegenstand anzuknüpfen. Erfolgt die Erfüllung erst Jahre nach der Forderungsabtretung, würden mit Blick auf die kurzen dreimonatigen Tatbestandsfristen der für den Anfechtungsprozess bedeutsamen Deckungsanfechtung nach den §§ 130, 131 InsO Lücken entstehen. Dies kann nur vermieden werden, wenn die erst später und noch bis zur Insolvenzeröffnung erfolgende Vertragserfüllung auch in der Insolvenzanfechtung berücksichtig wird.

Die Notwendigkeit der Berücksichtigung des Werthaltigmachens bzw. auch die selbständige Anfechtung hat der BGH in einer aktuellen Entscheidung zur Globalzession ausdrücklich bestätigt.[15]

Dennoch fehlt es nach hier vertretener Auffassung an einem schlüssigen Gesamtkonzept bzw. an einem einheitlichem Kriterium für die Wirksamkeit bzw. Anfechtbarkeit der Vorausabtretung unter Berücksichtigung der Vertragserfüllung, das auch übergreifend für alle Abwicklungsstadien der Vorausabtretung in der Insolvenz anwendbar ist.

---

12 Dies gilt auch im Zusammenhang mit § 91 InsO. Es bedarf einer Erklärung, weshalb der Forderungserwerb trotz Entstehung vor Insolvenzeröffnung scheitert, wenn Erfüllung gewählt wird. Auf die unterschiedlichen konstruktiven Ansätze wird im Zusammenhang mit dem Erfüllungswahlrecht nach § 103 InsO auf Seite 72 ff. ausführlich eingegangen.

13 Zum „Gegenleistungsgrundsatz" vgl. BGHZ 106, 236 f.; 129, 336 (338) mit Anmerkung *Uhlenbruck* EWiR 1995, 691; BGHZ 135, 25 (36) „Sachsenmilch" mit Anmerkung *M.Huber*, EWiR 1997, 517. Auf den Gegenleistungsgrundsatz wird im Zusammenhang mit der Erfüllungswahlrecht nach § 103 InsO ausführlich eingegangen.

14 Erstmals BGHZ 106, 236 (237) noch zur „Erlöschenstheorie" und unter auch unter der „Qualitätssprungtheorie" BGHZ 150, 375 (376).

15 Grundlegend BGHZ174, 297 (309), nachfolgend BGH NZI 2008, 236 f.; BGH ZIP 2008, 1435 (1437). Auf diese Entscheidungen wird ausführlich im anfechtungs-rechtlichen Teil eingegangen

D. Gegenstand der Untersuchung

Nach der hier vertretenen Auffassung ist die Vertragserfüllung mit der Folge des „Werthaltigmachens"[16] der vorausabgetretenen Vergütungsforderung das übergreifende Wertungskriterium für bei der Anwendung und Auslegung der Masseschutzvorschriften der §§ 81, 91 InsO, den Auswirkungen des Erfüllungswahlrechts nach § 103 InsO und auch in der Insolvenzanfechtung.

Die Anwendung dieser insolvenzrechtlichen Schutznormen entscheidet letztlich über den bestehenden Interessenkonflikt zwischen dem Zessionar und den Insolvenzgläubigern hinsichtlich des wirtschaftlichen Wertes der Forderung, der durch die Vertragserfüllung geschaffen wurde.[17]

Die Vorschriften der §§ 81, 91 InsO bzw. die allgemeinen und besonderen Anfechtungsvoraussetzungen sind als generalisierende Schutznormen vom Wortlaut her nicht ohne weiteres auf die besondere Situation der Vorausabtretung von Forderungen aus noch zu erfüllenden gegenseitigen Verträgen zugeschnitten.

Aus diesem Grund bleiben nach hier vertretener Auffassung Widersprüche bei der Anwendung der §§ 81, 91 bzw. 129 ff. InsO, wenn die Vertragserfüllung mit der Folge des Werthaltigmachens gänzlich unberücksichtigt bleibt oder allein durch begriffliche bzw. rechtskonstruktive Ansätze erfasst werden soll – wie etwa ein „Durchgangserwerb" der Forderung bzw. das „Erlöschen" mit Insolvenzeröffnung oder ein „Qualitätssprung" als Folge der Erfüllungswahl.[18]

Diese begrifflichen bzw. konstruktiven Ansätze sollten daher zusätzlich durch ein Wertungskriterium unter Berücksichtigung der Vertragserfüllung verstärkt bzw. erweitert werden.[19] Nur dann kann die Lösung des bestehenden Interessenkonflikts zwischen dem Zessionar und den Insolvenzgläubigern im Ergebnis und

---

16 Das Ausräumen der Einrede des § 320 BGB durch die Vertragserfüllung wird in Übereinstimmung mit dem BGH künftig als „Werthaltigmachen" bezeichnet. Teilweise findet man in der Literatur den Begriff der „Wertauffüllung" oder „Wertschöpfung".

17 Dieses Verständnis der Rechtsnorm als Vorgabe zur „Konfliktlösung" entspricht methodisch dem Ansatz der Interessenjurisprudenz, wonach gesetzliche Normen als Entscheidung des Gesetzgebers im Hinblick auf bestimmte Interessenkonflikte zu verstehen sind. Es ist zu ermitteln, welche Interessen sich in dem zu beurteilenden Fall gegenüberstehen und ob das Gesetz hierzu bereits eine Lösung vorgibt, die bei der Auslegung zu berücksichtigen sind. Zum Ansatz der Interessenjurisprudenz grundlegend *Heck*, AcP 112, 1ff. Kritisch zur Interessenjurisprudenz als Systembegriff dagegen *Canaris*, Systemdenken und Systembegriff in der Jurisprudenz, S.35 ff.

18 Zum Vorstellungsbild des Durchgangserwerbs vgl. auf Seite 57 ff. zum Erlöschen bzw. „Qualitätssprung" im Zusammenhang mit dem Erfüllungswahlrecht auf Seite 81 ff.

19 Zur Auslegung und Anwendung von Rechtsnormen durch das Auffinden von Wertungen bzw. Wertungskriterien vgl. grundlegend *Larenz/Canaris*, Methodenlehre, S.36 ff. Diese Wertungsjurisprudenz baut auf der Interessenjurisprudenz auf (siehe dazu Fn.17)

Begründung überzeugen. Dieses Wertungskriterium muss auch in jedem Abwicklungsstadium der Vorausabtretung und damit unabhängig vom Zeitpunkt der Forderungsentstehung bzw. Vertragserfüllung gelten, da der Interessenkonflikt zwischen dem Zessionar und dem Zedenten unabhängig von dem jeweiligen Abwicklungsstadium der Vorausabtretung und dem Zeitpunkt der Insolvenzeröffnung besteht.

Die Vertragserfüllung unter Verbrauch von Mitteln der (ggf. späteren) Insolvenzmasse, welche die abgetretene Forderung überhaupt erst werthaltig macht, soll als dieses Wertungskriterium vorgestellt werden.

Diese Kriterium findet seine normative Grundlage u.a. in §§ 1, 35 InsO.[20] Danach dürfen die zur Erfüllung eingesetzten bzw. einzusetzenden Mittel der Insolvenzmasse nur noch für die gleichmäßige Befriedigung der Insolvenzgläubiger verwendet werden.

Durch die vorgeschlagene übergreifende Berücksichtigung des Werthaltigmachens als zusätzliches Wertungskriterium wird der in diesen Normen zum Ausdruck kommende Schutz des Befriedigungsinteresses der Insolvenzgläubiger in zweifacher Hinsicht ausgedehnt.

Einerseits muss die für die Anwendung von § 91 InsO (auch i.V.m. § 103 InsO) erforderliche Voraussetzung der „Massezugehörigkeit" inhaltlich erweitert werden. Dazu ist es erforderlich, auch den unter Verbrauch der Substanz von Massegegenständen geschaffenen und in der abgetretenen Forderung verkörperten Vermögenswert als Bestandteil der Insolvenzmasse anzusehen.

Andererseits wird durch die Insolvenzanfechtung der Schutz des Befriedigungsinteresses der Insolvenzgläubiger auch auf die Vertragserfüllung vor der Insolvenzeröffnung und damit in zeitlicher Hinsicht auf die noch „werdende"[21] Insolvenzmasse ausgedehnt. Das Werthaltigmachen wirkt sich auf die verschiedenen allgemeinen und besonderen Anfechtungsvoraussetzungen aus und soll nach der aktuellen Entscheidung des BGH zur Globalzession auch selbst den Anfechtungsgegenstand bilden.[22]

---

20 Weitere Grundlagen für das Werthaltigmachen als Wertungskriterium werden im Zusammenhang mit der Massezugehörigkeit auf Seite 60 ff. angeführt.

21 Die Insolvenzmasse existiert begrifflich erst ab dem Zeitpunkt der Insolvenzeröffnung (§ 35 InsO), das Anfechtungsrecht schützt jedoch bereits die noch „werdende" Insolvenzmasse – vgl. zur Funktion des Anfechtungsrechts *Häsemeyer*, Insolvenzrecht, Rdnr. 21.02. Prinzipiell auch *Furche* WM 2007, 1305(1306).

22 Grundlegend BGHZ174, 297 (309), nachfolgend BGH NZI 2008, 236 f.; BGH ZIP 2008, 1435 (1437). Auf diese Entscheidungen wird ausführlich im anfechtungs-rechtlichen Teil eingegangen (S. 132 ff.).

Auch wenn das Werthaltigmachen als Kriterium für den Geldkredit betrachtet wird, soll auch kurz auf den Warenkredit in Form des verlängerten Eigentumsvorbehalts eingegangen werden.

Dort erfolgt die Vertragserfüllung unter Verbrauch von Mitteln, an denen Aus- und Absonderungsrechte des Zessionars bestehen. Diese nicht zur Masse gehörenden Mittel würden deshalb auch ohne die Vertragserfüllung nicht für die gleichmäßige Gläubigerbefriedigung gemäß §§ 1, 35 InsO zur Verfügung stehen, vielmehr könnte diese Gegenstände vom jeweiligen Berechtigten aus- bzw. abgesondert werden. Ausgehend vom Kriterium des Werthaltigmachens müsste dann der Forderungserwerb wirksam bzw. unanfechtbar sein.

Die Wirksamkeit bzw. Unanfechtbarkeit des Forderungserwerbs beim verlängerten Eigentumsvorbehalt wäre als eine Bestätigung des Werthaltigmachens unter Verbrauch von Mitteln der Insolvenzmasse als taugliches Kriterium für die Vorausabtretung anzusehen. Die Vorausabtretung mit dem Problem der Zuordnung des durch die Vertragserfüllung geschaffenen Wertes über die unterschiedlichen Abwicklungsstadien kann dann als in sich geschlossenes System[23] verstanden werden. Die Anwendung und Auslegung der insolvenzrechtlichen Schutznormen wird mit dem vorgeschlagenen Kriterium des Werthaltigmachens in allen denkbaren Konstellationen der Vorausabtretung auf eine neue dogmatische Grundlage gestellt.

E. Verlauf der Untersuchung

Es werden die Auswirkungen der Insolvenzeröffnung auf die Vorausabtretung von Forderungen aus gegenseitigen Verträgen eines Unternehmens betrachtet, das Lieferungen und Leistungen an seine Kunden erbracht hat oder noch erbringen wird. Im Mittelpunkt steht die Vorausabtretung der Vergütungsforderung aus den künftigen Verträgen zur Sicherung eines bereits gewährten Geldkredits ohne weitere Sicherheiten an den zur Vertragserfüllung einzusetzenden Mitteln.

Die Betrachtung lässt sich in fünf Kapitel einteilen. Im ersten Kapitel wird die Sicherungsabtretung als Kreditsicherungsmittel beschrieben, wobei der Schwerpunkt auf den Besonderheiten der Abtretung einer zu diesem Zeitpunkt noch künftigen Forderung und der noch ausstehenden Vertragserfüllung mit der Folge

---

23 Zum Systembegriff und dessen Erkenntniswert für die Jurisprudenz ausführlich mwN. *Canaris*, Systemdenken und Systembegriff in der Jurisprudenz, insbesondere S.19 ff. Den Problemzusammenhang – nämlich die Zuordnung des Vermögenswertes über alle Abwicklungsstadien der Vorausabtretung unabhängig vom Zeitpunkt der Insolvenzeröffnung kann man als System ansehen, wobei das Werthaltigmachen das Entscheidungskriterium darstellt.

des Werthaltigmachens außerhalb des Insolvenzverfahrens liegt. Im zweiten Kapitel wird der Forderungserwerb nach den §§ 81, 91 InsO durch den Zessionar betrachtet, wenn die Forderung vor bzw. nach zwischenzeitlicher Insolvenzeröffnung entsteht. Im dritten Kapitel wird die Unwirksamkeit des Forderungserwerbs nach § 91 InsO als Folge der Erfüllungswahl des Verwalters gemäß § 103 InsO diskutiert. Hier werden die sehr unterschiedlichen rechtskonstruktiven Begründungsansätze zur Anwendbarkeit von § 91 InsO im Zusammenhang mit dem Erfüllungswahlrecht nach § 103 InsO ausführlich dargestellt. Dies schließt die Darstellung der Entwicklung der Rechtsprechung des BGH zum Erfüllungswahlrecht ein, die mit der Herausarbeitung des Gegenleistungsgrundsatzes und dem Vorschlag der Berücksichtigung des Werthaltigmachens abschließt. Im vierten Kapitel wird die Berücksichtigung des Werthaltigmachens dann in der Insolvenzanfechtung betrachtet. Der Blick richtet sich deshalb auf die Vertragserfüllung noch im Zeitraum vor der Insolvenzeröffnung. Gerade hier erhoben sich in der jüngeren Zeit Stimmen in der Literatur[24], welche der noch in der Krise vom Zedenten vorgenommenen Vertragserfüllung eine maßgebliche Rolle in der Insolvenzanfechtung einräumen. Ausgangspunkt hierfür war die schon vorhandene Rechtsprechung des BGH zur Berücksichtigung des Werthaltigmachens von Forderungen im Zusammenhang mit der Aufrechnung. In einer aktuellen Entscheidung hat der BGH erstmals diese Grundsätze auf die Anfechtung einer Forderungsabtretung im Rahmen einer Globalzession übertragen.[25]

Jeder der vorgenannten Teile soll mit der Betrachtung des Werthaltigmachens als vorgeschlagenes Wertungskriterium für die Anwendung der Masseschutzvorschriften abschließen.

In dem zusammenfassenden fünften Kapitel sollen dann die Teilergebnisse zu einem durchgängigen Konzept des Werthaltigmachens als Kriterium für die Lösung des Interessenkonflikts zwischen dem Zessionar und den Insolvenzgläubigern für alle Abwicklungsstadien der Vorausabtretung verbunden werden.[26]

Dieses durchgehende Konzept für die Anwendung und Auslegung der unterschiedlichen insolvenzrechtlichen Schutznormen soll am Gegenbeispiel des Wa-

---

24 *Kirchhof*, in: Festschrift für Uhlenbruck, S.269 (274f.); ders., ZInsO 2004, 465 (468); Vgl. *Kreft*, Insolvenzrechtstag, S.24 f. Jaeger-*Henckel*, § 140 Rdnr.6; Gerhardt, in: Gedächtnisschrift für Knobbe-Keuk, S.169 (178).

25 BGHZ 174, 297 (309) – vgl. auch die Ausführungen im anfechtungsrechtlichen Teil der Arbeit.

26 Als ein hinter den gesetzlichen Normen verborgenes Wertungskriterium ist auch der von *Henckel*, in: Festschrift Baur, S.441 ff., im Bereich des § 21 KO entwickelte Gegenleistungsgrundsatz im Fall der Erfüllungspflicht bei abgetretenen Forderungen entstanden. Dieser Grundsatz wird vom BGH seit 1988 (BGHZ 106, 236ff) auch im Anwendungsbereich des § 17 KO bzw. § 103 InsO für die Auswirkungen der Erfüllungswahl auf eine vorherige Abtretung herangezogen. Vgl. zum Gegenleistungsgrundsatz die Ausführungen auf Seite 88 f.

renkredits in Form des verlängerten Eigentumsvorbehalts erprobt werden, da hier Zessionar im Unterschied zum Geldkredit insolvenzfeste Aus- bzw. Absonderungsrechte an den zur Erfüllung eingesetzten Mitteln besitzt.

Teil 1: Die Vorausabtretung und die Vertragserfüllung außerhalb der Insolvenz

A. Die Vorausabtretung als Sicherungsabtretung

Im Rahmen der hier betrachteten Unternehmensfinanzierung erfolgt die Abtretung der zunächst noch künftigen Vergütungsforderung nur zur Sicherung des gewährten Darlehens.[27] Mit diesem besonderen Sicherungszweck sind auch einige Besonderheiten verbunden.

I. Gesetzliche Regelungen

Die Sicherungszession ist jedoch schon von jeher als allgemeines Rechtsinstitut anerkannt.[28] Allerdings wird die Übertragung einer Forderung als Sicherheit in § 223 BGB a.F. und ohne inhaltliche Änderung in § 216 Abs.2 BGB n.F.[29] Auf die Sicherungszession finden daher die allgemeinen Vorschriften über die Übertragung von Forderungen Anwendung.

II. Die Forderungsübertragung gemäß § 398 BGB

Die Forderung wird gemäß § 398 BGB durch einen Vertrag zwischen Zedent und Zessionar übertragen, der keinen besonderen Formvorschriften unterliegt. Allein durch diesen dinglichen Übertragungsvertrag ist der Forderungsübergang bereits bewirkt, insbesondere ist kein Publizitätsakt wie etwa die Anzeige beim Abnehmer als Drittschuldner oder eine Registrierung erforderlich. Das unterscheidet die im Gesetz nur erwähnte Sicherungsabtretung maßgeblich von der im Gesetz ausführlich geregelten Forderungsverpfändung. Die Forderungsverpfändung verlangt

---

27 Anders etwa die Erfüllung eines Forderungskaufvertrages, bei dem die Forderung endgültig beim Käufer verbleibt.
28 Gewohnheitsrecht – so *Serick*, Eigentumsvorbehalt Bd.IV 2.Aufl.(1993), S.110, MünchKomm-*Ganter* § 51 Rdnr.140 bzw. Vertragspraxis – so *Bülow*, Kreditsicherheiten, Rdnr.21 ff.
29 Forderungen fallen als – nur relative – Rechte ebenfalls unter die Vorschrift: vgl. Staudinger-*Peters* (2004), § 216 Rdnr.6; so auch in § 51 Nr.1 InsO – dagegen explizit in § 166 InsO der Begriff Forderung.

als konstitutives Merkmal zwingend die Anzeige beim Drittschuldner gemäß § 1280 BGB.[30] Gerade diese notwendige Anzeigepflicht läuft jedoch den Unternehmensinteressen des Zedenten zuwider. In der Geschäftsbeziehung zum Drittschuldner, aber auch im übrigen Geschäftsverkehr sollen die Kreditwürdigkeit und die Bonität des Zedenten nicht durch die Anzeige einer schon vorhandenen und damit auch vorrangigen Verpfändung beeinträchtigt werden.[31] Darüber hinaus ist die Sicherungsabtretung als abstraktes Sicherungsmittel im Gegensatz zur Verpfändung als akzessorischem Kreditsicherungsmittel in ihrem Bestand nicht von der gesicherten Forderung abhängig und bietet deshalb dem Kreditgeber weitere Vorteile.[32]

III. Sicherungsvereinbarung

Durch die Sicherungsvereinbarung werden die gesicherte Forderung festgelegt und die Befugnisse des Zessionars als Sicherungsnehmer im Verhältnis zum Zedenten als Sicherungsgeber und die Modalitäten der Rückgewähr nach Wegfall des Sicherungszwecks geregelt.[33] Die Sicherungsvereinbarung ist als Rechtsgeschäft vom Darlehensvertrag und dem Abtretungsvertrag zu trennen und bildet den Rechtsgrund für die Forderungsabtretung zu Sicherungszwecken. Durch den Sicherungsvertrag werden weiter die Befugnisse des Sicherungsnehmers, dem im Außenverhältnis alle Gläubigerrechte zustehen, im Innenverhältnis gegenüber dem Sicherungsgeber wegen des Sicherungszwecks treuhänderisch eingeschränkt.

---

30   Dies ergibt sich im Umkehrschluss zu § 1284 BGB: Bei der Anzeige handelt es sich um eine unabdingbare Wirksamkeitsvoraussetzung. Vgl. auch Palandt-*Bassenge*, § 1280 Rdnr.1 mit Hinweis auf BGHZ 137, 267 (278). Nicht erforderlich ist eine Drittschuldneranzeige dagegen bei einem Pfandrecht an eigener Schuld, also an einer Gegenforderung des Kreditnehmers gegen den Kreditgeber- vgl. dazu schon die Entscheidungen des Reichsgerichts in RGZ 116, 198 (207) und die des BGH in WM 1962, 183. Deshalb dominiert insbesondere bei Kontokorrentbeziehungen im Rahmen von Bankgeschäften das Pfandrecht kraft AGB-Vereinbarung und nicht die Sicherungsabtretung – siehe zu diesen Verpfändungsvereinbarungen Nr. 14 AGB-Banken bzw. Nr.21 AGB-Sparkassen.
31   Zu diesem „Geheimhaltungsinteresse" vgl. *Baur/Stürner*, Sachenrecht, § 56 I 1 b.
32   Vgl. zu den Vorteilen: *Reinicke/Tiedtke*, Kreditsicherung, Rdnr.448. Insbesondere bei der Syndizierung von Krediten im Wege der Novation bereitet die Akzessorietät von Sicherheiten erhebliche praktische Schwierigkeiten – vgl. dazu *Förl*, RNotZ 2007, 433 ff.
33   Zum Sicherungsvertrag bei der Abtretung vgl. *Bülow*, Kreditsicherheiten, Rdnr. 1368.

IV. Einziehungsermächtigung des Zedenten

Mit Abschluss des Abtretungsvertrages geht die bereits existierende Forderung nach § 398 BGB auf den Zessionar über. Dies hätte zur Folge, dass nur der Zessionar als neuer Inhaber der Forderung zur Einziehung der Forderung berechtigt wäre, dazu aber die Abtretung aufdecken müsste.[34]

Allerdings soll dem Drittschuldner die „stille" Zession aus den oben dargestellten wirtschaftlichen Gründen nicht bekannt werden. Aus diesem Grund wird dem Zedenten, der nach der Abtretung nicht mehr Forderungsinhaber ist, eine Einziehungsermächtigung erteilt. Durch dieses selbständige Rechtsgeschäft erhält der Zedent die Befugnis, die Forderung im eigenen Namen einzuziehen – nach außen behält er hinsichtlich der Entgegennahme der geschuldeten Leistung also seine Gläubigerstellung.[35] Konstruktiv handelt es sich dabei um einen auf den Zedenten zurück übertragenen Forderungsausschnitt als Teil des zuvor übertragenen Vollrechts.[36]

V. Einziehung im Sicherungsfall

Bei Verzug mit der Tilgung des Darlehens bzw. der Bedienung der Zinsen und ggf. den weiteren im Sicherungsvertrag vereinbarten Voraussetzungen tritt der Sicherungsfall ein. Bei Eintritt des Sicherungsfalls kann der Zessionar die dem Zedenten erteilte Einziehungsermächtigung widerrufen und die Zession gegenüber dem Abnehmer aufdecken. Ab diesem Zeitpunkt kann der Zessionar die Forderung gegenüber dem Abnehmer selbst einziehen.

B. Die Vorausabtretung künftiger Forderungen

Die Vorschriften der §§ 398 BGB finden unmittelbare Anwendung, wenn die Forderung im Abtretungszeitpunkt bereits besteht.

---

34 Zur Einziehungsermächtigung vgl. *Bülow*, Kreditsicherheiten, Rdnr. 1437 sowie *Lwowski*, Kreditsicherung, Rdnr. 775.
35 *Baur/Stürner*, Sachenrecht, § 58 Rdnr.4.
36 Es ist umstritten, ob es in konstruktiver Hinsicht genügt, die Einziehungsermächtigung als Einwilligung zur Verfügung über das fremde Recht des Zessionars i.S.v. § 185 Abs.1 BGB zu verstehen. Für die Betrachtung des Werthaltigmachens ist dies jedoch ohne Bedeutung. Zu den unterschiedlichen Auffassungen vgl. RGZ 166, 218 (238); 170, 191 und vom BGH fortgesetzt BGHZ 4, 153 (156). Dagegen Palandt-*Heinrichs*, § 398 Rdnr.29; Ermann-*Westermann*, § 398 Rdnr.37; *Rüssmann*, JuS 1972, 169 f.; MünchKomm-*Roth*, § 398 Rdnr.46 mwN.

Die hier zu betrachtenden vertraglichen Vergütungsansprüche aus Lieferungen und Leistungen entstehen bei Abschluss des Absatzvertrages zwischen dem Zedenten und seinem Abnehmer.[37] Dagegen spielen die Fälligkeit oder Bedingtheit der bereits entstandenen Forderung im Hinblick auf deren Übertragbarkeit keine Rolle. Dies kann der Berücksichtigung dieser Einwendungen in den ausführlichen Regelungen der §§ 404 ff. BGB entnommen werden. Die genauen Modalitäten der bereits mit Vertragsschluss entstandenen Forderung haben daher auf den Zeitpunkt und die Wirksamkeit der Abtretung und den Forderungsübergang keinen Einfluss.

Im Rahmen des hier zu betrachtenden Geldkredits zur Vorfinanzierung von Rohstoffen und Arbeitsleistungen sind die Absatzverträge zum Zeitpunkt der Abtretungsvereinbarung allerdings noch nicht abgeschlossen worden. Aus diesem Grunde existiert die abgetretene Vergütungsforderung als Vermögens- und Rechtsobjekt zum Abtretungszeitpunkt noch nicht.

Es stellt sich die Frage, ob die Vorschriften des §§ 398 ff. BGB auch auf eine solche noch nicht existierende Forderung anwendbar sind.

Nach dem Wortlaut von § 398 BGB ist unmittelbar nur die Übertragung rechtlich bereits existierender Forderungen erfasst. Dies ergibt sich aus der Terminologie der nachfolgenden Vorschriften, die durchweg die Begriffe „neuer" und „bisheriger" Gläubiger verwenden. Im Hinblick auf eine im Abtretungszeitpunkt noch nicht existierende Forderung kann es jedoch weder einen „neuen" noch einen „bisherigen" Gläubiger geben. Insoweit könnte man aus der fehlenden Erwähnung der Möglichkeit einer künftigen Forderung den Schluss ziehen, dass das BGB generell nur die Übertragung einer gegenwärtigen und damit bereits rechtlich existierenden Forderung kenne.

Nur allein wegen der in §§ 398 ff. BGB verwendeten Begrifflichkeiten kann das spätestens seit der Entscheidung des Reichsgerichts[38] anerkannte Rechtsinstitut der Vorausabtretung noch künftiger Forderungen jedoch nicht mehr grundsätzlich in Frage gestellt werden.[39]

---

[37] Dagegen bewirkt bei einem unbefristeten Mietverhältnis der Vertragsabschluss die Entstehung der Mietzinsforderung nur für den aktuellen Zeitabschnitt. Die Mietzinsforderung entsteht daher immer nur zeitabschnittsweise vgl. Jaeger-*Windel*, § 91 Rdnr.52; MünchKomm-*Eckert*, § 110 Rdnr.11 mit Nachweisen zur Rechtsprechung.
[38] RGZ 55, 334 (335) mit Bezug auf eine frühere gemeinrechtliche Entscheidung.
[39] Als überholt anzusehen ist daher die grundsätzliche Ablehnung der Vorauszession *Eccius*, DJZ 1904,54, der –überspitzt – eine Verfügung über „Nonens" als "Nonsens" ansieht.

Vielmehr ist das Rechtsinstitut der Vorauszession trotz fehlender expliziter gesetzlicher Grundlage bei künftigen Forderungen in Rechtsprechung[40] und Literatur[41] anerkannt und in der Vertragspraxis unentbehrlich geworden.[42]

I. Abgrenzung: Der Begriff der künftigen Forderung

Anders als die generelle Möglichkeit der Vorausabtretung als solche werden die Wirkungen einer Vorausabtretung seit jeher kontrovers diskutiert. Im Mittelpunkt der Diskussion steht insbesondere die Frage, welche Rechtsposition der Zessionar nach Abschluss des Vorausabtretungsvertrages, aber noch vor Entstehung der Forderung besitzt. Angesprochen sind damit die Auswirkungen späterer und konkurrierender Zweitverfügungen des Zedenten und die Auswirkungen der Forderungspfändung durch andere Gläubiger des Zedenten vor bzw. auch nach der Vorausabtretung.

Bei der Analyse der Diskussion fällt vor allem ein zum Teil abweichendes Verständnis vom Begriff der künftigen Forderung auf. Gerade dieses unterschiedliche Verständnis erschwert jedoch die präzise Erfassung der Wirkungen einer Vorausabtretung.[43]

So wird teilweise auch eine rechtlich schon entstandene, aber noch nicht fällige Forderung oder noch bedingte Forderung als künftige Forderung bezeichnet.[44] Es handelt sich jedoch dabei um eine gegenwärtige Forderung, die lediglich noch nicht durchsetzbar ist. Diese Forderungen fallen deshalb ohne weiteres unter den Übertragungstatbestand des § 398 BGB, zumal die Einreden der fehlenden Durchsetzbarkeit in den §§ 404 ff. ausführlich und im Zusammenhang mit der Übertragung gegenwärtiger Forderungen im Sinne von § 398 BGB geregelt sind.

---

40 vgl. nur das Reichsgericht RGZ 55, 334 f., RGZ 136, 100, 102 sowie den BGH WM 1969, 18, BGHZ 7, 365, 367 ff., BGH BB 1974, 670.

41 *Serick*, Eigentumsvorbehalt Bd.I § 3 III 1 (S.36) und Bd.V § 58 II, III S.112 ff; *Bülow*, Kreditsicherheiten, Rdnr.1417; *Lwowski*, Kreditsicherung Rdnr.689.

42 Differenzen bestehen allenfalls mit Blick auf die dogmatische Begründung und den mit der Vorausabtretung verbundenen Folgen im Einzelnen- vgl. dazu bei *Hahnzog*, S.2 aufgeführten Nachweise sowie die ausführlichere Darstellung zur Vorauszession mit weiteren Nachweisen vgl. bei *Nörr/Scheyhing/Pöggeler*, Schuldrecht, Bd.2 § 9 I (S.108); *Pagenkopf*, S.12 ff.

43 *Serick*, Eigentumsvorbehalt Bd.V § 65 I3 (S.475) bezeichnet die undifferenzierte Verwendung des Begriffs der künftigen Forderung durch den BGH als irreführend. Zur Notwendigkeit einer Einteilung auch *Hahnzog*, S.18.2

44 So z.B. *Gerhardt*, in: Festschrift Merz, S.129 „Die Vorausabtretung aufschiebend bedingter Forderungen...." Nach Forderungsbegründung handelt es sich nicht mehr um eine Vorausabtretung, sondern um die bereits vollzogene Übertragung einer schon gegenwärtigen Forderung. Dazu auch *Hahnzog*, S.14 ff.

Weiter lässt sich auch eine begriffliche Differenzierung zwischen künftigen Forderungen im „engeren" und „weiteren" Sinne finden.[45] Bei künftigen Forderungen im weiteren Sinne ist der Rechtsgrund für die Forderungen bereits im Abtretungszeitpunkt gelegt – dies soll z.B. bei Dauerschuldverhältnissen wie der Miete der Fall sein.[46] Dabei wird weiter unterschieden, ob die Forderung bei Vertragsabschluss sofort als betagte Forderung entsteht und lediglich einredebehaftet ist – wie es beim Leasing während der Grundmietzeit angenommen wird.[47] Auch dann handelt sich um die Übertragung einer existierenden Forderung, die nur noch nicht fällig ist.

Dagegen entsteht im Fall der Miete der Mietzinsanspruch erst mit Inanspruchnahme der vertraglichen Gegenleistung durch die abschnittsweise Gebrauchsüberlassung bei Abschnittsbeginn jeweils neu. Aus diesem Grund ist das Mietverhältnis insgesamt gemäß §§ 163, 158 Abs.1 BGB befristet.[48] Da sie erst zeitlich später entsteht, handelt sich also um eine künftige Forderung, wobei als Besonderheit der genaue Inhalt wie die Parteien und die Höhe des Mietzinses bereits im Voraus festgelegt sind. Nur das Dauerschuldverhältnis besteht als forderungsbegründendes Rechtsverhältnis bereits seit Abschluss des Mietvertrages und ist ab diesem Zeitpunkt bereits gegenwärtig.[49]

Bei den hier zu betrachtenden künftigen Vergütungsansprüchen aus noch abzuschließenden Absatzverträgen über Lieferungen und Leistungen fehlt es zum Abtretungszeitpunkt an einer solchen „Rechtsgrundlage". Der Abschluss ist schließlich ungewiss und hängt von vielen wirtschaftlichen Faktoren ab. Dies entspricht der in der Literatur zu findenden Bezeichnung einer künftigen Forderung im „engeren Sinne".[50]

---

[45] Vgl. zu dieser Differenzierung *Müller*, ZIP 1994, 342, 346 ff.
[46] So Staudinger-*Busche*, § 398 Rdnr.72 ff; *Larenz* ‚Schuldrecht I § 34 III (S.585 f.); Ermann-Westermann, § 398 Rdnr.12, *Hahnzog*, S.17. AA. *Breuer*, ZinsO 2006, 742 (746f).
[47] So das „Leasing-Urteil" BGHZ 109, 368, (372) mit Anmerkung *Marotzke* JR 1990, 331f. sowie *Tintelnot*, JZ 1990, 872; aA. *Henckel*, in: Festschrift für Baur, 443 (446 f.), der schon hier maßgeblich auf haftungsrechtliche Kriterien durch den „Gegenleistungsgrundsatz" abstellt — zu diesem Grundsatz die Ausführungen auf Seite 88 der Untersuchung.
[48] So BGH DB 1997, 1024, (1025)
[49] Zu dieser Einteilung siehe *Hahnzog*, S. 20f.
[50] *Serick*, Eigentumsvorbehalt, Bd. IV § 47 IV 1 (S.317), *Hahnzog*, S.20;

II. Voraussetzung für den Forderungserwerb im Wege der Vorausabtretung

1. Bestimmtheit bzw. Bestimmbarkeit

Der Abtretungsvertrag nach § 398 BGB ist ein abstraktes Verfügungsgeschäft.[51] Daher muss die abzutretende Forderung als Verfügungsobjekt bestimmt oder zumindest bestimmbar bezeichnet werden können.[52]

Bei der Abtretung von künftigen Forderungen sind zwei Besonderheiten zu beachten.

Sollen gemeinsam mit gegenwärtigen Forderungen auch künftige Forderungen von der Abtretung erfasst werden, so muss dies in der Abtretungsvereinbarung besonders hervorgehoben werden.[53]

Daneben müssen wegen der fehlenden Existenz der Forderung als Vermögensobjekts zum Abtretungszeitpunkt die Anforderungen an die Bezeichnung der abzutretenden Forderung herabgesetzt werden. Diese Lockerung folgt zwingend aus der Zulassung der Übertragung künftiger Forderungen im Allgemeinen. Ein noch nicht existierendes Vermögensobjekt kann jedoch noch nicht mit Bestimmtheit bezeichnet werden, dies ist prinzipiell erst mit dessen Existenz möglich.

Deshalb muss es für die Abtretung künftiger Forderungen genügen, wenn sich erst im späteren Zeitpunkt der Forderungsentstehung genau bestimmen lässt, ob die Forderung von der Abtretung erfasst sein soll oder nicht. Konkretisierende Angaben wie „...alle gegenwärtigen und künftigen Forderungen aus Lieferung und Leistungen..." oder entsprechende Kundenbuchstaben ermöglichen diese Zuordnung im Zeitpunkt der Forderungsentstehung.[54] Möglich ist auch die Abtretung aller Forderungen eines Unternehmens im Rahmen einer Globalzession ohne jede weitere Spezifizierung. Es muss jedoch stets gewährleistet sein, dass

---

51 Palandt-*Heinrichs*, § 398 Rdnr.3.
52 Das Bestimmtheitsgebot gilt wie bei allen Verfügungsgeschäften –wenn auch wegen der bloßen Bestimmbarkeit abgeschwächt- auch für die Abtretung: *Bülow*, Kreditsicherheiten Rdnr.1187; *Lwowski*, Kreditsicherung, Rdnr.704 ff. Vgl auch BGHZ 7, 365 (366); BGH NJW 1974, 1130 (1132); BGH NJW 1995 1668 (1669).
53 Dies betrifft vor allem die Globalzession, bei der gegenwärtige und künftige Forderungen abgetreten werden. Vgl. dazu BGH NJW 1995, 1668 (1669).
54 Formularabtretungsverträge enthalten häufig die Klausel: »Sicherung aller bestehenden und künftigen ...Ansprüche aus der Geschäftsverbindung mit der GmbH«. Abgetreten werden ihre »gegenwärtigen und künftig entstehenden Forderungen aus Lieferungen und Leistungen sowie aus dem sonstigen Geschäftsverkehr ... gegen alle Drittschuldner mit den Anfangsbuchstaben A – Z«- vgl. BGHZ 109, 240 (245). Ähnlich auch das Formulierungsbeispiel bei *Gernhuber*, Bürgerliches Recht § 29 I 4 bzw. *Hellner/Steuer*, Bankrecht und Bankpraxis, 10.02., Rdnr.4/754.

im Augenblick der Forderungsentstehung die Person und der Inhalt der Forderung in Abgrenzung zu anderen Forderungen, die nicht von der Abtretung erfasst sein sollen, bestimmt werden können.[55] Bei der inhaltlich weitgehenden Globalzession, also der Abtretung aller gegenwärtigen und künftigen Forderungen aus dem Unternehmen des Zedenten besteht ein solches Bezeichnungsproblem naturgemäß nicht. Höhere Anforderungen an die Bezeichnung bzw. Individualisierung bestehen dagegen bei nur teilweiser Forderungsabtretungen wegen der dann zu bestimmenden Quoten bzw. Forderungshöhen.[56]

2. Verfügungstatbestand und Wirksamkeitsvoraussetzung

Beim Erwerb einer künftigen Forderung ist zwischen dem Zeitpunkt des Abtretungsvertrags als vorgezogenes Rechtsgeschäft und dem späteren Wirksamwerden mit dem Entstehen der Forderung zu unterscheiden.[57]

Der rechtsgeschäftliche Verfügungstatbestand der Abtretung gegenwärtiger Forderungen erschöpft sich allein in dem Abtretungsvertrag nach § 398 BGB.[58]

Dieser Abtretungsvertrag wird auch bei der Übertragung einer noch künftigen Forderung sofort abgeschlossen, die Wirkungen können jedoch frühestens mit der Forderungsentstehung eintreten.[59]

Dagegen sind fehlende Fälligkeit, Bedingtheit oder sonstige Einreden gegen die bereits entstandene Forderung – wie bereits ausgeführt – für das Wirksamwerden der Abtretung ohne Bedeutung.[60] Die Abtretungsvorschriften der § 398 ff. BGB enthalten hierzu detaillierte Regelungen.

---

55 BGHZ 7, 365, 367 f. unter ausdrücklicher Aufgabe der höherer Anforderungen an die Bestimmbarkeit in der Entscheidung RGZ 155, 26 ff; BGHZ 26, 185, 189; BGHZ 53, 60, 63;
56 Dazu siehe Staudinger-*Busche*, § 398 Rdnr. 65.
57 BGHZ 88, 206 f; *Nörr/Scheyhing/Pöggeler,*Schuldrecht Bd.2 § 9 II (S.113); *Serick*, Eigentumsvorbehalt Bd.V § 65 I2 (S.471 f.); *Hahnzog* S.50;
58 Vgl. *Serick*, Eigentumsvorbehalt Bd.V § 65 I2 (S.472), Bd. IV § 49 I 2b (S.390); *Flume*, NJW 1950, 841 (847); aA. wohl *Eckardt*,ZIP 1999, 957 (959f.) der auch die Forderungsentstehung zum Verfügungstatbestand rechnet. Allerdings sind dann die Einschränkungen in Bezug zu § 91 InsO bzw. § 22 InsO inkonsequent und *Eckardt* selbst möchte die Lösung in Kollisionsfällen durch das Prioritätsprinzip nicht in Frage stellen.
59 Dieses Auseinanderfallen von Abtretungsvertrag und Wirksamwerden wird im Zusammenhang mit der Anwendbarkeit von § 81 InsO relevant.
60 So schon das Reichsgericht JW 1937, 1645.

3. Vereinbarkeit der Vorausabtretung mit § 400 BGB

Vereinzelt wird eine Unwirksamkeit des Erwerbs künftiger Forderungen im Wege der Vorausabtretung gemäß § 400 BGB diskutiert.[61] Anders als die rechtsgeschäftliche Verpfändung oder Abtretung wäre die die Pfändung einer künftigen Forderung im Wege der Zwangsvollstreckung problematisch und nur im Ausnahmefall möglich.[62] Dies folgt bereits aus der fehlenden Bezeichnungsmöglichkeit des Drittschuldners, der bei künftigen Forderungen im Sinne dieser Untersuchung zum Abtretungszeitpunkt noch nicht namentlich bekannt ist, so dass die gemäß § 829 Abs.3 ZPO erforderliche Zustellung an den namentlich bekannten Drittschuldner als Wirksamkeitsvoraussetzung nicht erfüllt werden kann. Da nach § 400 BGB eine unpfändbare Forderung auch nicht abgetreten werden kann, könnte die Unwirksamkeit der Vorauszession nach § 400 BGB angenommen werden.

Allerdings ist zu beachten, dass sich der Normzweck des § 400 BGB darauf beschränkt, den Sozialschutz des Schuldners bei der Pfändung – wie etwa §§ 850 c ff. ZPO – auch bei Forderungsabtretung zu gewährleisten[63]. So soll eine Umgehung der Pfändungsschutzvorschriften durch eine Abtretung an Stelle der Pfändung vermieden werden. Eine darüber hinausgehende Funktion, die Möglichkeit der Vorauszession allgemein zu beschränken oder gar auszuschließen, kommt dem § 400 BGB dagegen nicht zu.[64] Bei den Beratungen zum BGB wurde die prinzipielle Übertragbarkeit einer künftigen Forderung und damit die Vorauszession als solche nicht abgelehnt, auch nicht mit Hinweis auf § 400 BGB.

Mit Rücksicht auf den Normzweck des § 400 BGB kann aus der Unzulässigkeit der Pfändung künftiger Forderungen nicht auf die Unzulässigkeit der Vorausabtretung als solche geschlossen werden.[65]

---

61 *Serick*, Eigentumsvorbehalt Bd.IV § 47 IV 3a, sieht in der Zulassung der Vorausabtretung eine gewohnheitsrechtliche Durchbrechung von § 400 BGB; dagegen: *von Caemmerer*, JZ 1953, 97 (98); *Schwerdtner* NJW 1974, 1785 (1787) –zweifelnd *Dahncke*, Diss. S.11.

62 Für die Pfändung im Wege der Zwangsvollstreckung ist gemäß § 829 Abs.3 ZPO die Zustellung beim Drittschuldner erforderlich, der bei künftigen Forderungen noch nicht feststehen muss. Zur Pfändung einer künftigen Forderung vgl. auch Musielak-*Becker*, § 829 Rdnr.6.

63 MünchKomm-*Roth* § 400 Rdnr.1 und 2; Palandt-*Heinrichs*, § 400 Rdnr.1; aA. *Pagenkopf*, Diss. S. 92, der wegen § 400 BGB die Vorausabtretung auf Forderungen beschränken möchte, die auch der Zwangsvollstreckung unterliegen.

64 *Serick*, Eigentumsvorbehalt Bd.IV § 47 IV 3a, sieht in der Zulassung der Vorausabtretung eine gewohnheitsrechtliche Durchbrechung von § 400 BGB; dagegen: *von Caemmerer*, JZ 1953, 97 (98); *Schwerdtner* NJW 1974, 1785 (1787) –zweifelnd *Dahncke*, Diss. S.11.

65 Zur Unterscheidung von Pfändbarkeit und Abtretbarkeit künftiger Forderungen vgl. auch *Flume*, NJW 1959, 913 (916).

III. Zusammenfassung

Der Zessionar erwirbt die vorausabgetretene Forderung erst mit ihrer Entstehung. Allein durch die Abtretungsvereinbarung sind allerdings alle rechtsgeschäftlichen Voraussetzungen für den Forderungserwerb durch den Zessionar geschaffen. Entsteht die Forderung durch den Abschluss des Absatzvertrages, ist der Erwerb der Forderung durch den Zessionar abgeschlossen.

C. Die ausstehende Vertragserfüllung

Allein die erworbene Vergütungsforderung begründet jedoch für den Zessionar noch kein durchsetzbares Sicherungsrecht.

Der Zessionar muss damit rechnen, dass der Abnehmer ihm Einwendungen entgegenhält, die ihm zum Abtretungszeitpunkt bereits gegen den Zessionar zustanden.[66] Hat der Zedent den Absatzvertrag noch nicht oder noch nicht vollständig erfüllt, kann sich der Abnehmer vor allem auf die Einrede des nichterfüllten Vertrages gemäß § 320 berufen.

I. Die Einrede des nichterfüllten Vertrages gemäß § 320 BGB

Gemäß § 320 BGB kann jede Partei eines gegenseitigen Vertrages die eigene Leistungserbringung bis zur Erfüllung durch die jeweils andere Partei verweigern.[67] Erst das Leistungsangebot des anderen Teils, welches zum Annahmeverzug führen muss, räumt die Einrede des nichterfüllten Vertrages aus. Eine Klage ohne ein zum Annahmeverzug führendes eigenes Leistungsangebot führt gemäß § 322 BGB (nur) zu einer Verurteilung Zug um Zug gegen Erbringung der eigenen Leistung.[68]

1. Das funktionelle Synallagma bei gegenseitigen Verträgen

Die vertraglichen Pflichten müssen durch einen gegenseitigen Vertrag begründet sein. Gegenseitiger Vertrag meint hier die synallagmatische Verknüpfung von

---

66 Der Abtretungszeitpunkt ist der Zeitpunkt der Forderungsentstehung.
67 Trotz der inhaltlichen Verknüpfung der Leistungspflichten handelt es sich bei § 320BGB im Hinblick auf den Wortlaut „...kann..." um eine vom Schuldner zu erhebende Einrede: Palandt-*Heinrichs* § 320 Rdnr.13 mit Verweis auf BGH NJW 1999, 53.
68 Prozessual handelt es sich also um eine Teilabweisung der Klage mit entsprechender Kostenfolge für den Kläger gemäß § 92 Abs.1 ZPO.

Leistung und Gegenleistung i.S.v. „do, ut des".[69] Im Rahmen dieser Untersuchung kommen für den Absatzvertrag zwischen dem Zedenten und seinem Abnehmer vor allem Kauf- und Werkverträge und entsprechende Mischformen beider Verträge in Betracht. Diese Verträge enthalten Zahlungsverpflichtungen für erbrachte Leistungen bzw. gelieferte Waren, die als gegenseitige Verträge i.S.v. § 320 BGB zu qualifizieren sind.

Die Einrede des § 320 BGB ist ein besonders ausgestalteter Fall des allgemeinen Zurückbehaltungsrechts mit doppelter Funktion. Sie soll einerseits die Durchsetzbarkeit des eigenen Anspruchs sichern und anderseits den anderen Teil zur Erfüllung seiner Verpflichtung anhalten.[70]

Es ist hervorzuheben, dass nach diesem Grundprinzip des § 320 Abs.1 BGB die eigene Leistung selbst dann vollständig zurückgehalten werden kann, wenn der andere Teil bereits eine Teilleistung erbracht hat. Gerade das Interesse, eine vollständige vertragsgemäße Erfüllungsleistung zu erhalten, soll durch die Einrede des nichterfüllten Vertrages geschützt werden. Die Einrede soll deshalb als Druckmittel den jeweils anderen Teil zur vollständigen Leistungserbringung anhalten.[71] Dieses Grundprinzip ergibt sich aus dem systematischen Zusammenhang mit Abs.2 BGB, der bei Teilleistungen erst unter Berücksichtigung von Treu und Glauben – also in besonderen Ausnahmesituationen – die Einrede des anderen Teils ausschließt.[72]

Bei den für die Untersuchung bedeutsamen Werkverträgen ist dieses Grundprinzip – unabhängig von den Voraussetzungen des § 320 Abs.2 BGB – durch die verdrängende Sondervorschrift des § 641 Abs.3 BGB relativiert worden. Der Besteller darf bei der in diesem Fall noch nicht erfolgten vollständigen Erfüllung mindestens das 3-fache der Beseitigungskosten zurückbehalten, jedoch nur in angemessener Höhe und deshalb nicht den gesamten Werklohn.[73] Der Schutz des Abnehmers durch die Einrede bleibt bestehen, dieser darf jedoch nur einen bestimmten Teilbetrag der Vergütung zurückbehalten.[74]

In der Praxis wird die Grundregel des § 320 BGB bei Bauverträgen auch über die Vorschrift des § 641 Abs. 3 BGB weiter modifiziert. So treten nach be-

---

69 Palandt-*Heinrichs*, Einf v. § 320 Rdnr.5.
70 Palandt-*Heinrichs*, Einf. v § 320 BGB, Rdnr.1.
71 So auch *Musielak*, AcP 179, 189 (199).
72 Zu diesem Regel-Ausnahmeverhältnis vgl. Palandt-*Heinrichs*, § 320 Rdnr.10 mit Hinweis auf BGHZ 56, 312 (316); diese Entscheidung erging jedoch noch vor Einführung des § 641 Abs.3 BGB.
73 Der dreifache Betrag entspricht in etwa den bereits vor Einführung von § 641 Abs.3 BGB von der Rechtsprechung entwickelten Grundsätzen: vgl. dazu Palandt-*Heinrichs* (59.Auflage) § 320 Rdnr.10 m.w.N.
74 Deshalb braucht dieser Umstand für die weitere Untersuchung nicht besonders berücksichtigt zu werden, auch wenn die Abtretung gerade werkvertragliche Forderungen erfasst.

stimmten Fertigstellungsstufen Fälligkeiten bestimmter Teilvergütungen ein. Die Einrede des § 320 BGB besteht dann nur in Höhe der noch ausstehenden Fertigstellungsstufen.

Außerhalb des Anwendungsbereiches von § 320 Abs .2 BGB, anderen Sondervorschriften oder vertraglichen Vereinbarungen bleibt es jedoch bei dem Regelprinzip von § 320 Abs. 1 BGB. Danach kann der Schuldner auch bei einer schon erfolgten mangelfreien Teilleistung des anderen Teils die Zahlung der gesamten Vergütung verweigern.

Für die Untersuchung wird im Folgenden nicht weiter unterschieden, ob der Abnehmer die vollständige Vergütung verweigern kann, oder sich die Einrede wegen vertraglicher Vereinbarungen oder gesetzlicher Regelungen nur auf noch ausstehende Fertigstellungsstufen beschränkt. Entscheidend ist für die weitere Betrachtung lediglich, dass der Abnehmer zumindest die Zahlung eines Vergütungsteils bis zur weiteren Erfüllung durch den Zedenten verweigern kann.

2. Nichterfüllung

Die Leistungspflicht des jeweils anderen Teils darf noch nicht vollständig erfüllt sein. Auch eine mangelhafte Lieferung bzw. Herstellung und Abnahme des Werkes bei den hier relevanten Kauf- und Werkverträgen führt zur nicht vollständigen Erfüllung. Im Kaufrecht ist die Mangelfreiheit gemäß § 433 Abs. 1 S.2 BGB Verkäuferpflicht, im Werkvertragsrecht ergibt sich die Verpflichtung zur mangelfreien Herstellung aus den §§ 631, 633 BGB.

Der Abnehmer kann deshalb im Fall der Mangelhaftigkeit auch nach Übergabe bzw. nach Abnahme wegen der nicht vollständigen Erfüllung des Zedenten die Zahlung des Kaufpreises bzw. des Werklohnes gemäß § 320 BGB verweigern. Die Einredemöglichkeit entfällt erst dann, wenn der Zedent die geschuldete Nacherfüllung gemäß §§ 437 Nr.1, 439 BGB bzw. §§ 634 Nr.1, 635 BGB vorgenommen hat.[75]

---

75 Palandt-*Heinrichs*, § 320 Rdnr. 9.Vor der Schuldrechtsreform bestand die Einrede des § 320 beim *Spezieskauf* dagegen nur bis zur Übergabe. Nur für das Rückgewährschuldverhältnis nach §§ 467, 348 S.2 a.F. BGB fanden die Vorschriften der §§ 320,322 BGB entsprechende Anwendung. Gegen den Kaufpreisanspruch konnte der Käufer allerdings die Mängeleinrede des § 478 a.F. BGB erheben.
Beim Gattungskauf bestand die Einrede des § 320 BGB bei einem *Aliud* auch schon nach früherem Recht. Beim Werkvertrag bestand die Einrede des § 320 BGB auch nach früherem Recht bis zur erfolgten Nachbesserung.

3. Kein Ausschluss der Einrede

Die Einrede wäre gemäß § 320 Abs. 1 a.E. ausgeschlossen, wenn der eine Teil – wie der Werkunternehmer nach der gesetzlichen Regelung- vorleistungspflichtig ist. Auch ohne diese Vorleistungspflicht entfällt die Einrede bei tatsächlicher Vornahme der Leistung ohne Rücksicht auf die bestehende Einrede. Schließlich kann die eigene Leistung dann nicht mehr von der Gegenleistung des anderen Teils abhängig gemacht werden.[76]

In den hier betrachteten Fällen leistet der Zedent mit der Vertragserfüllung an den Abnehmer vor. Die Einrede ist deshalb für den Zedenten bereits entfallen, ohne dass es auf das Bestehen einer gesetzlichen oder vereinbarten Vorleistungspflicht ankommt.

4. Zusammenfassung

Nach den bisherigen Ausführungen kann der Abnehmer die Zahlung der Vergütung gegenüber dem Zedenten bis zur vollständigen – auch qualitativ mangelfreien – Erfüllung verweigern.[77]

II. Die Einrede des § 320 BGB im Verhältnis zwischen Zessionar und Abnehmer

Bei Eintritt des Sicherungsfalls zieht jedoch nicht der Zedent, sondern vielmehr der Zessionar die Forderung gegenüber dem Abnehmer ein, der die bis zu diesem Zeitpunkt stille Abtretung aufdeckt.

Durch die Vorausabtretung ist die Vergütungsforderung mit Entstehung gegen den Abnehmer auf den Zessionar übergegangen.

Der Abnehmer kann die ihm gegenüber dem Zedenten zustehende Einrede der nicht vollständigen Erfüllung auf Grund der Schuldnerschutzvorschrift des § 404 BGB auch dem Zessionar entgegenhalten. Da der Abnehmer am Vorgang der Abtretung nicht beteiligt ist und auch nicht benachrichtigt werden muss, erfolgt der sein Schutz gemäß § 404 BGB durch den Erhalt von Einreden, die bereits im Abtretungszeitpunkt bestanden haben.[78] Für die Bestimmung des Abtretungszeit-

---

[76] Allerdings kann dann ein Rückforderungsrecht nach § 813 BGB bestehen, soweit dieses nicht gemäß § 814 BGB ausgeschlossen ist.
[77] In den Fällen des § 641 Abs.3 BGB in Höhe eines angemessenen Betrages.
[78] Der Begriff Einwendungen umfasst rechtshindernde, rechtsvernichtende und rechtshemmende Einwendungen – vgl. Palandt-*Heinrichs*, § 404 Rdnr.2. § 320 BGB ist als rechtshemmende

punktes ist der Zeitpunkt der Forderungsentstehung durch den Abschluss des Absatzvertrages maßgeblich. Die Vorschrift des § 404 BGB mit dem vorgesehenen Erhalt der Einredemöglichkeiten trotz Abtretung beschränkt den Abnehmer allerdings nicht auf die Einrede des § 320 BGB. So kann er in Gewährleistungsfällen z.B. den Entgeltanspruch gemäß § 441 bzw. § 638 BGB mindern und diese Minderung auch dem Zessionar entgegenhalten. Weiter kann der Abnehmer unter den Voraussetzungen des § 406 BGB mit anderen Ansprüchen aus früheren Absatzverträgen — z.b. mit in Geldansprüche übergegangenen Gewährleistungsansprüchen — gegen den Zessionar aufrechnen, wenn dieser die Forderung einzieht.

Dennoch dürfte die die Einrede des nichterfüllten Vertrages bei den hier zu betrachtenden Kauf- und Werkverträgen die bedeutendste Rolle spielen. Bis zur vollständigen und damit auch qualitativ einwandfreien Erfüllung durch den Zedenten – ggf. im Wege der Nacherfüllung – kann der Abnehmer stets die Einrede des § 320 BGB erheben und die Zahlung der Vergütung verweigern. Daher wird der überwiegende Teil der Störungen der Vertragserfüllung in den hier betrachteten Fällen von der Einrede des § 320 BGB erfasst.

III. Zusammenfassung zur Einrede des nichterfüllten Vertrages

Als Folge der Abtretung muss sich der Zessionar gemäß § 404 BGB die Einwendungen des Abnehmers entgegenhalten lassen. Auch außerhalb der Insolvenz des Zedenten besitzt der Zessionar nur dann ein durchsetzbares Sicherungsrecht, wenn der zu Grunde liegende Vertrag ordnungsgemäß und vollständig erfüllt ist.

D. Die unterschiedlichen Auswirkungen der Vertragserfüllung auf die Forderung

Die Erfüllungshandlungen des Zedenten wirken sich in zweifacher Hinsicht auf die Forderung aus. Einerseits erfüllt der Zedent unter Verbrauch seiner Rohmaterialien und unter Einsatz von Arbeitsleistungen den Absatzvertrag. Andererseits führen die Erfüllungshandlungen des Zedenten zu einem – ggf. schrittweisen – Wertzuwachs der abgetretenen Forderung durch die Ausräumung der Einreden des Abnehmers und verleihen ihr dadurch überhaupt erst einen wirtschaftlichen Wert.[79] Die beiden unterschiedlichen Wirkungen beruhen dabei auf der gleichen

---

Einwendung anzusehen, die jedoch nur im Fall der Geltendmachung im Prozess berücksichtigt wird.

79 Vgl. zu dieser Beschreibung *Gerhardt*, in: Gedächtnisschrift für Knobbe-Keuk, 169 (179f.) und *Kirchhof*, in: Festschrift Uhlenbruck, 269, (277); *Beiner/Luppe*, NZI 2005,15 (21);

Handlung des Zedenten in Form der Vertragserfüllung. Das mit der Erfüllung verbundene Werthaltigmachen der Vergütungsforderung soll im Folgenden noch näher beschrieben werden.[80]

I. Beschreibung

Im Hinblick auf das Drei-Personen-Verhältnis zwischen Zedent, Abnehmer und Zessionar sind die unterschiedlichen Rechtsverhältnisse zu unterscheiden.

In dem Verhältnis Abnehmer und Zedent begründet der Absatzvertrag ein einklagbarer Erfüllungsanspruch des Abnehmers auf Vertragserfüllung. Die Leistungen des Zedenten führen zur Erfüllung dieses Anspruchs.

Der Zessionar hat dagegen keinen einklagbaren Erfüllungsanspruch aus dem Absatzvertrag gegen den Zedenten, sondern ist auf die Erfüllungsbereitschaft und die Erfüllungsfähigkeit des Zedenten angewiesen. Der Zessionar nimmt weiter auch nicht am Schutz des § 320 BGB teil. Diese Schutzwirkungen verbleiben allein in dem durch den Absatzvertrag begründeten Verhältnis zwischen dem Abnehmer und dem Zedenten. Allerdings hat die Erfüllung in diesem Rechtsverhältnis auch Auswirkungen auf das Rechtsverhältnis zwischen dem Zessionar und dem Abnehmer. Mit der Erfüllung seiner vertraglichen Verpflichtung räumt der Zedent die Nichterfüllungseinrede des Abnehmers nach §§ 404, 320 BGB – ggf. schrittweise- aus. Die Erfüllungshandlungen des Zedenten verleihen der abgetretenen Forderung ihre Durchsetzbarkeit gegen den Abnehmer. Dies erfolgt unter Verbrauch von vorhandenen Rohstoffen und unter Einsatz finanzieller Mittel zur Bezahlung von zu erbringenden Arbeitsleitungen.[81] Durch die bereits mit der Forderungsentstehung abgeschlossene Abtretung kommt die Erfüllung durch den Zedenten allein dem Zessionar zugute.

II. Abgrenzung: Valutierung von Sicherheiten

Ähnlichkeiten könnten zu der in der Literatur diskutierten Valutierung von abstrakten und akzessorischen Sicherungsrechten bestehen. Auch hier kann die eingeräumte Sicherheit gegen den Sicherungsgeber nicht sofort durchgesetzt werden.

Ringstmeier, S.96 sieht im Werthaltigmachen die Gestattung der Ausnutzung der „Produktivität" des schuldnerischen Unternehmens.

80 Diese Doppelwirkung der Vertragserfüllung ist auch im Insolvenzanfechtungsrecht zu beachten – dazu auch die Ausführungen auf Seite 141 f.

81 Auch die Arbeitsleistungen von Arbeitnehmern des Zedenten lassen sich unter das Werthaltigmachen fassen – ausdrücklich BGH ZIP 2008, 1435 (1437).

Beispielsweise entsteht eine Sicherungsbuchgrundschuld sofort in voller Höhe nach entsprechender Einigung und Eintragung im Grundbuch gemäß §§ 873 Abs.1, 1192, 1115 BGB ohne Rücksicht auf den Bestand und die Höhe der gesicherten Darlehensforderung.

Bis zur Auszahlung des Darlehens kann der Grundstückseigentümer allerdings gegen die Geltendmachung der Grundschuld im Wege der Zwangsvollstreckung die Einrede aus dem Sicherungsvertrag wegen der fehlenden Valutierung erheben, da es an der gesicherten Darlehensforderung fehlt. Die Geltendmachung der Grundschuld ist dem Gläubiger trotz Bestehens der Grundschuld verwehrt, da der Eigentümer dem Gläubiger der Grundschuld nach der Sicherungsvereinbarung die Einrede der fehlenden gesicherten Forderung entgegenhalten kann.

Nach Auszahlung des Darlehens entsteht die Forderung in voller Höhe und die Grundschuld valutiert hierdurch. Erst nach der Valutierung (und auch der Fälligkeit der gesicherten Forderung) entfällt die Einredemöglichkeit des Eigentümers, und erst zu diesem Zeitpunkt entfaltet die Sicherungsgrundschuld ihren vollen Sicherungswert. Insoweit scheint die nachträgliche Valutierung von Sicherungsrechten der oben beschriebenen Lage bei der Sicherungszession zu gleichen.

Allerdings ist zu beachten, dass hier die gesicherte Forderung durch die mit der Auszahlung der Darlehensvaluta verbundene Aufhebung der Einrede mit „Wert" aufgefüllt wird.[82] Nur als Folge davon erhöht sich der die Durchsetzbarkeit der Sicherungsgrundschuld gegen den Eigentümer.

Dies würde jedoch -übertragen auf die Situation der zu untersuchenden Sicherungsabtretung- der späteren Auszahlung des bis dahin nur versprochenen Darlehens entsprechen, die jedoch hier nicht untersucht werden soll. Mit Wert aufgefüllt wird deshalb nicht das Sicherungsobjekt, sondern vielmehr die gesicherte Forderung. Dies lässt sich auch auf akzessorische Pfandrechte übertragen.[83] Insgesamt handelt sich bei der Valutierung von Sicherungsrechten jedoch wegen der Unterscheidung zwischen dem Entstehen bzw. Valutieren der gesicherten Forderung um einen Vorgang, der sich nicht mit dem oben beschriebenen Werthaltigmachen des eingeräumten Sicherungsrechts vergleichen lässt.[84]

---

82   Der Eigentümer kann die Einrede aus der Sicherungsvereinbarung dem Gläubiger entgegenhalten. Zur Ausräumung der Einrede der fehlenden Valutierung in der Insolvenz siehe auch Jaeger-*Windel*, § 91Rdnr.8 und BGH NZI 2008, 304 (305).
83   Deshalb erübrigt sich auch die Untersuchung der nachträglichen Valutierung akzessorischer Sicherungsrechte wie Bürgschaften, Hypotheken etc.
84   Diesem Ergebnis steht nicht entgegen, dass *Gerhardt*, in: Gedächtnisschrift für Knobbe-Keuk, 169 (180) die Valutierung der Sicherungsrechte und die Valutierung von Forderungen im Rahmen der Anfechtung als gleich behandelt; dies betrifft nur die gemeinsame Bestimmung des für die Anfechtung maßgeblichen Zeitpunkts durch die Valutierung des Sicherungsrechts bzw. des Werthaltigmachens. Für eine Gleichsetzung jedoch auch BGH BB 2007, 403 (404) im Insolvenzanfechtungsrecht.

III. Zusammenfassung

Bei dem späteren Werthaltigmachen der Vergütungsforderung nach Entstehung handelt es sich um ein spezielles bei der Abtretung von Forderungen aus noch zu erfüllenden gegenseitigen Verträgen auftretendes Phänomen. Dabei wird der Wert des Sicherungsobjekts selbst und nicht etwa die gesicherte Forderung durch Leistungen des Zedenten nachträglich erhöht.

Bei dem hier betrachteten Geldkredit erfolgt die Vertragserfüllung mit Mitteln, die häufig durch das Darlehen des Zessionars finanziert worden sind. Die Finanzierung durch den Zedenten ist jedoch nicht entscheidend. Von Bedeutung ist nur, dass die zur Erfüllung eingesetzten Rohmaterialien unabhängig von der Frage der Finanzierung im Eigentum bzw. zur Verfügung des Zedenten stehen. Dieser kann als Unternehmer über den Einsatz von Arbeits- und Maschinenleistungen bestimmen und welche Absatzverträge mit den vorhandenen Rohmaterialien erfüllt werden. Die Vertragserfüllung und das mit ihr verbundene Werthaltigmachen der Forderung erfolgt daher beim Geldkredit ausschließlich unter Verbrauch von Vermögenswerten, die dem Zedenten gehören bzw. über die dieser frei verfügen kann.[85] Die Vertragserfüllung mit der Folge des zuvor beschriebenen Werthaltigmachens der bereits frühzeitig entstanden Vergütungsforderung kann sich in Abhängigkeit von dem jeweiligen Vertragstyp über einen längeren Zeitraum erstrecken, bei größeren Bauprojekten durchaus auch über mehrere Jahre.

---

85 Wie bereits erwähnt, kommt auch den Arbeitsleistungen der Arbeitnehmer des Zedenten ein Vermögenswert zu – BGH ZIP 2008, 1435 (1437).

Teil 2: Der Forderungserwerb ohne das Erfüllungswahlrechts nach § 103 InsO

Außerhalb des Erfüllungswahlrechts nach § 103 InsO sind zwei Fälle denkbar: Entweder ist die Forderung vor Insolvenzeröffnung entstanden und der Absatzvertrag ist ebenfalls zuvor noch vollständig erfüllt worden oder die Forderung ist erst nach Insolvenzeröffnung entstanden. Im zweiten Fall ist der Absatzvertrag dann bereits vom Insolvenzverwalter abgeschlossen worden.

A. Der Erwerb einer vor der Insolvenzeröffnung entstandenen Forderung aus bereits erfüllten Verträgen

Ist die Forderung noch vor der Insolvenzeröffnung entstanden und hat der Zedent den Absatzvertrag noch vor der Insolvenzeröffnung vollständig – d.h. auch mangelfrei – erfüllt, stehen dem Forderungserwerb des Zessionars keine Hindernisse entgegen.

I. Masseschutzvorschriften

Die Erwerbsverbote der §§ 81, 91 InsO entfalten erst ab Insolvenzeröffnung ihre Wirkung. Die abgetretene Vergütungsforderung ist jedoch noch vor diesem Zeitpunkt auf Grund der Vorausabtretung im Zeitpunkt der Forderungsentstehung aus der Masse ausgeschieden. Durch die auch bereits erfolgte, vollständige Vertragserfüllung besitzt der Zessionar ein Sicherungsrecht, das er wegen der vollständigen Erfüllung gegen den Abnehmer nach Aufdeckung der Zession auch durchsetzen könnte.

II. Die Sicherungsabtretung in der Insolvenz

Trotz wirksamen Forderungserwerbs wirkt sich die Insolvenzeröffnung auf das Sicherungsrecht des Zessionars aus.

1. Absonderungsrecht

Als rechtlichem Inhaber der Forderung müsste dem Zessionar in der Insolvenz des Zedenten bei formaler Betrachtung eigentlich ein Aussonderungsrecht gemäß § 47 InsO – ohne Rücksicht auf Fälligkeit oder Bedingtheit der Forderung- zustehen.

Bei der Sicherungsabtretung als lediglich vorübergehende Übertragung der Forderung nur für Sicherungszwecke wird dem Zessionar jedoch wegen dieser treuhänderischen Bindung durch den Sicherungszweck gemäß § 51 Abs.1 Nr.1 InsO lediglich ein Absonderungsrecht zugestanden.[86] Eine solche beschränkende Vorschrift enthielt die Konkursordnung nicht, dennoch wurde auch früher die Sicherungsabtretung wegen der Pfandrechtsähnlichkeit nur zu den Absonderungsrechten und nicht zu den Aussonderungsrechten gezählt.[87]

Obwohl der Sicherungszessionar rechtlich Inhaber der Forderung geworden ist und diese auch dessen Vermögen zuzuordnen ist, verleiht ihm deshalb auch die Insolvenzordnung lediglich ein Absonderungsrecht.

Der Absonderungsberechtigte ist jedoch kein Insolvenzgläubiger, dessen Anspruch sich auf eine verhältnismäßige Befriedigung durch die Insolvenzquote beschränkt. Während die Aussonderung die haftungsrechtliche Trennung eines Gegenstandes von der Insolvenzmasse bedeutet, stellt die Absonderung die Zuerkennung eines Vorzugsrechts trotz haftungsrechtlicher Zuerkennung des Gegenstandes zur Insolvenzmasse dar.[88] Ein aussonderungsfähiger Gegenstand gebührt dem Berechtigten der Substanz nach. Dagegen kann ein Absonderungsberechtigter nur den bei der Verwertung des belasteten Gegenstands erzielten Erlös beanspruchen, allein ein eventuell erzielter Mehrerlös steht der Masse zu.[89] Regelmäßig erhält der Absonderungsberechtigte dadurch eine erheblich höhere Befriedigung als die geringe Insolvenzquote – in einigen Fällen sogar eine vollständige Befriedigung.

2. Verwertungsbefugnis des Verwalters gemäß § 166 Abs.2 InsO

Das Aussonderungsrecht und das Absonderungsrecht glichen sich unter der Geltung der Konkursordnung durch die Geltendmachung der Rechte außerhalb des Konkursverfahrens.

---

86 Zur Begründung der Sicherungszession als Absonderungsrecht MünchKomm-*Ganter* § 51 Rdnr.9.
87 Vgl. zum pfandrechtsähnlichen Charakter der Sicherungsabtretung : MünchKomm-*Ganter* § 51 Rdnr.9. Zur Konkursordnung vgl. *Jaege /Henckel*, § 4 KO Rdnr.1.
88 MünchKomm-*Ganter*, vor §§ 49-52 Rdnr.3
89 aaO.

Zwar konnte gemäß § 127 Abs.1 KO auch der Verwalter Gegenstände mit Absonderungsrechten verwerten, allerdings bestand wegen der Durchsetzungsmöglichkeit außerhalb eines gerichtlichen Verfahrens der Vorrang der Selbstverwertung durch den Gläubiger nach Abs.2.

Deshalb konnte der Zessionar die sicherungszedierte Forderung auch nach Konkurseröffnung durch Aufdeckung der Zession gegenüber dem Abnehmer selbst einziehen.

Eine erhebliche Einschränkung dieses Selbstverwertungsrechts im Sicherungsfall enthält dagegen die Vorschrift des § 166 Abs.2 S.1 InsO. Aus dem Wortlaut „darf" ergibt sich das vorrangige Verwertungsrecht des Insolvenzverwalters, eine bei Insolvenzeröffnung noch ausstehende, sicherungsabgetretene Forderung zu verwerten.[90] Unabhängig von diesem Verwertungsrecht bleibt der Zessionar auch nach Insolvenzeröffnung Inhaber der Forderung. Allerdings soll nach einer jüngeren, obergerichtlichen Entscheidung[91] die Prozessführungsbefugnis auf den Insolvenzverwalter allein übergehen, der als Prozessstandschafter die Rechte des Zessionars – auch im wirtschaftlichen Interesse der Masse- geltend macht.

Deshalb ist dem Zessionar als Absonderungsberechtigtem die eigenständige Verwertung der Forderung nach Insolvenzeröffnung bis zur Freigabe durch den Verwalter zunächst versagt.

Der Grund für die Einbeziehung der Absonderungsgläubiger in das Insolvenzverfahren ist in der häufigen Belastung des betrieblich genutzten Vermögens des Insolvenzschuldners mit Absonderungsrechten zu sehen. Eine freie Selbstverwertungsmöglichkeit durch die Absonderungsgläubiger würde die für die Masse vorteilhafte Gesamtverwertung des Vermögens durch eine Unternehmensfortführung bzw. eine umfassende Veräußerung ausschließen.[92] Gerade die Unternehmensfortführung bzw. die Gesamtveräußerung sollte mit Inkrafttreten der Insolvenzordnung ermöglich bzw. erleichtert werden, wie sich § 1 S.1 Alt.2 InsO entnehmen lässt.

Daneben sieht die jüngere Rechtsprechung des BGH in dieser Zuweisung der Verwertungskompetenz an den Insolvenzverwalter im Rahmen des Insolvenzan-

---

90 Zu dieser Vorrangigkeit vgl. *Gundlach/Frenzel/Schmid*, NZI 2001, 119; NZI 2004, 305; BGH ZIP 2006, 91 (92); BGH ZIP 2002, 1630 (1631); HK-Landfernman, § 166 Rdnr.27; *Uhlenbruck/Uhlenbruck*, § 166 Rdnr.16.
91 Eine Klage des Sicherungszessionars wurde wegen des Verwertungsrechts des Insolvenzverwalters bereits als unzulässig abgewiesen- OLG Dresden ZInsO 2006, 1168 (1169).
92 Vgl. *Balz/Landfermann*, Die neuen Insolvenzgesetze (1995), S.28; Die Insolvenzordnung schreibt die kollektive Verwertung von Forderungen durch den Insolvenzverwalter aus ökonomischen Gründen fest. Die Verwertung durch jeden einzelnen Gläubiger könnte sonst zu suboptimalen Verwertungsergebnissen führen. Vgl. dazu auch *Wilmowsky*, NZG 1998, 481 (487 f.)

fechtungsrechts einen selbständigen und im Kern geschützten Vermögenswert der Insolvenzmasse.[93] Es bleibt allerdings im Detail offen, in welchem Fall allein die Selbsteinziehung noch vor der Insolvenzeröffnung die hierdurch vereitelte spätere (Gesamt-) Verwertung durch den Verwalter im Rahmen der Insolvenzanfechtung angefochten werden kann.[94] Letztlich muss nachgewiesen werden können, dass die (Gesamt-)Verwertung durch den Insolvenzverwalter tatsächlich zu einem höheren Erlös geführt hätte. Folgerichtig scheidet nach Auffassung des BGH eine Anfechtung dann aus, wenn die sicherungsabgetretenen Forderungen aus Bankguthaben resultieren. In diesem Fall ist eine bessere Verwertungsmöglichkeit zu Gunsten der Befriedigung der Insolvenzgläubiger nämlich nicht denkbar.[95]

3. Kostenbeteiligung des Sicherungszessionars

Ebenfalls neu wurde durch die Insolvenzordnung die Beteiligung des Sicherungszessionars an den Kosten der Verwertung der Forderung durch eine Feststellungs- und Verwertungspauschale nach §§ 170, 171 InsO eingeführt.

Mit dieser Beteiligung an den Verwertungskosten sollte die unter der Konkursordnung unbefriedigende Feststellung und Verwertung der Absonderungsrechte auf Kosten der Masse und damit der Konkursgläubiger zum ausschließlichen Nutzen des Absonderungsgläubigers beendet werden.[96]

Der Sicherungszessionar kann dieser Kostenbeteiligung – jedenfalls hinsichtlich der Feststellungskosten – auch nicht durch eine Aufdeckung der Zession und die eigenmächtige Einziehung der Forderung entgegen dem Verwertungsrecht des Insolvenzverwalters nach Insolvenzeröffnung entgehen.[97]

---

93   BGH, NZI 2004, 82 = ZInsO 2003, 1102.
94   Verneinend BGH, NJW-RR 2004, 340 = NZI 2004, 137= ZInsO 2003, 1138. Allerdings hatte hier der Zessionar die Feststellungspauschale bereits gezahlt. Bejahend dagegen BGH NJW 2001, 1940 (1941); NJW-RR 2004, 846 (847); 1493 (1495). Zum Problem der anfechtungsrechtlichen Erfassung der Forderungseinziehung vor Insolvenzeröffnung siehe *Gundlach/Frenzel/Schmidt*, NZI 2004, 305 ff.; *Häsemeyer*, Insolvenzrecht Rdnrn. 21.20, 13.49 (Sicherungsübereignung); *Eckardt*, ZIP 1999, 1734 (1738 ff.).
95   BGH NJW-RR 2004, 1493 (1495) mit Anmerkung *de Bra*, LMK 2004, Heft 12. Der Verwalter kann eine Geldforderung nicht besser verwerten als der Gläubiger. Deshalb trifft das Argument der geschützten Verwertungsbefugnis bei Bankguthaben nicht zu.
96   So die Begründung zum RegE § 175 (§ 170 InsO), abgedruckt bei *Kübler/Prütting* RWS Dokumentation, S.396 f. Vgl. dazu auch *Gundlach/Frenzel/Schmidt*, NZI 2004, 305 (306).
97   NJW RR-2004, 340 (341): Feststellungspauschale auch im Fall der rechtswidrigen Selbsteinziehung. Zur Unbeachtlichkeit der Offenlegung der Zession BGH NJW 2002, 3475 (3476); aA. *Mitlehner*, ZIP 2001, 677 (679).

4. Einziehungsermächtigung

Die dem Zedenten regelmäßig bis zum Eintritt des Sicherungsfalls erteilte Einziehungsermächtigung erlischt weder durch den Eintritt der wirtschaftlichen Krise noch durch den Antrag auf Eröffnung des Insolvenzverfahrens oder durch Anordnung vorläufiger Sicherungsmaßnahmen nach §§ 21 ff. InsO. Das Erlöschen setzt vielmehr einen ausdrücklichen und wirksamen Widerruf der Einziehungsermächtigung oder aber die Eröffnung des Insolvenzverfahrens über das Vermögen des Zedenten voraus.[98]

III. Ergebnis und Begründung unter Berücksichtigung des Werthaltigmachens

Auch unter der vorgeschlagenen besonderen Berücksichtigung des Werthaltigmachens ergibt sich kein anderes Ergebnis. Der Vertrag ist noch vor Insolvenzeröffnung mit den Mitteln des Zedenten erfüllt worden. Zu diesem Zeitpunkt existiert noch keine Insolvenzmasse, welche durch die Anwendung von §§ 81, 91 InsO zu schützen ist. Die zur Vertragserfüllung eingesetzten Mittel und Arbeitsleistungen stehen bis zur Insolvenzeröffnung zur freien Verfügung des Zedenten, so dass der Zessionar die Forderung einschließlich des durch das Werthaltigmachen geschaffenen Wertes erwerben kann. Durch das Berücksichtigen des Werthaltigmachens ergeben sich daher mit Blick auf die Wirksamkeit des Forderungserwerbs keine Unterschiede im Ergebnis oder der Begründung.

In diesem Abwicklungsstadium, bei dem auch die Vertragserfüllung noch vollständig vor der Insolvenzeröffnung abgeschlossen ist, kann sich daher das Werthhaltigmachen nur auf das Insolvenzanfechtungsrecht auswirken, welches auch die in diesem Zeitraum noch „werdende" Insolvenzmasse schützt.[99]

B. Der Erwerb einer erst nach Insolvenzeröffnung entstandenen Forderung

Mit der Insolvenzeröffnung über das Vermögen des Zedenten noch vor dem Abschluss des Absatzvertrages sind erhebliche Auswirkungen auf den Forderungserwerb im Wege der Vorausabtretung verbunden.

---

98 BGHZ 144, 192, (198f.); *Häsemeyer*, Insolvenzrecht Rdnr. 18.42; teilweise aA: *Gundlach*, KTS 2000, 307, der bereits mit Zahlungseinstellung ein Erlöschen der Einziehungsermächtigung annimmt.
99 Dazu im Einzelnen im anfechtungsrechtlichen Teil der Arbeit.

So verliert der Insolvenzschuldner gemäß § 80 InsO die Fähigkeit, die Insolvenzmasse zu verpflichten und über Massegegenstände zu verfügen.[100] Er kann nur noch das verbleibende insolvenzfreie Vermögen verpflichten bzw. nur noch über die nicht zur Insolvenzmasse gehörende Vermögensgegenstände verfügen.[101] Nach Insolvenzeröffnung wird ein potentieller Abnehmer deshalb nur noch mit dem Insolvenzverwalter einen Absatzvertrag schließen, da nur dieser noch gemäß § 80 Abs.1 InsO verwaltungs- und verfügungsbefugt ist.

Hier stellt sich die Frage, ob der Zessionar kraft der früheren Vorausabtretung die erst nach der Insolvenzeröffnung durch den Insolvenzverwalter in Abwicklung der Masse begründeten Forderungen aus noch zu erfüllenden Verträgen erwerben kann.

I. Inhaltliche Reichweite der Abtretungsvereinbarung

Die Vereinbarung über die Vorausabtretung mit dem Zessionar müsste dafür inhaltlich auch Forderungen erfassen, die nicht vom Zedenten, sondern vom Insolvenzverwalter begründet worden sind.

Im Hinblick auf die notwendige Bestimmbarkeit der von der Abtretung erfassten künftigen Forderungen ist zu berücksichtigen, dass in der Vereinbarung inhaltlich Forderungen des späteren Insolvenzschuldners bzw. Forderungen aus dessen Geschäftsbetrieb abgetreten wurden. Deshalb könnte der inhaltliche Bezug zu Forderungen, die erst vom Insolvenzverwalter nach Eröffnung des Insolvenzverfahrens in Auflösung des Geschäftsbetriebes begründet werden, in Frage gestellt werden.

In der Literatur und Rechtsprechung ist allerdings nur in besonderen Konstellationen problematisiert worden, ob die üblicherweise verwendeten Vorausabtretungsvereinbarungen auch nach Insolvenzeröffnung begründete Forderungen erfassen.[102]

---

100 Auch die Verpflichtungsmöglichkeit mit Wirkung gegen die Masse geht verloren, wie sich aus dem Übergang der Verwaltungsbefugnis ergibt. Der Insolvenzschuldner kann nur noch das insolvenzfreie Vermögen verpflichten, nicht aber die Insolvenzmasse – MünchKomm-*Ott*, § 81 Rdnr.5.

101 Als Beispiel für insolvenzfreies Vermögen lässt sich das gemäß § 36 Abs.1 InsO i.V.m. §§ 850c ff. ZPO nicht der Pfändung unterworfene Arbeitseinkommen des Insolvenzschuldners anführen. Für die Untersuchung sollen die massefreien Vermögensgegenstände außer Betracht bleiben.

102 Die Frage der Erstreckung der Sicherungsabtretung auch auf Masseforderungen erwähnt *Dahncke*, Diss.S.157 – wenn auch im Anwendungsbereich des § 17 KO – und bejaht ebenfalls die Erstreckung auf solche Forderungen ohne besondere Regelung aus dem Sinn der Sicherungsvereinbarung. So im Ergebnis auch *Hahnzog*, S.78, der die dort zitierte, abweichen-

Die Abtretungsvereinbarung ist gemäß §§ 133, 157 BGB vom Empfängerhorizont der Vertragsparteien auszulegen.

Die Auslegung muss berücksichtigen, dass der Insolvenzverwalter die Verträge nicht als Dritter abschließt. Vielmehr wird unmittelbar die Insolvenzmasse berechtigt und verpflichtet. Auch nach Insolvenzeröffnung bleibt der Zedent als Insolvenzschuldner Rechtsträger der Vermögensgegenstände der Masse. Er ist deshalb auch Forderungsinhaber. Lediglich die Verwaltungs- und Verfügungsbefugnis über sein Vermögen und damit auch über die Forderung ist ihm gemäß § 80 InsO entzogen.

Dadurch ist jedoch auch die vom Insolvenzverwalter begründete Forderung im Geschäftsbetrieb des Zedenten begründet und wird deshalb auch von der Vorausabtretungsvereinbarung erfasst. Dies entspricht auch dem Interesse des Zessionars als Sicherungsnehmer an einer möglichst umfassenden Sicherung, welches bei der Auslegung der Abtretungsvereinbarung maßgeblich zu berücksichtigen ist.

Im Ergebnis erfasst die Vorauszession inhaltlich auch Vergütungsforderungen, die aus Absatzverträgen stammen, die erst vom Insolvenzverwalter abgeschlossenen wurden.

II. Die masseschützenden Vorschriften der §§ 81, 91 InsO

Nach Insolvenzeröffnung können die Vorschriften der §§ 81, 91 InsO einem Erwerb der Forderung entgegenstehen. Diese Vorschriften sollen verhindern, dass nach Insolvenzeröffnung der Masse Vermögensgegenstände entzogen werden können, welche haftungsrechtlich der Gläubigergemeinschaft zugeordnet sind. Die Vorschriften dienen deshalb der Sicherung der gleichmäßigen Befriedigung der Insolvenzgläubiger als ein Kernanliegen des Insolvenzverfahrens.[103]

III. Das Erwerbsverbot des § 81 InsO

Der Forderungserwerb in Wege der Vorausabtretung könnte gemäß § 81 InsO unwirksam sein. In systematischer Hinsicht ist diese Vorschrift vorrangig anzu-

---

de Entscheidung des OLG Hamburg OLG 11, 358f, ablehnt. Danach ist die vom Verwalter begründete Forderung nicht mit der abgetretenen Forderung identisch, so dass die Vorausabtretung ins Leere läuft. Dazu auch *Arndt*, DRiZ 1954, 233 f.
103 Vgl *Häsemeyer*, Insolvenzrecht Rdnr. 10.01. Es handelt sich dabei wegen des bezweckten Schutzes der Insolvenzmasse um absolute Verbote vgl. MünchKomm-*Ott*, § 81 Rdnr.2 unter Hinweis auf die Regelung in der KO.

wenden, da § 91 InsO gegenüber § 81 InsO lediglich einen Auffangtatbestand darstellt.[104]

1. Verfügung nach Insolvenzeröffnung

Erforderlich ist nach dieser Norm eine Verfügung[105] des Insolvenzschuldners nach Insolvenzeröffnung über einen zur Insolvenzmasse gehörenden Gegenstand. Auch die Vorausabtretung stellt eine Verfügung dar, deren Besonderheit in dem späteren Wirksamwerden erst mit der Forderungsentstehung liegt.

Die Voraussetzungen von § 81 InsO wären deshalb nicht erfüllt, wenn die Verfügung allein durch den Abschluss der Abtretungsvereinbarung und deshalb noch vor der Insolvenzeröffnung abgeschlossen wäre.

Die Abgrenzung, ob eine Verfügung i.S.v. § 81 InsO vor oder nach der Insolvenzeröffnung abgeschlossen ist, hängt dabei von der vollständigen Erfüllung des Verfügungstatbestandes ab.[106]

Für die vollständige Erfüllung des Verfügungstatbestandes noch vor der Insolvenzeröffnung spricht, dass mit der Abtretung der künftigen Forderung bereits der Tatbestand gemäß § 398 BGB erfüllt ist – nämlich allein die Einigung hinsichtlich des Forderungsübergangs. Weitere Voraussetzungen enthält die Vorschrift nicht.[107] Für einen Abschluss des Verfügungstatbestandes der Vorausabtretung erst nach Insolvenzeröffnung spricht, dass § 398 BGB unmittelbar nur auf die Übertragung gegenwärtiger, rechtlich schon existierender Forderungen anwendbar ist. Bei künftigen Forderungen kann der Forderungsübergang als Wirkung des § 398 S.2 BGB frühestens mit der Entstehung der vorausabgetretenen Forderung eintreten.

In einer jüngeren obergerichtlichen Entscheidung wird erst die nachträgliche Forderungsentstehung durch den Vertragsschluss des Zedenten als Abschluss ei-

---

104 So auch HK-*Eickmann*, § 91 Rdnr.Rdnr.14; K/P-*Lüke*, § 91 Rdnr. 29, Uhlenbruck-*Uhlenbruck*, § 91 Rdnr.17; MünchKomm-*Breuer* § 91 Rdnr.31; *Hess* § 91 Rdnr.33; *Häsemeyer*, Insolvenzrecht Rdnr.10.26; *Jäger*/Henckel, § 15 Rdnr. 44; *Serick*, Eigentumsvorbehalt Bd.V § 65 I (S.468); BGHZ 106, 236, (241).
105 Der vergleichbare § 7 KO enthielt dagegen noch den weiteren Begriff der Rechtshandlung: Zur Einschränkung in § 81 InsO s.a. *v.Olshausen*, ZIP 1998, 1093. Der Begriff der Verfügung ist wie im Zivilrecht materiell-rechtlich zu verstehen: MünchKomm-*Ott*, § 35 InsO Rdnr.4.
106 MünchKomm-*Ott*, § 81 Rdnr.9; Braun-*Kroth*, § 81 Rdnr.3; Uhlenbruck-*Uhlenbruck*, § 81 Rdnr.Rdnr.6; HK-*Eickmann*, § 91 Rdnr.14; BGHZ 135, 140(146).
107 Dagegen verlangt die Übertragung einer beweglichen Sache gemäß § 929 S.1 BGB neben der Einigung über den Rechtsübergang auch die Übergabe der Sache und damit zwingend auch die Existenz der Sache.

ner aus mehreren Teilen bestehenden Verfügung angesehen.[108] Erst der Vertragsschluss durch den Zedenten als erforderliche Mitwirkungshandlung soll danach zum Abschluss des Verfügungstatbestandes der Abtretung führen.

2. Stellungnahme

Das Entstehen der abgetretenen Forderung kann für die Bestimmung des Verfügungszeitpunkts auch nach der hier vertretenen Auffassung nicht entscheidend sein.

Die Forderungsentstehung ist kein notwendiges Element des Verfügungstatbestandes der Abtretung, sondern lediglich eine Voraussetzung für den Eintritt der Verfügungswirkungen in Form des Rechtsübergangs nach § 398 S.2 BGB.

Schon die frühere Vorausabtretung des Insolvenzschuldners verwirklicht den Verfügungstatbestand und ist damit noch vor der Insolvenzeröffnung bereits abgeschlossen.[109] Die Vorschrift des § 81 InsO ist auf die Vorausabtretung mit Forderungsentstehung erst nach der Insolvenzeröffnung deshalb nicht anwendbar.[110]

Etwas anderes könnte sich zwar aus der anfechtungsrechtlichen Vorschrift des § 140 Abs.1 InsO ergeben. Danach gilt eine Rechtshandlung erst als dann vorgenommen, wenn ihre nachteiligen Wirkungen eintreten. Würde man auf die nachteiligen Wirkungen abstellen, wäre die Verfügung erst mit der Forderungsentstehung abgeschlossen.

Diese Vorschrift darf jedoch nur im systematischen Zusammenhang mit den vorherigen Anfechtungstatbeständen gesehen werden. § 140 InsO soll den für die Anfechtung erheblichen Zeitpunkt möglichst nah an die Insolvenzeröffnung hinausschieben, um die Anfechtung zu erleichtern. Über das Anfechtungsrecht hinaus soll jedoch kein Wirksamkeitszeitpunkt einer Verfügung des Insolvenzschuldners festgelegt werden. Die Vorschrift findet daher keine Anwendung auf bereits abgeschlossene Verfügungsgeschäfte, deren Wirksamkeit im Hinblick auf

---

108 OLG Dresden ZInsO 2006, 1057 (1058).
109 MünchKomm-*Ott*, § 81 Rdnr.10; *Bork*, Insolvenzrecht Rdnr.147; aA. wohl noch *Gerhardt*, in: Gedächtnisschrift für Knobbe-Keuk, S.170 Fn.3, der die Unwirksamkeit auf § 7 KO (entspricht § 81 InsO) stützt, aber die anderslautende Entscheidung BGH ZIP 1997, 737, 738 – dort wird § 7 KO verneint – bereits erwähnt.
110 Dies ist für das eröffnete Insolvenzverfahren unbestritten. Die abweichenden Meinungen von Jaeger-*Henckel*, § 24 Rdnr.7 ff. sowie *Eckardt* ZIP 1997, 957 (962) wollen bei der Vorausabtretung zwar § 81 InsO anwenden, beschränken dies aber ausdrücklich auf das Eröffnungsverfahren. Die Untersuchung geht jedoch von einem bereits eröffneten Insolvenzverfahren aus, so dass sich eine nähere Darstellung erübrigt.

die Entstehung des Verfügungsobjekts erst nach Insolvenzeröffnung aufgeschoben ist.[111]

Insoweit ist die Entscheidung[112] in dogmatischer Hinsicht abzulehnen. Nach der Urteilsbegründung wird ohne nähere Begründung unterstellt, dass die Forderungsentstehung Teil des Verfügungstatbestandes ist. Gegen die Ansicht, die Forderungsentstehung als Teil des Verfügungstatbestands anzusehen, lässt sich auch die generelle Zulassung der Vorausabtretung als Rechtsinstitut einschließlich des Schutzes des Zessionars gegen widersprechende Zweitverfügungen bzw. Zwangsvollstreckungsmaßnahmen anführen.

Würde man auch noch die Forderungsentstehung als Teil des Verfügungstatbestandes ansehen, müsste man den Schutz des Zessionars gegen Akte der Einzelzwangsvollstreckung und widersprechende Zweitverfügungen des Zedenten relativieren bzw. entgegen der bisherigen Rechtsprechung aufheben.[113]

Auch wegen dieser Konsequenzen ist die Forderungsentstehung daher nicht als Teil des Verfügungstatbestandes bei der Vorausabtretung anzusehen.

---

111 Zu dieser Beschränkung und der ausschließlichen Bedeutung für die Anfechtungstatbestände vgl. MünchKomm-*Kirchhof*, § 140 Rdnr.1 und 3. AA. wohl *Marotzke*, KTS 1979, 40 (45, 50): Die Vorausabtretung soll im Wege der Fiktion als erst nach der Eröffnung vorgenommen gelten. Die aus dem Anfechtungsrecht (eine dem § 140 InsO vergleichbare Vorschrift enthielt die KO nicht) entnommene Vorverlagerung des maßgeblichen Zeitpunkts auf die Forderungsentstehung durch BGHZ 38, 238 (240) überträgt er auf § 15KO. Allerdings kommt es sowohl bei § 15 KO als auch bei § 91 InsO nicht auf den Abschluss des Verfügungstatbestandes, sondern auf den Rechtserwerb an, der erst mit der Forderungsentstehung erfolgen kann. Es bedarf also keines „Kniffs". Seine Bedenken hinsichtlich von Forderungen der Masse aus unerlaubter Handlung dürften sich mit der InsO durch die Einführung des Neuerwerbs nach § 35 Alt.2 InsO erübrigt haben. Der Annahme einer Surrogation zur Begründung der Massezugehörigkeit bedarf es seit dem für diese Forderung nicht mehr. Jaeger-*Gerhardt*, § 24 Rdnr.7, verweist ebenfalls zur Beurteilung des Verfügungszeitpunktes auf § 140 InsO. Dies soll jedoch nur im Eröffnungsverfahren und nicht in dem hier ausschließlich betrachteten, bereits eröffneten Insolvenzverfahren gelten.
112 OLG Dresden ZInsO 2006, 1057 (1058).
113 Die Vorausabtretung schützt wegen des Prioritätsprinzips bereits gegen spätere, widersprechende Zweitverfügungen sobald die Forderung entstanden ist: BGHZ 30, 149 (151); 32,361 (363); BGH 56, 350 (351); BAG WM 1980, 661 (662); BAG ZIP 1993, 940 (941) mit Besprechung *Karsten Schmidt*, Jus 1994, 80 und *Tiedtke*, ZIP 1993, 1452 – letztere Entscheidung für Gehaltsabtretungen. Siehe auch BAG NJW 1993, 2699 (2700). Gleiches gilt für Pfändungen BGHZ 30,149 (151); 30, 367 (370); 104, 351, (355); BGHZ 82, 283 (287); BGH WuB VI B. § 55 KO 1.03 mit Anmerkung *Hess* unter Hinweis auf *Larenz*, Schuldrecht Bd.I, S.585 m.w.N; BGH NJW 1955, 544; 1960, (1003).

3. Ergebnis

Mit dem Abschluss der Vorausabtretung ist der Verfügungstatbestand bei der Vorausabtretung deshalb noch vor der Insolvenzeröffnung abgeschlossen. Auf den Übergang der Forderung mit Entstehung erst nach Insolvenzeröffnung ist § 81 InsO nicht anwendbar.[114]

IV. Das Erwerbsverbot des § 91 InsO

Der Wirksamkeit des Forderungserwerbs kann dann der Auffangtatbestand des § 91 InsO entgegenstehen. Danach ist jeder Erwerb von Rechten an Massegegenständen, der nicht bereits als Verfügung nach § 81 InsO unwirksam ist, ausgeschlossen.[115]

1. Unanwendbarkeit wegen Verwalterhandelns

Allerdings könnte § 91 InsO unanwendbar sein, da die Vergütungsforderung gerade durch ein Handeln des Verwalters begründet wurde.

Der Abnehmer erhält durch den Vertrag mit dem Insolvenzverwalter einen Erfüllungsanspruch gegen die Insolvenzmasse gemäß § 55 Abs.1 Nr.1 InsO als Masseschuld.[116] Erfüllt der Insolvenzverwalter den Vertrag, erwirbt der Abnehmer Rechte an den Gegenständen der Insolvenzmasse die für die Erfüllung übertragen oder anderweitig verbraucht worden sind.[117] Diese Einschränkung folgt aus dem Verwaltungs- und Verfügungsrecht des Insolvenzverwalters gemäß § 80 InsO in Abwicklung der Insolvenzmasse und bereitet keine weiteren Probleme im Hinblick auf den Rechtserwerb des Abnehmers an den zur Erfüllung eingesetzten Massegegenständen.

Im Fall der Vorausabtretung stellt sich jedoch dann die Frage, ob auch der Forderungserwerb durch den Zessionar entgegen § 91 InsO wirksam ist, weil die Forderung aus einer Veräußerung des Insolvenzverwalters durch den von ihm in Abwicklung des Masse geschlossenen Absatzvertrag stammt.

---

114 Vgl. zur Abgrenzung der §§ 81, 91 InsO auch *Gottwald*-Eickmann, Insolvenzrechtshandbuch, § 31 Rdnr.15.
115 HK-*Eickmann*, § 91 Rdnr.2; MünchKomm-*Breuer*, § 91 Rdnr.7; Jaeger-*Windel*, § 91 Rdnr.5.
116 Der Abnehmer erhält deswegen vollständige Befriedigung aus der Masse, im Falle der Masse-Insuffizienz besteht u.U. die persönliche Verwalterhaftung nach § 61 InsO.
117 So auch *Jaeger/Henckel*, § 15 Rdnr.5,50; Jaeger-*Windel*, § 91 Rdnr.1,2; FK-*App*, § 91 Rdnr.1.

Im Bereich des noch darzustellenden Erfüllungswahlrechts des Verwalters nach § 17 KO (§ 103 InsO) führt *Gerhardt* tatsächlich eine solche Argumentation für den durch das Erfüllungsverlangen begründeten Massenanspruch auch tatsächlich an und lehnt deshalb die Anwendung des § 15 KO (§ 91 InsO) ab.[118] Er stellt zwar ausdrücklich keinen Zusammenhang zur Frage des Forderungserwerbs im Bereich des § 15 KO (§ 91 InsO) auch außerhalb des Erfüllungswahlrechts her.[119] Es handelt sich jedoch in beiden Fällen letztlich um die Anwendung des Erwerbsverbots des § 15 KO bzw. 91 InsO.

a) Konsequenzen einer Unanwendbarkeit von § 91 InsO auf Grund Verwalterhandelns

Nach der Argumentation *Gerhardts* könnte ein Gläubiger im Wege der Vorausabtretung auch die vom Insolvenzverwalter bei der Masseabwicklung begründeten Forderungen erwerben. Da die Forderungsbegründung auf einem Verwalterhandeln beruht, würde § 91 InsO einem Erwerb nicht entgegenstehen. Allerdings möchte auch *Gerhardt* diese – sich aus seiner Argumentation zwangsläufig ergebende Konsequenz – außerhalb des Erfüllungswahlrechts wohl nicht ziehen.[120]

b) Stellungnahme

Es ist zwischen den berührten unterschiedlichen Problemkreisen zu differenzieren.

Der Abschluss des Absatzvertrages und seine Erfüllung sind als typische Abwicklungsgeschäfte vom Verwaltungs- und Verfügungsrecht des Verwalters nach § 80 Abs.1 InsO gedeckt.

Die oben angesprochen Ausnahme von der Anwendung des § 91 InsO bei Handeln des Verwalters ergibt sich also zwanglos aus der bestehenden Verfügungsbefugnis des Verwalters, wenn dieser willentlich Massegegenstände überträgt bzw. Masseverbindlichkeiten begründet.

---

118 *Gerhardt*, in: Festschrift für Merz, 117 (127f.): als Hilfsargument führt er weiter die bedingte Entstehung schon im Zeitpunkt der Insolvenzeröffnung an.
119 Außerhalb von § 17 KO geht allerdings auch *Gerhardt* davon aus, dass ein Erwerb durch den Zessionar wegen § 7, 15 KO nicht möglich ist – vgl. in: Gedächtnisschrift für Knobbe-Keuk, 169, (171) Fn.3. Die Anwendbarkeit dieser Erwerbsverbote wegen des hier angeführten Verwalterhandelns wird jedoch dort nicht problematisiert.
120 Anderenfalls wären die Ausführungen *Gerhardts* in der Gedächtnisschrift Knobbe-Keuk, 169, (171) Fn.3 widersprüchlich. Dort wird die Wirksamkeit des Forderungserwerbs wegen des Verwalterhandelns nicht erwogen.

Das Schicksal der vom Verwalter in Abwicklung der Masse begründeten Forderung ist jedoch davon zu trennen. Es stellt sich nicht die Frage, ob der Verwalter einen Massegegenstand auf einen Erwerber übertragen kann bzw. auch Forderungen für die Masse begründen kann– hierfür ist § 91 InsO in der Tat nicht anwendbar.

Vielmehr muss die Frage beantwortet werden, ob der Zessionar die durch die Veräußerung von Massegegenständen begründete Kaufpreisforderung als Masseforderung allein auf Grund der Vorausabtretung auch gegen den Willen des Verwalters erwerben kann.[121]

Der Erwerb der Forderung beschränkt sich deshalb nicht auf den Vertragsabschluss als Verwalterhandeln. Der Vertragsschluss lässt die Forderung nur entstehen. Der Forderungserwerb durch den Zessionar beruht vielmehr auf der Vorausabtretung als noch vor der Insolvenzeröffnung abgeschlossenes Rechtsgeschäft. Die Vorausabtretung selbst wurde deshalb gerade nicht vom Insolvenzverwalter in Abwicklung der Insolvenzmasse abgeschlossen. Der Forderungserwerb beruht deshalb nicht (nur) auf dem Verwalterhandeln, sondern auch auf der Vorausabtretung durch den Zedenten noch vor der Insolvenzeröffnung.

c) Ergebnis

Im Fall des Forderungserwerbs durch eine frühere Vorausabtretung besteht keine Ausnahme von der Anwendung des § 91 InsO wegen Handelns des Insolvenzverwalters.

2. Gegenstand der Insolvenzmasse

§ 91 InsO setzt voraus, dass die erst vom Verwalter nach Insolvenzeröffnung begründete Forderung einen zur Masse gehörenden Gegenstand darstellt.[122] Die Vorschrift soll von der Funktion her den Bestand der mit Eröffnung bestehenden

---

121 Bei der Frage der Unanwendbarkeit von § 91 InsO ist bei Verwaltergeschäften zwischen der Wirksamkeit der Verfügung über den zur Erfüllung veräußerten Massegegenstand und dem Schicksal der aus der Veräußerung begründeten Masseforderung im Hinblick auf die Vorausabtretung zu unterscheiden – vgl. Jaeger-*Henckel*, § 48 Rdnr.52.

122 Zur Massezugehörigkeit als Kernfrage der Anwendung des 15 KO (=91 InsO) vgl. *Jaeger/Henckel*, § 15 Rndnr.45; *Medicus*, JuS 1967, 385 (387); Dagegen soll nach *Uhlenbruck-Uhlenbruck* § 91 Rdnr17 sowie K/P-*Lüke*, § 91 Rdnr.29 auch bei Annahme eines Direkterwerbs der Forderungserwerb an § 91 InsO scheitern. Dabei bleibt jedoch offen, wie bei Annahme eines Direkterwerbs die Forderung massezugehörig sein kann.

Insolvenzmasse schützen und schließt daher nur den Erwerb von massezugehörigen Gegenständen aus.[123]

Nach dem Vorstellungsbild des Durchgangserwerbs entsteht die vorausabgetretene und erst vom Verwalter begründete Forderung zunächst – wenn auch nur für eine „juristische Sekunde" – im Vermögen des Zedenten. Erst anschließend soll der Übergang auf den Zessionar erfolgen, wie es die Vertreter des Durchgangserwerbs meinen.[124] Dieses vorübergehende Entstehen der Forderung im Vermögen des Zedenten ermöglicht die Anwendung von § 91 InsO.

Die Massezugehörigkeit würde dagegen fehlen, wenn die Forderung ohne Bezug zum Vermögen des Zedenten auf Grund der Vorausabtretung originär im Vermögen des Zessionars entstehen würde, wie es die Vertreter des Direkterwerbs annehmen.[125] In diesem Fall wird der Zedent weder bisheriger noch neuer Gläubiger der Forderung i.S.v. § 398 ff. BGB. Bisheriger Gläubiger i.s. der Abtretungsvorschriften wäre vielmehr derjenige, der ohne die Vorauszession Gläubiger der Forderung geworden wäre.[126]

a) Die unterschiedlichen Auffassungen

Der BGH hat sich zu diesen zwei gegensätzlichen Positionen noch nie eindeutig geäußert[127], auch das Meinungsbild in der Literatur ist zur Frage von Direkt – oder Durchgangserwerb uneinheitlich und widersprüchlich, teils mit erheblichen Differenzierungen. Auch wird von Teilen der Literatur der Erkenntniswert der Vorstellungsbilder von „Direkt-" bzw. „Durchgangserwerb" – jedenfalls in ihrer Bedeutung für die Begründung der Massezugehörigkeit im Zusammenhang mit einem Insolvenzverfahren – generell in Frage gestellt.[128]

123　Deshalb scheitert die berechtigte oder unberechtigte Veräußerung einer nicht dem Schuldner gehörenden Sache weder an § 81 noch § 91 InsO, da es sich nicht um einen Massegegenstand handelt – vgl. für die KO *Jaeger/Henckel,* § 15 Rdnr.94; Jaeger-*Windel*; § 91 Rdnr.2.

124　Für den Durchgangserwerb: *Egert*, Die Rechtsbedingungen im System des bürgerlichen Rechts (1974) S.60; K/P-*Lüke*, § 91 Rdnr.29.

125　Für den Direkterwerb: OLG Hamburg MDR 1956, 227; *Esser/Schmidt*, Schuldrecht Bd.I 2 (7.Auflage), § 37 3a (S.289), der aber im Konkurs § 15 KO für anwendbar hält. Wohl auch *Marotzke*, AcP 191 (1991), 177 (179), der aber wohl eher den Ansatz der logischen Sekunde beim Durchgangserwerb generell in Frage stellt.

126　Vgl. *Serick*, Eigentumsvorbehalt Bd. IV § 47 IV 1a (S.318) und *Müller*, ZIP 1994, 345.

127　BGH NJW 1955, 544: als Argument für die Unwirksamkeit wird das fehlende Anwartschaftsrecht vor der Insolvenzeröffnung angeführt und einer grundsätzlichen Stellungnahme ausgewichen.

128　So MünchKomm-*Ganter* § 51 Rdnr.166; Zum Ganzen siehe auch *Marotzke*, AcP 191 (1991), 177 (187 ff.) mwN., der das Denkmodell „Durchgangserwerbs" im Hinblick auf die „juristische Sekunde" in Frage stellt, da letztlich mit der Insolvenzhaftung doch Dauerwirkungen an-

Der BGH hat -soweit ersichtlich- einen Direkterwerb z.B. dann angenommen, wenn die Vertragsparteien ein sog. Anwartschaftsrecht aus einer bedingten Übereignung übertragen haben.[129] Dagegen soll bei Übertragung eines Vollrechts durch den Nichtberechtigten nach § 185 BGB nur ein Durchgangserwerb vorliegen.[130] Für einen Direkterwerb soll auch eine bereits hinreichend bestimmte Erwerbsaussicht genügen. Als Beispiel wird ein allgemeines Regulierungsabkommen i.s. eines Rahmenvertrages angeführt, bei dem lediglich noch die Begründung konkreter Ansprüche fehlt.[131]

Im Schrifttum wird überwiegend im Wege einer „Mittelmeinung" zwischen dem Direkt- und Durchgangserwerb je nach Art der bestehenden Erwerbsaussicht bzw. einem schon vorhandenen Rechtsgrund differenziert.[132]

Ist für die künftige Forderung bereits der Rechtsgrund vor der Insolvenzeröffnung gelegt oder besteht bereits eine Rechtsposition des Zedenten, nämlich eine bestimmte Erwerbsaussicht oder – noch enger – bereits ein Anwartschaftsrecht, soll der Direkterwerb eine Massezugehörigkeit ausschließen.[133] Eine konturierte Gestalt hat dabei allerdings nur der Begriff des Anwartschaftsrechts. Dieses liegt vor, wenn von einem mehraktigen Erwerbstatbestand bereits so viele Erfordernisse erfüllt sind, so dass der Veräußerer diese Rechtsposition nicht mehr durch eine einseitige Erklärung zerstören kann.[134] Die Insolvenzfestigkeit der Abtretung kann bei vorheriger Übertragung eines Anwartschaftsrechts auf den Schutz des § 161 Abs.1 S.2 BGB gestützt werden. Auch wenn die Vorschrift vom Wortlaut her nur gegen Verfügungen des Insolvenzverwalters schützt, erfasst sie auch den Erwerb entgegen der Wirkung des Insolvenzbeschlages gemäß § 91 InsO.[135]

---

gestrebt werden. Ebenfalls kritisch: *Gerhardt*, Kölner Schrift, 193 (218); *Medicus*, JuS 1967, 385 (386 ff.).
129 Auch im „Turmdrehkranfall" – BGH WM 1959, 813 (816) – kam es auf die Übertragung eines Anwartschaftsrechts an.
130 vgl. BGH NJW 1956, 665; WM 1968, 198.
131 Vgl. zu diesem Beispiel BGH WuB VI B. § 55 KO 1.03.
132 So differenzieren: *Armbrüster* NJW 1991, 606 (607 f.); Staudinger-*Busche*, § 398 Rdnr. 73 f. Diese Position stimmt mit dem BGH insoweit überein, als ein Anwartschaftsrecht eine geschützte Erwerbsaussicht darstellt: BGHZ 20, 88 (93); 49, 197 (205).
133 Vgl. dazu *Larenz*, Schuldrecht I, 14. Auflage. S.585; RGRK/BGB-*Weber*, § 398 Rdnr. 72; *Hennrichs* DB 1993, 1707 (1708f.);
134 Zum Begriff des Anwartschaftsrechts Westermann, Sachenrecht, § 5 III 3a S.123; BGHZ 27, 360 (368).
135 *Serick*, Eigentumsvorbehalt Bd. V, § 65 I3 (S. 474f.) unter Hinweis auf BGH NJW 1955, 544.

b) Anwendung dieser Grundsätze auf eine künftige Forderung im Sinne der Untersuchung

Wenn man der oben dargestellten Auffassung im Schrifttum bzw. dem BGH folgt, kommt bei künftigen Forderungen im Sinne dieser Untersuchung nur der Durchgangserwerb mit der Folge der vorübergehenden Massezugehörigkeit in Betracht. Weder zum Abtretungszeitpunkt noch zum Zeitpunkt der Insolvenzeröffnung besteht eine bestimmte Erwerbsaussicht bzw. ein Anwartschaftsrecht oder ein gegenwärtiges Rechtsverhältnis i.S. eines Dauerschuldverhältnisses. Es ist in den hier zu untersuchenden Fällen der Vorauszession künftiger Forderungen schlichtweg offen, ob der spätere Insolvenzschuldner bzw. Insolvenzverwalter, mit welchen Vertragspartnern und zu welchen Konditionen Verträge abschließen wird.

Legt man die Auffassung des BGH und der dargestellten Literatur zu Grunde, kann man die – vorübergehende – Massezugehörigkeit bei künftigen Forderungen im Sinne dieser Untersuchung mit dem Vorstellungsbild des Durchgangserwerbs begründen.[136]

c) Ergebnis nach BGH und der dargestellten Literaturauffassung

Der Forderungserwerb des Zessionars ist nach der Vorstellung eines Durchgangserwerbs trotz der frühzeitigen Vorausabtretung gemäß § 91 InsO unwirksam. Die erst vom Verwalter begründete Forderung entsteht zunächst für eine „juristische Sekunde" im Vermögen des Zedenten und soll allein deshalb einen Gegenstand der Insolvenzmasse darstellen.

V. Notwendigkeit eines weiteren Begründungsansatzes

Diesem Ergebnis der Massezugehörigkeit der Forderung mit der Folge der Anwendbarkeit von § 91 InsO auf erst nach Insolvenzeröffnung entstehende Forderungen ist beim bisher betrachteten Geldkredit ohne weiteres zuzustimmen. Auch in der Literatur lassen sich zu diesem Ergebnis keine abweichenden Stimmen finden.

Allerdings sind in der Literatur Gegenstimmen zur Begründung der Massezugehörigkeit mit dem zuvor dargestellten Durchgangserwerbs vorhanden.

---

136 BGH NJW 1955, 544; BGHZ 106, 236, (241); *Uhlenbruck* § 91 Rdnr. 17; MünchKomm-*Breuer* § 91 Rdnr.26; K/P-*Lüke* § 91 Rdnr.27; *Hess* § 91Rdnr. 33; *Häsemeyer*, Insolvenzrecht Rdnr.10.26; *Serick*, Eigentumsvorbehalt Bd. V § 65 (S.468).

1. Kritik am Vorstellungsbild des Durchgangserwerbs

a) Der Durchgangserwerb als Wertungsergebnis

So wird eingewandt, dass diese Vorstellung nur formelhaft das bereits gefundene Ergebnis einer Wertung zusammenfasst. Dagegen würden die hinter dem Ergebnis stehenden ausschlaggebenden Kriterien nicht offen gelegt.[137]

Dagegen lässt sich jedoch anführen, dass der BGH und die oben dargestellte Literaturansicht nach dem jeweiligen Grad der Verfestigung der Erwerbsaussicht entscheiden, wobei allerdings im Einzelnen Unsicherheit über den notwendigen Grad der Verfestigung besteht. Das entscheidende Kriterium wird also durchaus genannt, auch wenn es als nicht hinreichend trennscharf angesehen werden muss. Es ist jedoch eine andere Frage, ob es auf das Kriterium der schützenswerten Erwerbsposition für die Bestimmung der Massezugehörigkeit überhaupt ankommt.

b) Massezugehörigkeit auf Grund des Durchgangserwerbs

Gewichtiger erscheint deshalb die Kritik, die dem Forderungserwerb des Zessionars für eine „juristische Sekunde" im Wege des Durchgangserwerbs jede Bedeutung für die hier nur relevante Frage der Massezugehörigkeit abspricht.[138]

Der Durchgangserwerb könne die Forderungsentstehung im Vermögen des Insolvenzschuldners für eine „juristische Sekunde" veranschaulichen. Allerdings müsse sich dann allein aus der Zugehörigkeit der Forderung zum Vermögen des Zedenten nach Insolvenzeröffnung auch ihre Massezugehörigkeit ergeben.

Die Massezugehörigkeit von Gegenständen wird regelmäßig durch den Begriff der Insolvenzmasse gemäß § 35 InsO bestimmt.

aa) § 35 Alt.1 InsO

In der ersten Alternative von § 35 InsO hängt die Massezugehörigkeit nur vom Eigentum bzw. der Inhaberschaft des Insolvenzschuldners ab. Da der Durchgangserwerb die Forderungsinhaberschaft des Zedenten für eine „juristische Sekunde" erklärt, könnte man insoweit die Massezugehörigkeit bejahen. Nach dem klaren Wortlaut scheidet die 1. Alt von § 35 InsO jedoch aus, da die vorausabge-

---

137 So *Jaeger/Henckel*, § 15 KO Rdnr.46 mit Hinweis auf *Kupisch*, JZ 1976, 417 ff; Jaeger-*Windel*, § 91 Rdnr.62, 63; *Marotzke*, Das Anwartschaftsrecht, S.52 ff.
138 Das Vorstellungsbild des Durchgangserwerbs kritisieren und dessen Erkenntniswert für die Begründung der Massezugehörigkeit bezweifeln: *Jaeger/Henckel*, § 15 KO Rdnr.46; *Kupisch*, JZ 1976, 417 ff; *Marotzke*, Das Anwartschaftsrecht, S.52 ff; *ders*. AcP 191 (1991) 177 (188 ff.); *Medicus* Jus 1967, 385 (388).

tretene Vergütungsforderung im relevanten Zeitpunkt der Insolvenzeröffnung als Vermögensgegenstand und damit als Rechtsobjekt noch nicht existiert. Die Forderung wird erst nach Insolvenzeröffnung durch den Vertragsabschluss des Insolvenzverwalters rechtlich existent. Sie kann daher im Zeitpunkt der Insolvenzeröffnung niemanden und deshalb insbesondere auch nicht dem Insolvenzschuldner gehören.

Zu diesem Zeitpunkt existieren bestenfalls schon bzw. noch die zur Erfüllung einzusetzenden Ressourcen. Deren Massezugehörigkeit hat für das Vorstellungsbild vom Durchgangserwerb jedoch keinerlei Bedeutung, da es nur auf den Grad der Verfestigung der Erwerbsposition hinsichtlich der Forderung ankommen soll.

bb) § 35 Alt.2 InsO

In Betracht kommt allerdings die Begründung der Massezugehörigkeit als Neuerwerb im Sinne der 2. Alternative von § 35 InsO.

Als Erweiterung zum Umfang der Konkursmasse i.S.d. früher geltenden § 1 Abs.1 KO zählt zur Insolvenzmasse gemäß § 35 Alt.2 InsO auch das Vermögen, welches der Insolvenzschuldner erst während des Verfahrens erlangt. Dieser Neuerwerb mit der Folge der Massezugehörigkeit findet statt, wenn der Insolvenzschuldner unter Einsatz von insolvenzfreiem Vermögen[139] weitere Gegenstände nach Insolvenzeröffnung erwirbt.[140]

Allein von der zeitlichen Einordnung könnte man deshalb annehmen, dass auch die vom Insolvenzverwalter begründete Forderung durch den Neuerwerb gemäß § 35 Alt.2 InsO zu einem Gegenstand der Insolvenzmasse wird.[141]

Tatsächlich soll nach einer Auffassung die vom Verwalter begründete Forderung als Neuerwerb gemäß § 35 Alt.2 InsO massezugehörig sein.[142]

---

139   Beispielsweise käme hier der Erlös aus einer Veräußerung unpfändbarer und damit gemäß § 36 Abs. 1 InsO nicht zur Masse gehörender Gegenstände in Betracht.
140   MünchKomm-*Lwowski*, § 35 Rdnr.45; vgl. zum Neuerwerb unter der Konkursordnung auch *Lempenau*, Direkterwerb, S.86.
141   Eine teleologische Reduktion des § 35 Alt.2 InsO wird von *Pech*, Diss. S.71 vorgeschlagen. Der Neuerwerb soll nur in Zusammenhang mit dem Restschuldbefreiungsverfahren nach §§ 287 ff. InsO stattfinden. Eine solche Beschränkung ist jedoch abzulehnen, weil der Umfang der Insolvenzmasse im Eröffnungszeitpunkt feststehen muss und nicht von der Durchführung eines Restschuldbefreiungsverfahrens abhängen darf: MünchKomm-*Lwowski*, § 35 Rdnr.38; HK-*Eickmann*, § 35 Rdnr.34.
142   Vgl. *Gerhardt*, Kölner Schrift, 193 (218).

cc) Gegenargumente

Gegen diese Annahme von der Massezugehörigkeit der Forderung als Neuerwerb lassen sich jedoch mehrere Argumente anführen.

So spricht bereits der Wortlaut des § 35 InsO durch die Verwendung des Begriffs „Schuldner" gegen eine Erstreckung dieses „Neuerwerbs" auf Forderungen, die vom Verwalter begründet wurden. Auch in den Vorschriften der §§ 80,81,91 InsO ist der Insolvenzschuldner persönlich gemeint und nicht der mit Wirkung für und gegen die Masse handelnde Insolvenzverwalter.[143]

Auch die Gesetzesbegründung zu § 35 Alt.2 InsO stellt ausdrücklich klar, dass der Erwerb von Vermögensgegenständen durch den Verwalter in Abwicklung der Insolvenzmasse gerade nicht als Neuerwerb unter § 35 Alt.2 InsO fallen soll.[144]

Auch ein Vergleich mit der Rechtslage nach der früheren Konkursordnung legt nahe, dass der Einführung des Neuerwerbs durch die Insolvenzordnung für die Begründung der Massezugehörigkeit keine entscheidende Bedeutung zukommen kann.

Der Erwerb einer erst vom Verwalter begründeten Forderung scheitert nach Literatur und Rechtsprechung auch unter der Konkursordnung an der vergleichbaren Vorschrift des § 15 KO. Auch § 15 KO setzt die Massezugehörigkeit des erworbenen Gegenstandes voraus.[145] Ein Neuerwerb war der Konkursordnung jedoch fremd, so dass die Begründung der Massezugehörigkeit schon damals nach anderen Kriterien erfolgen musste. Deshalb kann die Massezugehörigkeit auch nach der Insolvenzordnung nicht von der Erweiterung des Umfangs der Insolvenzmasse und der Einbeziehung der Forderung als Neuerwerb abhängen.[146]

c) Stellungnahme

Die Vorstellung eines Durchgangserwerbs kann allein allenfalls die Vermögenszugehörigkeit der Forderung klären. Von der Zugehörigkeit der Forderung zum Vermögen des Insolvenzschuldners kann jedoch nicht ohne weiteres auch auf die für die Anwendung von § 91 InsO relevante Massezugehörigkeit der Forderung

---

143 Vgl. dazu *Harder*, Diss. S.75.
144 Vgl. die Begründung zu § 42 RegE (§35) InsO, abgdr. in: *Kübler/Prütting* RWS Dokumentation, S.203: „*...Gegenstände, die der Insolvenzverwalter mit Mitteln der Insolvenzmasse erwirbt, sind dagegen kein Neuerwerb in diesem Sinne.*". Insoweit sind die Ausführungen *Gerhardts*, Kölner Schrift, 193 (218) zu weitgehend, da er alle künftigen Forderungen unter den Neuerwerb nach § 35 Alt. 2 InsO fallen lassen will. In Bezug auf die vom Verwalter begründeten Forderungen ist dies in dieser Allgemeinheit nicht zutreffend, so dass es nach wie vor auf die Begründung der Massezugehörigkeit ankommt.
145 Dazu auch *Kuhn/Uhlenbruck*, § 15 Rdnr.2.
146 Auch in der Gesetzesbegründung lassen sich dafür keine Hinweise finden.

geschlossen werden. Jedenfalls kann dieser Schluss nicht ohne zusätzliche Erwägungen auf die Vorschrift des § 35 InsO gestützt werden, welche den Umfang der Masse und damit die Massezugehörigkeit von Gegenständen im Zeitpunkt der Insolvenzeröffnung oder später bestimmt.[147] Aus diesem Grund müssen zur Begründung der Massezugehörigkeit weitere Kriterien herangezogen werden.

2. Zusätzliche Kriterien zur Begründung der Massezugehörigkeit der Forderung

In der Literatur werden unterschiedliche Argumente angeführt, die als zusätzliche Kriterien die verbleibenden Schwächen in dem bisher dargestellten konstruktiven Begründungsansatz des Durchgangserwerbs vermeiden bzw. beheben können.

a) Massezugehörigkeit der Forderung aus der Qualität der Sicherungsabtretung als Absonderungsrecht

In der Literatur wird zur Begründung der Massezugehörigkeit zum Teil bereits allein die Qualität der Sicherungsabtretung als ein (bloßes) Absonderungsrecht gemäß § 51 Nr.1 InsO angeführt.[148]

Die Frage, ob der Zessionar auf Grund der Vorausabtretung bei zwischenzeitlicher Insolvenzeröffnung die Forderung erwerben kann, soll nach dieser Ansicht mit Inkrafttreten der Insolvenzordnung generell ihre Bedeutung verloren haben.

Selbst wenn der Zessionar ein Absonderungsrecht erworben hat, soll die Forderung dennoch als Sicherungsgegenstand der Substanz nach zur Insolvenzmasse gehören.

Schließlich darf gemäß § 166 Abs.2 InsO nur der Insolvenzverwalter die Forderung verwerten. Im Hinblick auf dieses vorrangige Verwertungsrecht des Verwalters darf der Zessionar selbst dann nicht die Forderung durch Einziehung verwerten, wenn der Erwerb der Forderung nicht an § 91 InsO scheitert. Als Absonderungsberechtigter hat der Zessionar in jedem Fall nur einen Anspruch auf Auskehr des Netto-Verwertungserlöses nach Abzug der Kosten und Kostenpauschalen gemäß § 170 Abs.1 S.2 InsO.

Die Begründung der Massezugehörigkeit der Forderung allein durch den Hinweis auf die Qualität der Sicherungsabtretung als bloßes Absonderungsrecht und die damit verbundene Bedeutungslosigkeit der Frage der Erwerbsmöglichkeit der Forderung kann jedoch nicht überzeugen.

Zunächst ist die hier zu betrachtende Problematik der Massezugehörigkeit der vorausabgetretenen Forderung von der als Argument angeführten Verwertungs-

---

147 So auch Jaeger-*Henckel*, § 35 Rdnr. 101.
148 Zu diesem Begründungsansatz vgl. MünchKomm-*Ganter*, § 51 Rdnr. 168.

kompetenz zu trennen. Die Regelung der Verwertungskompetenz trifft keine umfassende Aussage darüber, wem die Forderung letztlich zur Befriedigung zugewiesen ist.

Erwirbt der Zessionar die Forderung, steht ihm trotz der Verwertungsbefugnis des Verwalters gemäß § 170 Abs.1 S.2 InsO der Nettoerlös aus der Forderungseinziehung durch den Verwalter zu. Auch die Beteiligung des Zessionars an den Feststellungs- und Verwertungskosten führt nicht zu einer – auch nicht teilweisen – Verbesserung der Befriedigung der Insolvenzgläubiger, welche auf die Massezugehörigkeit schließen lassen könnte. Mit der Kostenbeteiligung werden nur die Kosten ausgeglichen, die für die Masse entweder pauschaliert oder tatsächlich angefallen sind. Zusätzlich wird auch die Vergütung des Insolvenzverwalters erhöht. Dagegen erhöht sich die Teilungsmasse der Insolvenzgläubiger nicht.

Scheitert dagegen der Erwerb der Forderung an § 91 InsO, kann der Verwalter die Forderung insgesamt für die Insolvenzmasse verwerten. Der gesamte Verwertungserlös steht nach Abzug der auch hier anfallenden tatsächlichen Verwertungskosten zur Befriedigung der Insolvenzgläubiger als Teilungsmasse zur Verfügung.

Die von der Massezugehörigkeit der Forderung abhängige Frage des Forderungserwerbs des Zessionars in Hinblick auf § 91 InsO hat sich auch in Hinblick auf die Verwertungskompetenz des Verwalters nach Inkrafttreten der Insolvenzordnung daher entgegen der angeführten Literaturmeinung keinesfalls erübrigt. Allein die Qualität der Sicherungsabtretung als Absonderungsrecht kann die Massezugehörigkeit der Forderung allein nicht überzeugend begründen.

b) Die Regelung zur Ersatzaussonderung

Eine in der Konkurs– bzw. Insolvenzordnung angelegte Wertung für die Bejahung der Massezugehörigkeit der Forderung sieht *Medicus* in einem Umkehrschluss zur Ersatzaussonderung gemäß § 46 KO (§ 48 InsO).[149] Nach diesen Vorschriften kann der Berechtigte eines Aussonderungsrechts die Abtretung des Anspruchs auf den erzielten Erlös verlangen, wenn der Insolvenzverwalter Gegenstände veräußert hat, an denen zuvor ein Aussonderungsrecht bestand.[150] Da schon der Aussonderungsgegenstand selbst nicht zur Insolvenzmasse gehört, ist auch die aus der Veräußerung des massefremden Gegenstandes stammende Entgeltforderung nicht als massezugehörig anzusehen.[151]

---

149 *Medicus*, JuS 1967, 385 (386).
150 Zum Verhältnis von Ersatzaussonderung und Surrogation vgl. auch *Häsemeyer*, KTS 1990, 1ff.
151 So auch *Pech*, Diss. S.34.

Diese Vorschrift ermöglicht nach *Medicus* den Gegenschluss, dass die durch den Insolvenzverwalter erlangte Entgeltforderung der Masse nur dann zugute kommen soll, wenn es sich um die Veräußerung eines zuvor zur Masse gehörigen Gegenstandes handelt.

c) Der Insolvenzzweck gemäß §§ 1, 38 InsO

Weiter führt *Medicus* den Sinn und Zweck des Konkursverfahrens an. Aus § 3 KO (§§ 1, 38 InsO) ergibt sich, dass alle Vermögenswerte der Insolvenzmasse im Rahmen der Gesamtvollstreckung nur der gemeinschaftlichen Befriedigung der Insolvenzgläubiger dienen. Ließe man eine Abtretung künftiger Forderungen zu, würde die Tätigkeit des Konkursverwalters in Abwicklung der Masse hinsichtlich der von der Zession erfassten Verträge nicht mehr der Gemeinschaft der Gläubiger dienen. Vielmehr käme der Erlös aus der Verwertung der Konkursmasse ausschließlich dem durch die Vorausabtretung gesicherten Zessionar zugute, obwohl das in der Masse vereinigte Vermögen des Konkursschuldners zur Befriedigung aller Konkursgläubiger dienen soll.[152]

Diese Zuordnung der zur Insolvenzmasse gehörenden Gegenstände bzw. der bei ihrer Veräußerung begründeten Forderung soll deshalb durch eine Vorausabtretung nicht in ihr Gegenteil verkehrt werden können. Die Forderung gehört zur Masse, weil die Mittel, mit denen der Vertrag erfüllt wurde, ebenfalls zu Masse gehörten.[153]

Die Verwendung der freien Massemittel – auch die Forderungen aus der Veräußerung solcher Gegenstände- muss deshalb allein der gleichmäßigen Gläubigerbefriedigung dienen. Aus diesem Grund fällt auch die mit Massemitteln durch Rechtsgeschäfte des Insolvenzverwalters begründete Erlösforderung automatisch in die Masse.

Die Massezugehörigkeit der Gegenstände, mit dem die vom Verwalter abgeschlossenen Verträge erfüllt werden, bestimmt die Massezugehörigkeit der Forderung aus diesen Verträgen. Die Massezugehörigkeit der zur Erfüllung einzusetzenden Mittel lässt sich jedoch ohne besondere Schwierigkeiten durch die Anwendung der Vorschrift des § 35 S.1 InsO feststellen.

Bei der Sicherungsabtretung im Rahmen eines Geldkredits sind die zur Vertragserfüllung einzusetzenden Mittel vom Zessionar durch das Darlehen zwar finanziert worden. Diese zur Vertragserfüllung einzusetzenden Mittel stehen aber im Eigentum des Zedenten, der über deren Verwendung frei entscheiden kann. Der Zessionar besitzt an diesen Mitteln keine Vorrechte. Deshalb sind diese

---

152 *Medicus*, JuS 1967, 385 (386).
153 *Medicus* JuS 1967, 385 (388).

Mittel im Insolvenzfall beim Geldkredit auch unbestritten zur Insolvenzmasse gemäß § 35 Alt.1 InsO zu zählen. Diese an die Mittelverwendung anknüpfende Argumentation in der Insolvenz als Gesamtvollstreckungsverfahren entspricht im Übrigen auch der Situation in der Einzelzwangsvollstreckung im Hinblick auf ein bestehendes Pfändungspfandrecht gemäß § 1247 BGB.

In der Einzelzwangsvollstreckung gebührt der Versteigerungserlös dem Pfändungsgläubiger, nur ein etwaiger Mehrerlös steht dem Schuldner und damit gegebenenfalls anderen Gläubigern zu.[154] In der Insolvenz ist der Erlös aus der Verwertung der Massegegenstände durch den Verwalter nur der Insolvenzmasse zur Befriedigung der Insolvenzgläubiger haftungsrechtlich zugewiesen. Deshalb sollen Entgeltforderungen aus der Veräußerung von Massegegenständen ebenfalls zur Masse gehören.[155]

Diese Betrachtungsweise ist nicht auf die Erfüllung von Kaufverträgen beschränkt. So kann die Vertragserfüllung beispielsweise auch durch die Erbringung von Arbeitsleistungen bzw. durch Einsatz von Arbeitskräften bzw. Maschinen erfolgen, die ihrerseits mit Mitteln der Masse zu bezahlen sind.[156] Der Gedanke der Abgrenzung nach der Herkunft der zur Vertragserfüllung eingesetzten Mittel hängt nicht von der Art des konkreten Vertrages oder der Art der eingesetzten Mittel ab. Vielmehr ist nur die Herkunft bzw. die Zuordnung der zur Erfüllung eingesetzten Mittel zur Insolvenzmasse entscheidend.[157]

d) Verwaltungssurrogation

Auch wenn die Vorschriften der Konkursordnung bzw. der Insolvenzordnung das Institut der sog. Verwaltungssurrogation nicht explizit erwähnen, ist allgemein anerkannt, dass durch Rechtsgeschäfte des Verwalters mit Mitteln der Masse erworbene Vermögensgegenstände zur Insolvenzmasse zählen. Dies ergibt sich im Wege der ungeschriebenen, aber allgemein angenommenen Verwaltungssurrogation.[158]

---

154 Palandt-*Bassenge*, § 1247 Rdnr. 3.
155 *Jaeger/Henckel*, § 15 Rdnr.46
156 Vgl. auch die Anmerkung *Meller-Hannich* zum Verhältnis von § 91 und § 114 InsO bei vorausabgetretenen ärztlichen Vergütungsforderungen WuB VI A. § 114 InsO 1.06.
157 So auch Jaeger-*Henckel*, § 51 Rdnr. 44 für den verlängerten Eigentumsvorbehalt.
158 *Jaeger/Henckel*, § 15 Rdnr.45, § 6 Rdnr.37, §1 Rdnr.127; ; Jaeger-*Henckel*, § 48 Rdnr.53;*Uhlenbruck*, § 35 Rdnr.36; *Häsemeyer*, Insolvenzrecht, Rdnr.9.28. (S.; *Marotzke*, Das Anwartschaftsrecht, S.69; MünchKomm-*Huber*, § 35 Rdnr.55 mit Hinweis auf BGHZ 27, 360 (366) für ein ausgeübtes Bezugsrecht. Allerdings verwendet der BGH nicht den Begriff der „Surrogation".

Diese Surrogation hinsichtlich der durch den Verwalter begründeten Forderung setzt lediglich voraus, dass der Verwalter das Geschäft subjektiv auf die Masse bezieht und dieses objektiv auch der Masse zuzurechnen ist. Dafür genügt es, wenn der Erwerb bzw. die Erfüllung von Verträgen mit Mitteln der Masse erfolgt.[159] Die vorausabgetretene Forderung gehört also auf Grund der allgemeinen Verwaltungssurrogation zur Insolvenzmasse, weil der Vertrag, aus dem die Forderung entspringt, mit Mitteln der Masse zu erfüllen ist. Die Forderung tritt an die Stelle der zur Erfüllung eingesetzten Massemittel. Dies entspricht jedenfalls den Wirkungen einer Surrogation. Nach dem Text der Gesetzesbegründung zu § 35 InsO war die eben kurz umrissene Surrogation bei Verwalterhandeln und Erfüllung mit Massemitteln schon für die Konkursordnung anerkannt und soll auch für die Insolvenzordnung fortgelten.[160]

Marotzke erwähnte bereits früher den Gedanken eines Forderungserwerbs im Wege der Surrogation und bejahte aus diesem Grund die Zugehörigkeit der Forderung zur Masse.[161] An die Stelle des zur Masse gehörenden Gegenstands trete die Kaufpreisforderung aus der Veräußerung. Die Notwendigkeit einer solchen Surrogation ergebe sich aus der Eigenschaft der Konkursmasse als haftungsrechtlich gebundenes Sondervermögen zur Befriedigung der Gläubigergemeinschaft.[162] Unabhängig von den genauen Konturen dieser Surrogation ergibt sich nach dieser Auffassung die Massezugehörigkeit erst durch die zusätzliche Berücksichtigung der ungeschriebenen Verwaltungssurrogation.

3. Stellungnahme

Für die Bestimmung der Massezugehörigkeit an Hand der genannten, zusätzlichen Wertungskriterien sprechen vor allem die Rechtssicherheit und die überzeu-

---

159 *Jaeger/Henckel*, § 15 Rdnr. 45.
160 Vgl. die Begründung zu § 42 RegE, abgdr. in: *Kübler/Prütting*, RWS Dokumentation 18, S.203: „"…Daß sie – kraft Surrogation – ebenfalls zur Masse gehören, ist bisher schon für die Abgrenzung der Konkursmasse anerkannt."
161 *Marotzke*, AcP 191 (1991), 177 (197).
162 Eine solche Surrogation diskutieren *M.Wolf*, JuS 1975, 646 (715) und *Marotzke* KTS 1979, 41(48 ff.). Vgl. auch *Kuhn/Uhlenbruck*, § 1 Rdnr.106; HK-*Eickmann*, § 35 Rdnr.27; MünchKomm-*Lwowski*, § 35 Rdnr.55. Aus der aktuellen Literatur *Harder*, Insolvenzrechtliche Surrogation. Die angenommene dingliche Surrogation wird dagegen vom BGH und Teilen der Literatur mangels besonderer gesetzlicher Vorschrift abgelehnt – vgl. dazu RGZ 94, 20, 22; *Dieckmann*, in: Festschrift für Henckel, S. 95, 100 Fn. 20; Gottwald-*Gottwald*, Insolvenzrechtshandbuch, 2. Aufl., § 41 RdNr. 7; Jaeger/Lent § 46 KO RdNr. 4; *Kuhn/Uhlenbruck* § 46 KO RdNr. 11; *Kilger/K. Schmidt* § 46 KO Anm. 2; FK-*Joneleit/Imberger* § 48 RdNr. 5; MünchKomm-*Ganter*, § 48 Rdnr. 10.

gende Begründung. Dies gilt auch dann, wenn man diesen Wertungskriterien nur eine zusätzliche Rolle bei der Bestimmung der Massezugehörigkeit der vorausabgetretenen Forderung nach dem Vorstellungsbild eines Durchgangs- bzw. Direkterwerbs zubilligen möchte.

Im Gegensatz zum dort maßgeblichen, letztlich aber nicht konkret bestimmbaren Grad der Verfestigung der Erwerbsaussicht lässt sich die nach den Wertungskriterien maßgebliche Mittelherkunft sehr leicht feststellen.

Dagegen bleibt die Bestimmung der für die Abgrenzung von Direkt- und Durchgangserwerb relevanten gesicherten Erwerbsposition des Zessionars uneinheitlich. Greift man auf die auch vom Gesetzgeber vorausgesetzte Verwaltungssurrogation zurück, wird die Frage des Direkt- oder Durchgangserwerbs für die Begründung der Massezugehörigkeit der Forderung darüber hinausgehend sogar hinfällig. Die angeführten zusätzlichen Wertungskriterien sollten daher neben dem Vorstellungsbild des Durchgangserwerbs herangezogen werden.

VI. Die Begründung der Massezugehörigkeit unter zusätzlicher Berücksichtigung des Werthaltigmachens

Die zuvor angeführten, zusätzlichen Wertungskriterien fließen gemeinsam als normative Grundlage in die hier vorgeschlagene Berücksichtigung des Werthaltigmachens der vorausabgetretenen Forderung durch die Vertragserfüllung ein.

Es genügt im Eröffnungszeitpunkt gemäß § 35 S.1 InsO die Massezugehörigkeit der Mittel festzustellen, mit denen der Vertrag zu erfüllen ist. Aus der Feststellung der Massezugehörigkeit der zur Erfüllung einzusetzenden Mittel gemäß § 35 Alt.1 InsO folgt dann auch die Massezugehörigkeit der werthaltig gewordenen bzw. noch werdenden Forderung. Die zur Erfüllung einzusetzenden Mittel fallen gemäß § 35 S.1 InsO in die Insolvenzmasse und dienen daher gemäß § 1 InsO ausschließlich der gleichmäßigen Befriedigung der Insolvenzgläubiger.

Wenn diese Mittel im Rahmen der Erfüllung verbraucht oder Arbeitsleistungen auf Kosten der Insolvenzmasse erbracht werden, muss der in der abgetretenen Vergütungsforderung verkörperte Wert ebenfalls den Insolvenzgläubigern zustehen. Dies bedeutet in der Konsequenz, dass § 91 InsO die Insolvenzmasse nicht nur gegen den Substanzverlust an Massegegenständen schützt. Vielmehr schützt § 91 InsO nach der vorgeschlagenen Berücksichtigung des Werthaltigmachens auch gegen den Verlust des wirtschaftlichen Wertes der Massegegenstände, der nach der Erfüllung nur noch in der Vergütungsforderung verkörpert ist. Da dieser Wert jedoch unter Verbrauch von Mitteln erzielt wurde, die ohne die Erfüllung zur Befriedigung der Insolvenzgläubiger zur Verfügung stehen würden, ist die durch die Erfüllung werthaltige Forderung als massezugehörig anzusehen.

Gemäß § 91 InsO kann der Zessionar diese Vergütungsforderung nach Insolvenzeröffnung deshalb nicht erwerben.

Das nach der Vorstellung eines Durchgangserwerbs der künftigen Forderung bestehende Problem, die Massezugehörigkeit der Forderung als Neuerwerb nach § 35 Alt. 2 InsO zu begründen, wenn der Verwalter die Forderung begründet hat, entfällt.

Die Bedeutung der Zugehörigkeit der Mittel zur Insolvenzmasse für die Zugehörigkeit der dann werthaltigen Forderung wird durch die angeführten Überlegungen zur Ersatzaussonderung bzw. zur Verwaltungssurrogation bestätigt.

In der Konsequenz bedeutet dies, dass der Erwerb einer erst nach Insolvenzeröffnung entstehenden Forderung bei einem noch zu erfüllenden gegenseitigen Vertrag nicht losgelöst von der erfolgten Vertragserfüllung betrachtet werden kann.

Die Wirksamkeit der gegenwärtigen – d.h. mit Entstehung bereits erfolgten – Forderungsabtretung kann dabei auch von der erst noch zukünftigen Vertragserfüllung abhängen. Schließlich muss der Insolvenzverwalter nach Abschluss den Absatzvertrag gemäß § 55 Abs.1 Nr. 1 InsO unbedingt mit den Mitteln der Insolvenzmasse erfüllen.[163] Somit steht der noch künftige Verbrauch von Massemitteln durch die noch zu erfolgende Vertragserfüllung bereits zum Zeitpunkt der Forderungsentstehung fest.

Entscheidend für die Anwendung von § 91 InsO auf die Vorausabtretung ist das Werthaltigmachen der abgetretenen Forderung unter Verbrauch von Mitteln der Insolvenzmasse, die ohne Erfüllung für die Befriedigung der Insolvenzgläubiger zur Verfügung gestanden hätten.

Das Werthaltigmachen kann die Zugehörigkeit der Forderung zur Masse auf einer neuen dogmatischen Grundlage erklären. Als Wertungskriterium kann es neben dem konstruktiven Vorstellungsbild eines Durchgangserwerbs herangezogen werden, so dass die damit verbundenen Widersprüche[164] zurücktreten.

---

163 Für die Erfüllung muss der Insolvenzverwalter unter den Voraussetzungen des § 61 InsO auch persönlich einstehen.
164 Zu diesen Widersprüchen vgl. die Kritik auf Seite 61 ff.

Teil 3: Die Auswirkungen der Insolvenzeröffnung auf den Forderungserwerb bei nachträglicher Vertragserfüllung

Nunmehr soll der Fall betrachtet werden, in dem die Forderung bereits durch den früh erfolgten Vertragsschluss noch vor der Insolvenzeröffnung entstanden ist. Würde man der im Zeitpunkt der Insolvenzeröffnung noch ausstehenden Erfüllung des Absatzvertrages keine Bedeutung zumessen, so wäre der Forderungserwerb bereits abgeschlossen und könnte daher nicht mehr an den §§ 81, 91 InsO scheitern.

Für den nun zu betrachtenden Fall der beiderseits noch ausstehenden vollständigen Erfüllung des Absatzvertrages im Zeitpunkt der Insolvenzeröffnung enthält die Grundnorm[165] des § 103 InsO jedoch Besonderheiten im Hinblick auf das Schicksal der beiderseitigen Erfüllungspflichten aus dem Vertrag, die sich auch auf die Vorausabtretung auswirken.

A. Das Erfüllungswahlrecht des Insolvenzverwalters

I. Voraussetzungen

Das Erfüllungswahlrecht setzt einen noch vor der Insolvenzeröffnung abgeschlossenen gegenseitigen Vertrag voraus. Diese Tatbestandsvoraussetzung ist im Sinn von § 320 BGB zu verstehen, erfasst also vollkommen zweiseitig verpflichtende Verträge mit dem Kennzeichen der synallagmatischen Verknüpfung der beiderseitigen Hauptleistungspflichten.[166] Daneben darf der Vertrag noch von keiner Seite vollständig erfüllt worden sein. Im Hinblick auf die im Mittelpunkt der Untersuchung stehenden Kauf- und Werkverträge ist dies der Fall, wenn entweder die zu verkaufende Ware noch nicht an den Abnehmer übereignet wurde oder aber etwa bei Bauvorhaben der vollständige Abschluss noch aussteht.

---

165 Zu diesem systematischen Verständnis von § 103 InsO und den Ausnahme- und Erweiterungsvorschriften der § 104 ff. InsO vgl. MünchKomm-*Huber*, § 103 Rdnr.98.

166 MünchKomm-*Huber*, § 103 Rdnr.55. Insoweit kann auf die Ausführungen zur Einrede des § 320 BGB auf Seite 39 verwiesen werden. Unter einem „Zweiseitigen Vertrag" im Sinne von § 17 KO war ebenfalls die synallagmatische Verknüpfung der Hauptleistungspflichten zu verstehen.

II. Normzweck

Anders als die gesetzlich klar geregelten Voraussetzungen für die Anwendung von § 103 InsO besteht zu dem Normzweck – wie auch schon zur Vorgängervorschrift des 17 KO – nur sehr begrenzt Übereinstimmung. Es ist unbestritten, dass einerseits dem Verwalter das Recht eingeräumt werden soll, einen noch nicht vollständig erfüllten Vertrag zum Vorteil der Masse und damit der Gläubigergesamtheit durchzuführen. Es besteht auch kein Zweifel an der Schutzfunktion des § 103 InsO für den Vertragspartner. So darf der Vertragspartner des Insolvenzschuldners darauf vertrauen, für die nach Erfüllungswahl erbrachten Leistungen auch die ursprünglich vereinbarte Gegenleistung aus der Masse zu erhalten. Insoweit handelt es sich um eine Weiterführung der oben dargestellten synallagmatischen Verknüpfung der Leistungspflichten nach § 320 BGB und dem durch diese Verknüpfung vermittelten Schutz des Vertragspartners auch im Fall der Insolvenzeröffnung.[167]

Insbesondere zu den hier interessierenden Auswirkungen der Insolvenzeröffnung auf den noch nicht vollständig erfüllten Absatzvertrag als gegenseitigen Vertrag und den damit verbundenen Auswirkungen auf die von der Vorausabtretung erfassten Vergütungsansprüche des Zedenten als Dritten gehen dagegen die Auffassungen erheblich auseinander.[168] Gerade in Hinblick auf die Vorausabtretung mit der Beteiligung des Zessionars als Dritten ist der Normzweck des eingeräumten Erfüllungswahlrechts sehr umstritten. Im Folgenden soll auf die Entwicklung der Rechtsprechung des BGH eingegangen werden, die in der Literatur bis heute auf z.T. erhebliche Kritik stößt.

B. Die Entwicklung der Rechtsprechung § 103 InsO

Das Schicksal von Forderungen aus gegenseitigen Verträgen sowie die Voraussetzungen und die Rechtsfolgen des Wahlrechts des Konkurs– bzw. Insolvenzverwalters wurden in der Vergangenheit durch die Rechtsprechung höchst unterschiedlich bestimmt. Bereits hier ist festzuhalten, dass der Streit um die Rechtsnatur der Erfüllungsablehnung bzw. Erfüllungswahl maßgeblich von deren Auswirkungen auf den Bestand der vorkonkurslichen Abtretung und von der Frage der Aufrechnungsmöglichkeit des anderen Teils beeinflusst wurde. Gerade die Einräumung dieser Vorrechte ist nämlich mit gravierenden Folgen für die Ver-

---

[167] Vgl. zur Schutzfunktion des Synallagmas die Ausführungen auf Seite 36 f.
[168] Zu diesem „Fundamentaldissens" zwischen der neueren Rechtsprechung des BGH und der Literatur vgl. MünchKomm-*Kreft*, § 103 Rdnr.2.

mögenssituation der Masse und den Handlungsspielraum des Insolvenzverwalters bei der Ausübung des ihm zustehenden Wahlrechts verbunden.[169]

I. Die verschiedenen Wendepunkte

Die Rechtsprechung hat zur Vorgängervorschrift des § 103 InsO mehrfach grundlegend ihre Auffassung zu den Voraussetzungen und Rechtsfolgen sog. „schwebender Vertragsverhältnisse" geändert. Dazu hat das inzwischen geänderte Normverständnis des § 17 KO bzw. 103 InsO maßgeblich beigetragen.[170] Dieses bestand ursprünglich lediglich in einer Übertragung des Schutzes des Vertragspartners durch das zivilrechtliche Synallagma gemäß § 320 BGB in das Insolvenzrecht.

Spätestens seit der Entscheidung vom 20.12.1988[171] wurde § 17 KO im Hinblick auf Teilleistungen, Abtretungen und Aufrechnungen zur Umsetzung eines neuen Normverständnisses herangezogen. Danach wird durch das Wahlrecht nach § 17 KO gewährleistet, dass die Gegenleistung für mit mit Mitteln der Insolvenzmasse durch den Verwalter erfüllte gegenseitige Verträge auch der Masse zufließt. Dieser „Gegenleistungsgrundsatz" darf dabei weder durch vorherige Abtretungen an einen Sicherungszessionar beeinträchtigt, noch bei vorkonkurslichen Teilleistungen zu dessen Lasten überdehnt werden.[172]

Die Entwicklung der Rechtsprechung nach dieser zentralen Entscheidung lässt sich – stark vereinfacht und in der Zusammenschau – als eine Suche nach einer rechtskonstruktiven Umsetzung dieses nunmehr favorisierten Normverständnisses verstehen. Besondere Beachtung fand dabei die möglichst lückenlose und weitgehend widerspruchsfreie Umsetzung des Gegenleistungsgrundsatzes.

Diese Suche hat mit dem Urteil des BGH vom 25.04.2002[173] und der dort postulierten „Qualitätssprungtheorie" ihren vorläufigen Schlusspunkt gefunden. Die Entwicklung der Rechtsprechung, die in mit ihrem unterschiedlichen Normverständnis und den wechselnden Begründungsansätzen in der Literatur schon immer kontrovers diskutiert wurde, soll zunächst in ihren grundlegenden Wende-

---

169 Vgl. hierzu K/P-*Tintelnot*, § 103 Rdnr.10 und 83.
170 Einen kurzen Überblick zur Entwicklung der jüngeren Rechtsprechung geben *Graf/Wunsch*, ZIP 2002, 2117 ff sowie *Tintelnot,* ZIP 1995, 616 ff.
171 BGHZ 106, 236 ff. = BGHZ ZIP 1989, 171ff zust. *Uhlenbruck/Sinz*, WM 1989, 114 f.; ablehnend *Pape* EWiR 1989, 283f.
172 Dieser Gegenleistungsgrundsatz geht konstruktiv auf *Henckel*, in: Festschrift für Baur, 443 (450) zurück. Danach soll der Gegenleistungsgrundsatz aber nur dann greifen, wenn gerade kein Wahlrecht des Verwalters besteht, wie etwa in den Fällen des § 21 Abs.2 KO (108 Abs.1 InsO).
173 BGH ZIP 2002, 1093 ff.

punkten nachgezeichnet werden, da hier die Grundlage für die Berücksichtigung des Werthaltigmachens beim Erfüllungswahlrecht liegt. [174] Dabei werden insbesondere die Auswirkungen auf Aufrechnungsmöglichkeiten und die Abtretung ausführlicher dargestellt.

Die Darstellung der – nicht in den Untersuchungsgegenstand fallenden – Behandlung der Aufrechnung im Bereich des § 103 InsO– erfolgt, weil sowohl die Abtretung als auch die Aufrechnung als Vorzugsstellungen durch die Rechtsprechung gleichbehandelt wurden und werden.[175] So ergingen Urteile zur Aufrechnung, die auch Geltung für die vergleichbare Abtretungssituation beanspruchten und umgekehrt. Im Übrigen sieht der BGH für beide Vorzugsstellungen den gemeinsamen Ausgangspunkt in dem oben bereits erwähnten Gegenleistungsgrundsatz.

1. Traditionelles Normverständnis

Im Anschluss an die Rechtsprechung des Reichsgerichts[176] vertraten auch die Senate des Bundesgerichtshofs bis 1988 die Auffassung, die Erfüllungsablehnung eines von keiner Seite vollständig erfüllten gegenseitigen Vertrages sei ein vom Konkursverwalter auszuübendes Gestaltungsrecht.[177]

a) Wirkung der Konkurseröffnung und Rechtsnatur des Wahlrechts

Die Konkurseröffnung selbst hatte auf gegenseitige Verträge dagegen zunächst keine Auswirkungen, vielmehr blieben die Ansprüche in der Schwebezeit bis zur Ablehnung durch den Konkursverwalter bestehen.[178] Erst die Ablehnung – bzw. deren Fiktion nach fruchtloser Aufforderung durch den andern Teil gemäß § 17

---

174 Nicht zuletzt wegen der teilweise revidierten Auffassungen beschränkt sich die Darstellung lediglich auf die grundlegenden Wendepunkte in der Entwicklung der Rechtsprechung. Eine vollständige Darstellung ist im Rahmen dieser Untersuchung nicht möglich und auch nicht erforderlich. Hierfür wird auf die ausführliche Darstellung bei *Jaeger/Henckel* zu § 17 KO bzw. MünchKomm-*Kreft/Huber* zu § 103 mit jeweils weiteren Nachweisen verwiesen.
175 Für eine Gleichbehandlung von Abtretung und Aufrechnung auch jüngst *Henckel*, in: Festschrift Kirchhof, 191 (206 f.).
176 Vgl. RGZ 11, 49(51); 73, 58 (61); OLG Hamm ZIP 1985, 298 (300).
177 Vgl. den 2.Senat in BGHZ 48, 203 (205); NJW 1967, 2203 (2204); den V. Senat in NJW 1983, 1619; 1982, 768(769); den VII. Senat in BGHZ 96, 392 (394); 68, 379(380); NJW 1963,1896(1870); den VII. Senat in BGHZ 89, 189, (194f); NJW 1962, 2296 (2297); 1962, 153,(155).
178 RGZ 11, 49 (51) Pfändung und Überweisung; 73, 58 (61) Abtretung; 135, 167 (170); BGHZ 48, 203 (205); 89, 189 (194f.); 96, 392 (394); 98, 160 (168 ff.). Aus der Literatur: Kilger, KO, (15.Auflage) § 17 Anm.4c; Jaeger-*Lent*, KO, 8. Aufl. § 17 Rz.41.

Abs.2 KO– bewirkte ein endgültiges, über den Abschluss des Konkursverfahrens andauerndes, materielles Erlöschen der beiderseitigen Erfüllungsansprüche und wirkte in dieser Hinsicht rechtsgestaltend.[179] Erst durch die Ablehnung des Konkursverwalters wurde das Schuldverhältnis inhaltlich umgestaltet, so dass dem Vertragspartner nur noch ein Anspruch auf Schadensersatz[180] wegen Nichterfüllung gemäß § 26 S.2 KO verblieb.[181] Auch nach Beendigung des Konkursverfahrens blieb der Erfüllungsanspruch erloschen.[182]

Entschied sich der Konkursverwalter für die Erfüllung, war er verpflichtet, seine Gegenleistung gemäß § 59 Abs.1 Nr.2 KO aus der Masse zu erbringen. Es handelte sich bei diesem Anspruch um den vor Konkurseröffnung begründeten Anspruch. Dessen Erfüllung war trotz Konkurseröffnung aus der Masse geschuldet. Die Qualität des Anspruchs als Masseschuld wurde von § 59 Abs.1 Nr.2 KO nur deklaratorisch bestätigt.

b) Der gegenseitige Vertrag als grundsätzlich unteilbare Einheit

Hervorzuheben ist dabei, dass nach damaliger Auffassung sowohl die Erfüllungswahl als auch die Erfüllungsablehnung sich nur einheitlich auf den Erfüllungsanspruch insgesamt auswirkte. Miterfasst wurden deshalb auch die Teilleistungen, die vom späteren Gemeinschuldner oder aber vom Vertragspartner bereits vor Eröffnung erbrachten worden waren.[183] Eine Teilbarkeit der Auswirkungen von Erfüllungswahl und Erfüllungsablehnung wurde nur ausnahmsweise wegen der sonst untragbaren Folgen durch die Konstruktion des „Wiederkehrschuldverhältnisses" bei Versorgungsverträgen angenommen.[184] Mit Einführung

---

179 So schon das Reichsgericht in RGZ 79, 209 (211f).; 135, 167 (170); Vgl. dazu auch *Musielak*, AcP 179 (1979), 189, 191 ff.
180 Ohne Auswirkung und deswegen hier nicht zu vertiefen, bleibt die Frage nach bürgerlichrechtlichen (§ 325 BGB a.F. bzw. §§ 280, 283 BGB n.F.) bzw. einer eigenständigen insolvenzrechtlichen Grundlage: *Kuhn/Uhlenbruck*, § 17 Rdnr.37.
181 Vgl. zunächst das Reichsgericht in RGZ 11, 49, 51; 22, 107, 111; 58, 11; 64, 204, (207); 135, 167, 170 im Anschluss der BGH in BGHZ 68, 379, 380; 89, 189, 195; 96, 392, 394 f.; 98, 160, 169; zuletzt noch als gefestigte Rechtsprechung bezeichnet: BGH NJW 1987, 1702 f.
182 *Mentzel/Kuhn/Uhlenbruck*, (9. Auflage) § 17 Rdnr.36.; *Jaeger/Lent,*, (8.Auflage) § 17 Rdnr.41; *Kalter* KTS 1973, 16 (21).
183 Vgl. zur Einheitlichkeit von Erfüllungswahl und Ablehnung die Entscheidungen des Reichsgerichts RGZ 39, 57 (58f); 62, 201 (202); 85, 221 (222) und später durch den BGH BGHZ 81, 90 (91) Energielieferung als Sukzessivlieferungsvertrag; BGZ 83, 359 (363); 97, 87 (90); WM 1960, 1410, 1411.
184 Im Rahmen von Versorgungsleistungen – z.B. bei Energielieferungsverträgen – machten die Lieferanten die weitere Belieferung mit Strom nicht nur von der Begleichung der nachkonkurslichen, sondern auch von der Begleichung der Rückstände aus der Zeit vor der Eröffnung abhängig. Zur Vermeidung von Versorgungsengpässen der insolventen Unternehmen mit

des Kontrahierungszwangs bei den Versorgern entfiel aber die Notwendigkeit für die Annahme eines solchen „Wiederkehrschuldverhältnisses".

Eine generelle Teilbarkeit des Erfüllungswahlrechts in einen vor – und nachkonkurslichen Teil, wie sie § 36 Abs.2 VerglO für Leistungen des anderen Teils im Zwangsvergleichsverfahren vorsah, war in der Konkursordnung nicht vorgesehen. Diese Vorschrift sollte auch nicht in einer Analogie herangezogen werden.[185] Dies wurde damit begründet, dass der Konkursverwalter gemäß § 17 KO nur an Stelle des Gemeinschuldners die Erfüllung verlangen konnte und deshalb an die inhaltlich unveränderten Bedingungen des Vertrages gebunden war. Bei der Aufspaltung des Vertrages in einen vor– und nachkonkurslich erfüllten Teil bestünde aber die Gefahr, die Vertragsbedingungen abzuändern. Als Beispiel wurden dafür insbesondere Verträge mit einem Pauschal– bzw. Gesamtpreis angeführt.[186]

c) Teilleistungen

Bei der Klärung der Frage, wie sich die Erfüllungswahl bzw. Ablehnung wegen der einheitlichen Gesamtwirkung auf vorkonkursliche Teilleistungen auswirkte, war zu unterscheiden, ob diese vom Gemeinschuldner oder aber vom anderen Teil vor Konkurseröffnung erbracht wurde.

aa) Vorleistungen des Gemeinschuldners

Verlangte der Konkursverwalter die Erfüllung des noch offenen Vertragsteils, hatte der andere Teil auch die noch nicht vergüteten vorkonkurslichen Leistungen des späteren Gemeinschuldners zu erfüllen. Dies ergab sich aus dem unveränderten Weiterbestehen der vertraglichen Erfüllungsansprüche der Masse.

Im Fall der Erfüllungsablehnung – welche wegen der Einheitlichkeit des Wahlrechts auch vorkonkursliche Teilleistungen erfasste – führte das Erlöschen der Erfüllungsansprüche hinsichtlich der erbrachten Vorleistung zu einem rückwirkenden Wegfall des Rechtsgrundes. Daraus resultierte ein Bereicherungsan-

---

nachteiligen Auswirkungen für die Masse wurde die gesamte Versorgungsbeziehung als Folge vieler selbständiger Verträge, die jeweils allein dem Wahlrecht des § 17 KO unterfielen, angesehen. Mit Einführung des Kontrahierungszwangs der Versorgungsunternehmen war diese Konstruktion zur Gewährleistung der Energieversorgung jedoch überflüssig geworden. Die Konstruktion wurde von der Rechtsprechung des BGH abgelehnt BGHZ 81, 90 (91); offen gelassen BGHZ 83, 359 (362).- anders jedoch das Reichsgericht RGZ 148,326 (330). Zum Ganzen siehe auch *Kreft*, in: Festschrift Uhlenbruck S.389; MünchKomm-*Kreft*, § 105 Rdnr. 9 ff; *Henckel*, in: Festschrift Kirchhof, 191 (192f.).

185   BGH KTS 1961, 8 (9); *Häsemeyer*, KTS 1973, 2, (12); *Henckel*, ZZP 99 (1986) 419, 442f.
186   So noch *Hess/Kropshofer* (2. Auflage), § 17 Rdnr. 12.

spruch der Masse gegen den anderen Teil mit der Folge der Rückforderung der Teilleistung.[187] Der Wert dieses Bereicherungsanspruchs war als abziehbarer Rechnungsposten im Rahmen des Schadensersatzanspruches des anderen Teils wegen Nichterfüllung nach § 26 S.2 KO aufzunehmen.[188] War dieser Rechnungsposten höher als der Schadensersatzanspruch, ergab sich ein eigener bereicherungsrechtlicher Rückforderungsanspruch der Masse.[189]

bb) Vorleistungen des anderen Teils

Verlangte der Konkursverwalter Erfüllung, wurden auch die noch nicht vergüteteten Vorleistungen des anderen Teils wegen der oben erwähnten Einheitlichkeit der Ausübung der Erfüllungswahl zur Masseschuld gemäß § 59 Abs.1 Nr.2 KO aufgewertet und mussten vom Verwalter aus der Masse erfüllt werden. Der Vertragspartner musste sich nicht damit abfinden, wegen erbrachter Vorleistungen vom Konkursverwalter auf lediglich anteilige Befriedigung und Anmeldung zur Konkurstabelle verwiesen zu werden.[190]

Die Erfüllungsablehnung führte dagegen gemäß § 26 S.1 KO nicht zu einem Rückforderungsanspruch oder einem sonstigen Anspruch gegen die Masse wegen der erbrachten Vorleistung für den Vertragspartner.[191] Vielmehr waren die erbrachten Vorleistungen innerhalb des Schadensersatzanspruchs wegen Nichterfüllung in Folge der Erfüllungsablehnung im Rahmen einer Konkursforderung gemäß § 26 S.2 KO im Wege einer automatischen Verrechnung ohne Aufrechnungserklärung zu berücksichtigen.[192] Auch wenn sich das Wahlrecht nach dem oben dargestellten Grundsatz auf den Vertrag einheitlich auswirkte, wurden die Vorleistungen wegen der geschilderten Verrechnungsmöglichkeit im Rahmen des

---

187 Ein solches Rückforderungsrecht lehnten allerdings RGZ 56, (241), *Jaeger/Henckel* § 26 Rdnr.2 und *Marotzke*, Gegenseitige Verträge, Rdnr.7.91(S.338) ab.
188 Schon das Reichsgericht stützte den Rückforderungsanspruch explizit auf § 812 BGB: RGZ 135,167,172 ff.; vgl. auch BGHZ 15, 333(335f) sowie BGHZ 68, 379 (381): hier wird jedoch als Anspruchsgrundlage der Vergütungsanspruch sowie teilerfülltem Vertrag – *trotz Erfüllungsablehnung*- in Anlehnung an die Vergütungsproblematik bei Teilleistungen im Rahmen des § 325 BGB a.F. (=§§ 280, 281,283 BGB n.F.) in Betracht gezogen, letztlich aber offen gelassen.
189 BGHZ 68, 379 (382).
190 Vgl. *Mohrbutter/Mohrbutter* DZWIR 2003, 2.
191 Zum Rückforderungsausschluss s.a. *Kuhn/Uhlenbruck*, (10.Auflage) § 26 Rdnr.2; *Jaeger/Henckel* § 26 Rdnr.2
192 Zu dieser Saldierung, bei der die zu verrechnenden Posten jedoch in die Aufrechnungsvorschriften der §§ 54, 55 KO fielen: RGZ 46, 99; 135, 170; 140, 16 (17); BGHZ 15, 333 (336); 68,380 f.; *Schmitz*, ZIP 1988, 1421 (1425f); *Scheffler*, ZIP 2001, 1182 (1188).

Schadensersatzanspruchs nach § 26 KO für den Fall der Erfüllungsablehnung berücksichtigt.

d) Auswirkungen auf die Aufrechnungsmöglichkeit und die Abtretung

Unter Berücksichtigung des Schicksals der Erfüllungsansprüche ergaben sich in Bezug auf die Aufrechnungsmöglichkeiten des anderen Teils bzw. auf eine vorkonkursliche Abtretung weitreichende Konsequenzen.

aa) Erfüllungswahl

Zunächst erfasste eine vorkonkursliche Abtretung – insbesondere die Sicherungsabtretung– auch den durch das Erfüllungsverlangen aufrecht erhaltenen Erfüllungsanspruch der Masse.[193] Dies war eine Konsequenz der Annahme, der Erfüllungsanspruch sei ein auch nach Konkurseröffnung unverändert bestehen gebliebener vertraglicher Anspruch.

Das Reichsgericht führte in seiner Entscheidung aus, dass § 17 KO einer vor Verfahrenseröffnung erfolgten Abtretung, Verpfändung oder Pfändung des Anspruchs im Verhältnis zum Konkursverwalter nicht die Wirksamkeit entziehen wolle.[194]

Dieser Grundsatz wurde auch vom BGH bis zum Paradigmenwechsel mit dem Urteil im Jahre 1988 herangezogen.[195]

Der weiter bestehende Erfüllungsanspruch war bereits durch die Zession, welche spätestens mit Forderungsentstehung wirksam war, noch vor der Konkurseröffnung aus der Masse ausgeschieden.

Mangels Massezugehörigkeit fand deshalb das Erwerbsverbot des § 15 KO keine Anwendung.

Auf Grund der Identität des Erfüllungsanspruchs mit dem vorkonkurslichen Anspruch stand der Aufrechnung des Vertragspartners mit anderen Konkursforderungen gegen den Erfüllungsanspruch der Masse kein Aufrechnungsverbot i.S.v. § 55 KO entgegen.

---

193 Vgl. RGZ 11, 49 (51f); OLG Hamm ZIP 1985,298; *Kuhn/Uhlenbruck*, § 17 Rdnr. 34; *Kilger*, § 17 Anm.4 b; *Jaeger/Henckel*, § 17 Rdnr. 145; *Scholz/Lwowski*, Kreditsicherung (6. Auflage) Rdnr. 788, Fußn. 36. Zweifelnd dagegen RGZ 63, 361 (363) unter Hinweis auf die ablehnenden Entscheidungen RGZ 11, 111 und RGZ 33, 49.

194 Vgl. RGZ 11, 49 (51f) Pfändung und Überweisung; Genau entgegengesetzt entschied das Reichsgericht nur einen Tag später: RGZ 11, 136 (138f) Anweisungsfall. Für die Wirksamkeit der Drittrechte dagegen RGZ 73, 58 (61) Abtretung; RG KuT 1935, 86- Abtretung.

195 Dazu auf Seite 81 ff.

Bei einer noch nicht vergüteten Teilleistung des Konkursschuldners aus der Zeit vor der Konkurseröffnung erfasste eine vorkonkursliche Abtretung sowohl diesen als auch den nachkonkurslichen Teil. Dies war die Folge der einheitlichen Wirkung der Erfüllungswahl und des unverändert bestehen gebliebenen Erfüllungsanspruchs.

In wirtschaftlicher Hinsicht bedeutete dies für die Vermögenssituation der Masse, dass der Konkursverwalter zwar mit Mitteln der Masse den Vertrag erfüllen musste, wogegen die Vergütung für die erbrachten Lieferungen und Leistungen dagegen wegen der wirksamen Vorauszession nur dem Zessionar zugute kam.[196]

bb) Erfüllungsablehnung

Im Fall der Ablehnung erloschen die wechselseitigen vertraglichen Erfüllungsansprüche auch im Hinblick auf vorkonkurslich erbrachte Teilleistungen.

An ihre Stelle trat für den anderen Teil ein Schadensersatzanspruch wegen Nichterfüllung als einfache Konkursforderung nach § 26 S.2 KO und für die Masse ein bereicherungsrechtlicher Rückforderungsanspruch für vorkonkursliche Teilleistungen.

Beide Ansprüche entstanden dabei jedoch nicht erst mit der nach Verfahrenseröffnung ausgesprochenen Erfüllungsablehnung. Sowohl der Rückforderungsanspruch der Masse für Vorleistungen als auch der Schadensersatzanspruch des anderen Teils nach § 26 KO – in dessen Vorleistung als Rechnungsposition einging – wurden bereits im Moment der Verfahrenseröffnung begründet. Sie standen lediglich unter der aufschiebenden Bedingung der Erfüllungsablehnung durch den Verwalter.[197]

Damit wurde nicht nur die automatische Verrechnung unterschiedlicher Positionen im Rahmen des Schadensersatzanspruchs nach § 26 KO im Hinblick auf die Teilleistungen möglich. Der Rückforderungsanspruch der Masse bestand von vornherein nur nach Abzug des Wertes des Schadensersatzanspruchs des Vertragspartners nach § 26 S.2 KO. Auch ohne Aufrechnungserklärung wurden die Ansprüche daher zugunsten des anderen Teils automatisch verrechnet.

---

196 So schon das Reichsgericht in RGZ 11, 49 (51); nach RGZ 73, 58(61) soll im Fall der Abtretung der Vergütungsansprüche des Gemeinschuldners selbst der erwähnte bereicherungsrechtliche Anspruch gegen den anderen Teil wegen vorkonkurslicher Teilleistungen bei Erfüllungsablehnung dem Zessionar zustehen; auch OLG Hamm ZIP 1985, 298 (300).
197 Für beide Ansprüche BGHZ 15, 333 (336); auch *Kuhn/Uhlenbruck*, § 55 Rdnr.7r.

Dieser Verrechnung stand auch kein Aufrechnungsverbot entgegen, das auch für die Verrechnung anwendbar war.[198]
Dies ergab sich aus § 55 Abs.1 Nr. KO, auch wenn der Anspruch die Erfüllungsablehnung voraussetzte. Wegen des bedingten Entstehens des Anspruchs bereits mit Eröffnung war gemäß § 54 Abs.1 KO die Aufrechnung auch bei Bedingungseintritt erst nach Konkurseröffnung möglich.[199] Teilweise wurde die Aufrechnungsmöglichkeit auch mit der Belastung der Masseforderung mit dem Aufrechnungsrecht Vertragspartners begründet.[200]

Darüber hinaus konnte der Vertragspartner wegen dieser „Bedingungskonstruktion"[201] gegen die Masseforderung auch noch mit anderen Konkursforderungen aufrechnen.

Wegen des vollumfänglichen Erlöschens der Vergütungsansprüche – auch derer, die der Masse zustanden – lief eine Sicherungszession hinsichtlich des ursprünglich erfassten Vergütungsanspruchs bei Erfüllungsablehnung nachträglich ins Leere.

In Betracht kam insoweit nur noch der Rückforderungsanspruch der Masse für Vorleistungen, der wegen der Ver- und Aufrechnungsmöglichkeiten des anderen Teils ohnehin nur in seltenen Fällen bestand. Da dieser –wie bei der Aufrechnung ausgeführt– bereits im Moment der Eröffnung entstanden und lediglich auf die Erfüllungsablehnung bedingt war, konnte § 15 KO einem solchen Rechtserwerb der Masseforderung nicht entgegenstehen. Zu berücksichtigen ist nämlich auch hier, dass die Forderung bereits mit der Eröffnung entstanden war und ohne Rücksicht auf Fälligkeit oder Bedingtheit zum Zeitpunkt der Eröffnung aus der Masse ausgeschieden war. Die Rechtsprechung hat in der Vergangenheit dann auch tatsächlich in diesem Sinne entschieden.[202]

e) Konsequenzen

Gerade wegen der weitreichenden Zulassung der Abtretung und der Aufrechnung bestand für den Konkursverwalter die Gefahr, die Masse bei Erfüllungswahl aus-

---

198 Ausführlich mit der Aufrechnung einer Nichterfüllungsforderung beschäftigt sich *Tintelnot*, KTS 2004,339 ff.
199 RGZ 58,11 aM RGZ 46,98; 121, 370
200 Mit einer den Anspruch belastenden Aufrechnungsmöglichkeit begründet dies BGHZ 15, 333 (337).
201 So *Kuhn/Uhlenbruck*, § 55 Rdnr.7.
202 Nach RGZ 73, 58 (61) soll im Fall der Abtretung der Vergütungsansprüche des Gemeinschuldners selbst der erwähnte bereicherungsrechtliche Anspruch gegen den anderen Teil wegen vorkonkurslicher Teilleistungen bei Erfüllungsablehnung dem Zessionar zustehen; so wohl auch OLG Hamm ZIP 1985, 298 (300).

zuhöhlen. Aus der Masse mussten zwar die Leistungen erbracht werden, die Vergütungsansprüche kamen jedoch entweder dem Zessionar oder dem aufrechnenden Vertragspartner, aber nie der Gläubigergesamtheit zugute. Darüber hinaus erwarb der Vertragspartner wegen der Einheitlichkeit der Erfüllungswahl auch die Ansprüche wegen vor Eröffnung erbrachten Vorleistungen als Masseverbindlichkeit. Dies widerspricht dem sich in der Insolvenz fortsetzenden Wertungsmodell des § 320 BGB. Der Vertragspartner hatte sich wegen der bereits erbrachten Vorleistung schon selbst außerhalb des Schutzes des § 320 BGB gestellt.[203]

Vor diesem Hintergrund konnte der im Interesse der Masse handelnde und letztlich gemäß § 82 KO für diese Entscheidung auch persönlich haftende Konkursverwalter[204] sich häufig nur für die Ablehnung entscheiden. Das Wahlrecht des § 17 KO lief unter diesen Umständen deswegen weitgehend leer. Für den Konkursverwalter kam häufig nur die Erfüllungsverweigerung in Betracht. Andernfalls war er mit den Schwierigkeiten konfrontiert, Informationen über Abtretungen oder Aufrechnungsmöglichkeiten zu erhalten und musste mit seiner persönlichen Haftung nach § 82 KO rechnen.

Wegen dieser Gefahren musste auch hingenommen werden, dass für die Masse an sich vorteilhafte Verträge wegen der erwähnten Gefahr von Aufrechnungsmöglichkeiten bzw. Abtretungen nicht durchgeführt wurden. Die Lösungsversuche einiger Konkursverwalter, zumindest die Aufrechnung durch die Vereinbarung eines Aufrechnungsverzichts mit dem Vertragspartner als Bedingung für eine Erfüllungswahl auszuschließen oder andere inhaltliche Modifikationen zu Gunsten der Masse durchzusetzen, konnten dabei nicht als Lösung dieses grundsätzlichen Problems angesehen werden.[205]

2. Das gewandelte Normverständnis mit der sog. „Erlöschenstheorie"[206]

Mit den Entscheidungen vom 11.02.1988[207] und 20.12.1988[208] sowie den in der Folge ergangenen Urteilen hat der BGH sein Verständnis von der Auswirkung

---

203 Nochmals sei aber auf das bereits erwähnte Grundprinzip des § 320 hingewiesen, wonach eine Teilleistung des anderen Teils grundsätzlich nicht zu einem teilweisen Ausschluss der Einrede des anderen Teils führt. Dieser kann nach diesem Grundprinzip seine Leistung noch immer vollständig verweigern.
204 Zur Haftung des Insolvenzverwalters vgl. K/P-*Lüke* § 60 Rdnr.10 ff.
205 BGH NJW 1998, 1790 f.; Zu den inhaltlichen Modifikationen: *Jaeger/Heckel*, § 17 Rdnr.84aE.
206 Die vollständige Bezeichnung „Erlöschens- und Wiederbegründungstheorie" geht auf *Marotzke*, Gegenseitige Verträge, Rdnr. 4.35 zurück.
207 Die Entscheidung BGHZ 103, 250 ff. bereitete die „Erlöschentheorie" allenfalls vor. Der Verwalter verlangte dort Erfüllung gegen einen 5 %-igen Gewährleistungsverzicht. Dieses

der Konkurseröffnung auf gegenseitige Verträge sowie Abtretungen und Aufrechnungen grundsätzlich gewandelt. Dies erfolgte vor allem wegen der gravierenden vermögensrechtlichen Konsequenzen für die Masse im Hinblick auf die Folgen von Erfüllungswahl, Aufrechnungsmöglichkeiten und Abtretungen, die sich aus dem bisherigen Verständnis ergaben.[209]

a) Schutz der Gläubigergesamtheit

In der hierzu ergangenen Entscheidungsbegründung legt der BGH und an anderer Stelle der spätere Senatsvorsitzende *Kreft* das grundlegend gewandelte Normverständnis zu § 17 KO dar.[210]

Danach ist § 17 KO eine durch die Besonderheit des Konkurses begründete Norm, die außerhalb des Insolvenzrechts keine Entsprechung findet. Der Grundgedanke des § 17 KO besteht darin, dass der Gegenwert für die nur wegen des Erfüllungsverlangens nach Konkurseröffnung mit Mitteln der Masse erbrachten Leistungen in vollem Umfang der Masse und damit der Gläubigergesamtheit zugute kommen muss. Einzelne Gläubiger sollen weder durch vorkonkursliche Abtretungen noch durch die Möglichkeit der Aufrechnung mit anderen vorkonkurslichen Forderungen bevorzugt werden. Nur dieses Normverständnis lässt sich mit dem Hauptanliegen der Konkursordnung, der „par condicio creditorum", vereinbaren. Der Schutz des anderen Teils durch Aufwertung des eigenen Erfüllungsanspruchs zu einer Masseverbindlichkeit –eine konkursrechtliche Weiterführung des Schutzes nach § 320 BGB– war im Unterschied zum früheren Verständnis nur noch ein weiterer, jedoch keinesfalls der einzige Zweck von § 17 KO.[211]

b) Grundsatz

Die Rechtsprechung des BGH zu § 17 KO ging in Abkehr von der Rechtsprechung des Reichsgerichts und der eigenen Rechtsprechung nunmehr davon aus, dass bereits durch die Eröffnung des Konkursverfahrens die gegenseitigen Er-

---

„modifizierte" Erfüllungsverlangen wertete der BGH als Erfüllungsablehnung und Abschluss eines neuen Vertrages. Von einem Erlöschen allein durch die Konkurseröffnung als Bestandteil der „Erlöschenstheorie" kann daher in dieser Entscheidung noch keine Rede sein.
208 BGHZ 106, 236ff. = BGH EWiR 1989,283 mit zustimmender Anmerkung *Pape*. Dazu auch die Anmerkung *Sundermann* WuB VI B. § 15 KO 1.89.
209 BGH ZIP 1989, 171 (173) mit Anmerkung *Pape*, EWiR 1989,283; BGHZ 129, 336 (338) mit Anmerkung *Uhlenbruck* EWiR 1995,691; BGHZ 135, 25 (36) „Sachsenmilch" mit Anmerkung *M.Huber*, EWiR 1997, 517.
210 BGHZ 106,236 (243) bzw. *Kreft*, ZIP 1997, 865 (866).
211 So schon die Motive zur Konkursordnung, S.85, abgedruckt bei *Hahn*, Materialien zu den Reichsjustizgesetzen; *Bork*, in: Festschrift Zeuner, S. 309.

füllungsansprüche erloschen.[212] Erst das Erfüllungsverlangen des Konkursverwalters begründete diese Ansprüche mit unverändertem Inhalt neu.[213] Die durch die Erfüllungswahl neu begründeten Ansprüche sind zwar mit den ursprünglichen Erfüllungsansprüchen inhaltsgleich, aber nicht identisch. Diese Ansprüche waren als Masseschuld nach § 59 Abs.1 Nr.2 KO vom Konkursverwalter zu erfüllen. Das Erlöschen der Erfüllungsansprüche durch die Konkursordnung wurde weitgehend als Erlöschen im materiell-rechtlichen Sinn verstanden, diese Interpretation wurde aber später durch ein Senatsmitglied des BGH in Frage gestellt.[214]

Der Eröffnung des Konkursverfahrens und auch der Erfüllungswahl wurde deshalb Gestaltungswirkung zugesprochen. Dagegen ließ die Erfüllungsablehnung den schon eingetretenen Zustand des Erlöschens der Ansprüche endgültig werden und besaß deswegen nur eine deklaratorische Wirkung.

c) Zur Wirksamkeit der Abtretung

Der Erfüllungsanspruch aus dem vom Gemeinschuldner abgeschlossenen Vertrag sollte bereits mit der Konkurseröffnung erloschen sein, so dass die Abtretung nachträglich ins Leere ging. Mit dem Erfüllungsanspruch erlosch auch das bereits begründete Absonderungsrecht.

Der durch die Erfüllungswahl neu begründete Anspruch entstand erst mit der Erfüllungswahl des Konkursverwalters. Der Rechtserwerb dieser erst nach Konkurseröffnung entstandenen Forderung scheiterte deshalb an § 15 S.1 KO.[215]

Die ursprünglichen Erfüllungsansprüche waren bereits mit Eröffnung erloschen. Nach Ablehnung der Erfüllung entfiel für den Verwalter die Möglichkeit, die Ansprüche durch ein Erfüllungsverlangen neu zu begründen. Eine weitere Bedeutung hatte die Erfüllungsablehnung nicht.

d) Teilleistungen

Ein Teil der Kritik in der Literatur nach der Entscheidung vom 20.12.1986 und den Folgeentscheidungen richtete sich dabei zunächst gegen die Einheitlichkeit

---

212 BGHZ 106, 236 (241); Ausgangspunkt für die Annahme des Erlöschens waren bereits die vorherigen Entscheidungen BGHZ 103, 250 (254) sowie BGH NJW 1987, 1702 (1703). Zur gesamten Entwicklung siehe auch *Kreft*, ZIP 1997, 865 ff.
213 BGHZ 106, 236 (242f).
214 Vgl. hierzu BGH ZIP 2002, 1499 (1495) „...soweit Ansprüche mit Verfahrenseröffnung erlöschen, wird dies der Rechtslage nicht voll gerecht."; MünchKomm-*Kreft*, § 103 Rdnr.13 mit Hinweis auf BGHZ 89, 189 (194): mit Konkurseröffnung ist der Erfüllungsanspruch des anderen Teils Konkursforderung.
215 BGHZ 106, 236 (241): dazu auch die Anmerkung *Karsten Schmidt*, JuS 1989, 936 f.

von Erfüllungswahl und Ablehnung wegen vorkonkurslicher Teilleistungen, die auch nach der „Erlöschenstheorie" beibehalten wurde.[216]

Einerseits wurde vor allem auf die katastrophalen Folgen für die Masse hingewiesen, im Falle der Erfüllungswahl auch die vorkonkurslichen Teilleistungen des anderen Teils als Masseschuld nach § 59 Abs.1 Nr.2 KO vergüten zu müssen.[217] Andererseits wurde auf die konstruktiven Schwierigkeiten im Falle der Erfüllungsablehnung hingewiesen, den anderen Teil der schon entstandenen und werthaltigen Aufrechnungsmöglichkeit zu berauben. Schließlich stand dem Vertragspartner wegen erbrachten Teilleistungen bereits ein Vergütungsanspruch zu, der mit Konkurseröffnung erlosch. Daneben ging auch eine Abtretung des Vergütungsanspruchs für erbrachte Teilleistungen des Insolvenzschuldners ins Leere, da auch dieser mit Verfahrenseröffnung erloschen war.[218]

Auf diese Kritik hin hat der BGH in den Folgeentscheidungen schrittweise auf eine grundlegende Teilung des einheitlichen Vertrages bei schon erbrachten Leistungen in einen vorkonkurslichen und einen nachkonkurslichen Teil hingearbeitet.[219]

aa) Teilleistungen des Gemeinschuldners

Ausgangspunkt war hierfür die Entscheidung vom 4.05.1995, die sich nur auf die Vorleistung des Gemeinschuldners bezog.[220] In dieser Entscheidung geht es um die Frage der Aufrechnungsmöglichkeit. Der BGH führt in seiner Entscheidungsbegründung aus, dass es im Fall teilbarer Leistungen zu einer Aufteilung des einheitlichen Vertrages kommt, falls Teilleistungen vor Eröffnung erbracht wurden. Er begründet dies mit dem in der Grundsatzentscheidung zur „Erlöschenstheorie" postulierten Gegenleistungsgrundsatz.

Erfolgte die Leistungserbringung nicht erst mit Mitteln der Insolvenzmasse, sondern zuvor durch den Gemeinschuldner vor der Eröffnung, wird dieser Grundsatz nicht berührt. Aus diesem Grunde bleibt ein Vergütungsanspruch für

---

216 *Paulus* EWiR 1993,697 f.; wohl auch *Pape*, EWiR 1989, 283 (284).
217 Vgl. *Bork*, in: Festschrift Zeuner, S.312f; *Gerhardt*, in: Festschrift Merz, S.125; *Henckel*, in: Festschrift Lüke, S.251. Diese sehen in der nachfolgend dargestellten Rechtsprechung keine Einschränkung für den Sonderfall der Teilleistung, sondern die Korrektur der unzutreffenden Grundidee des Erlöschens der gegenseitigen Ansprüche bei Konkurseröffnung.
218 Vgl. *Marotzke*, Gegenseitige Verträge, 4.29 (S.103).
219 Zu dieser Vertragsspaltung auch *Kreft*, in: Festschrift Uhlenbruck, 387 (399); *Schmitz* ZIP 2001,1182 (1183).
220 BGHZ 129, 336 ff mit ablehnender Anmerkung *Paulus*, WuB VI B. § 17 KO 2.95. Ausführlich auch *Krull*, InVO 1998, 180 ff. der sich maßgeblich mit dem Begriff der teilbaren Leistung auseinandersetzt.

erbrachte Vorleistungen unabhängig von Erfüllungswahl oder Ablehnung als eine einfache Konkursforderung nach § 3 KO bestehen.

Ein bereicherungsrechtlicher Rückforderungsanspruch, der nach dem traditionellen Normverständnis[221] bestehen sollte, war nicht mehr erforderlich, um den Erfüllungsanspruch der Masse für erbrachte vorkonkursliche Leistungen begründen zu können.

Ein Aufrechnungsverbot nach § 55 KO kam wegen des insoweit weiter bestehenden Vergütungsanspruch ebenfalls nicht in Betracht. Danach war in dem entschiedenen Fall die Aufrechnung mit anderen vorkonkurslichen Forderungen möglich, soweit der Vergütungsanspruch Leistungen aus der Zeit vor Konkurseröffnung betraf.[222] Für den Teil des Vergütungsanspruchs, der erst nach der Konkurseröffnung auf Grund des Erfüllungsverlangens erbracht wurde, blieb es bei den Grundsätzen der „Erlöschenstheorie".

Diese Aufspaltung des Vertrages in einen Vertragsteil der vorkonkurslich erbrachten Teilleistung ohne Einfluss des Wahlrechts und einen Vertragsteil mit nachkonkurslichen Leistungen, der nunmehr allein dem Wahlrecht aus § 17 KO unterfiel, hat der Gesetzgeber teilweise in § 105 InsO aufgenommen. Allerdings erfasst diese Norm lediglich die Vorleistungen des anderen Teils, eine Regelung für den umgekehrten Fall der Vorleistungen durch den Insolvenzschuldner enthält die Regelung nicht.[223]

bb) Teilleistungen des anderen Teils

Als nächsten Schritt erweiterte der BGH diese Teilung mit der Entscheidung vom 27.02.1997 auch für den umgekehrten Fall der Vorleistung des anderen Teils.[224]

In der Entscheidungsbegründung übertrug der BGH die Aufspaltung des Vertrages auch für den umgekehrten Fall und beschränkte damit den Gegenleistungsgrundsatz auf die nachkonkurslichen Erfüllungsleistungen durch den Insolvenzverwalter. Der Erfüllungsanspruch des anderen Teils für vor der Eröffnung erbrachte Leistungen blieb lediglich als einfache Konkursforderung bestehen. Nur Vergütungsansprüche für nachkonkurslich erbrachte Leistungen wurden durch

---

221 Zum Rückforderungsanspruch siehe RGZ 135,167 (172 ff.), BGHZ 15, 333 (335f.) sowie BGHZ 68, 379 (381).
222 Auf die Ausführungen in der Entscheidung zur Anfechtbarkeit soll erst in Zusammenhang mit der Anfechtung des Werthaltigmachens eingegangen werden
223 Zur Entstehungsgeschichte des § 105 InsO vgl. ausführlich *Kreft*, in: Festschrift Uhlenbruck, 387 ff.
224 BGHZ 135, 25 ff. „Sachsenmilch". Das Urteil erging noch zur GesO in den neuen Bundesländern, sollte jedoch ausdrücklich auch auf die Konkursordnung übertragen werden. Diese Entscheidung kritisiert *Henckel* in seiner Urteilsanmerkung JZ 1988, 155 (157).

die Erfüllungswahl als Masseverbindlichkeit neu begründet.[225] Diese Teilung der Wirkungen der Erfüllungswahl entspricht der heutigen Regelung in § 105 InsO.[226]

e) Auswirkungen der „Erlöschenstheorie" hinsichtlich der Aufrechnung und Zession unter Berücksichtigung des Gegenleistungsgrundsatzes

Das Erlöschen der Erfüllungsansprüche mit Konkurseröffnung führte im Hinblick auf die Aufrechnungsmöglichkeit und die Abtretung zu äußerst massefreundlichen Ergebnissen.

Im Fall der Erfüllungswahl konnte der andere Teil nicht gemäß §55 Nr.1 KO aufrechnen, da der mit dem Erfüllungsverlangen neubegründete Anspruch der Masse erst nach Konkurseröffnung entstand.[227] Die frühere Annahme, dieser Anspruch entstände bereits im Moment der Konkurseröffnung bedingt i.S.v. § 54 KO auf die Erfüllungswahl, wurde aufgegeben, da es an einem ununterbrochenen Rechtsverhältnis mangelte.[228] Es lag nicht ein bloßer zeitlicher Aufschub der Ansprüche vor, da der Verwalter die Erfüllung auch ablehnen konnte und daher die Dispositionsbefugnis besaß.

Im Hinblick auf die durch die späteren Entscheidungen postulierte grundsätzliche Aufspaltung des Vertrages in einen vorkonkurslichen und einen nachkonkurslichen Teil, reduzierte sich der Schutz der Masse durch den Gegenleistungsgrundsatz auf nachkonkursliche Teilleistungen. Für vorkonkursliche Leistungen ergab sich dagegen sogar eine gewisse Stärkung des Vertragspartners wegen der bestehenden Aufrechnungsmöglichkeit bzw. der wirksamen Vorausabtretung für den Zessionar.

aa) Vorleistungen des Konkursschuldners

Der Vergütungsanspruch der Masse für erbrachte Vorleistungen blieb danach unverändert bestehen – unabhängig davon wie das Wahlrecht für die nachkonkursliche Abwicklung ausgeübt wurde. Gegen diesen Erfüllungsanspruch für erbrachte vorkonkursliche Leistungen konnte der andere Teil mit seinem Schadensersatzanspruch nach § 26 KO sowie mit weiteren Konkursforderungen aufrechnen. Die Aufrechnungslage bestand spätestens zum Zeitpunkt der Konkurseröffnung bzw. schon vorher, so dass kein Aufrechnungsverbot eingreifen konnte.

---

225 BGHZ 135, 25 (27)– „Sachsenmilch".
226 Zu § 105 InsO vgl. auch *Scheffler*, ZIP 2001, 1182, (1186).
227 BGH NJW 1992, 507f. mit zust. Anmerkung *Uhlenbruck* JZ 1992,425f.
228 BGHZ 116, 156 (158).

Ausgeschlossen blieb dagegen die Aufrechnung gegen den erst durch das Erfüllungsverlangen des Verwalters als Masseforderung entstandenen Vergütungsanspruch für nachkonkursliche Leistungen der Masse. Dieser Anspruch war erst nach der Eröffnung entstanden. Deshalb scheiterte eine Aufrechnung an dem Verbot des § 55 Nr.1 KO bzw. § 96 Abs.1 Nr.1 InsO.[229]

In konsequenter Weiterführung des Teilungsprinzips blieb damit auch eine Sicherungsabtretung von der Konkurseröffnung und vom Verwalterwahlrecht unberührt, soweit sie lediglich Vergütungsansprüche für die vom Schuldner erbrachten vorkonkurslichen Teilleistungen betraf. Hinsichtlich des mit dem Erfüllungsverlangen erst nach Konkurseröffnung neu begründeten Anspruch ging die Sicherungsabtretung dagegen gemäß § 15 S.1 KO bzw. 91 Abs.1 InsO ins Leere.[230]

bb) Vorleistungen des anderen Teils

Der Vergütungsanspruch für erbrachte Vorleistungen des anderen Teils blieb als einfache Konkursforderung bestehen. Mit dieser Konkursforderung konnte der andere Teil nicht gegen den Erfüllungsanspruch der Masse für nachkonkursliche erbrachte Leistungen bei Erfüllungswahl aufrechnen. Dem stand das Aufrechnungsverbot des § 55 KO Nr.1 bzw. § 96 Abs.1 Nr.1 InsO entgegen.[231]

In dieser Konstellation ist zu berücksichtigen, dass der Anspruch des Konkursschuldners durch die Vorleistungen des anderen Teils noch vor der Eröffnung insoweit bereits erloschen war. Das Erlöschen bei Leistung an den Konkursschuldner trotz der Zession folgt entweder aus der noch bestehenden Einziehungsermächtigung oder vor Offenlegung der Zession aus der Schutzvorschrift des § 407 BGB. Die Sicherungszession geht daher – ohne Zusammenhang mit der Insolvenzeröffnung – ins Leere.

cc) Nachkonkurslicher Vertragsteil

Hinsichtlich des nachkonkurslichen Vertragsteils ist ebenfalls je nach Ausübung des Verwalterwahlrechts zu differenzieren.

Der mit der Erfüllungswahl neu begründete Vergütungsanspruch der Masse für nach Konkurseröffnung erbrachte Leistungen entstand erst nach Eröffnung als massezugehörige Forderung. Einem Erwerb durch die frühere Vorausabtretung stand deshalb das Erwerbsverbot des § 15 KO bzw. § 91 InsO entgegen.

---

229 BGHZ 116,156 (157 ff.)
230 BGHZ 106, 236 (244).
231 Dazu *Adam*, NJW 1995, 3103; *ders*. Diss. S.20ff; *Ringstmeier*, S.69 ff.

Der Zessionar hatte zwar zunächst die Forderung als Absonderungsrecht erworben. Mit Konkurseröffnung erlosch jedoch die Forderung – bis auf den bereits erwähnten – wegen der Aufrechnungsmöglichkeiten des anderen Teils jedoch unbedeutenden – Rückforderungsanspruch. Dadurch entfällt nachträglich das bereits erworbene Absonderungsrecht des Zessionars.

3. Der Gegenleistungsgrundsatz als Wertungsprinzip für die „Erlöschenstheorie"

Mit der „Erlöschenstheorie" zur Durchsetzung des Gegenleistungsgrundsatzes[232] hat der BGH einen erheblichen und wirksamen Beitrag zur Stärkung der Insolvenzmasse und damit der Gläubigergesamtheit geleistet.

Dieser Grundsatz lässt sich auf den Wertungsgesichtspunkt zurückführen, dass der Masse der Gegenwert für den Einsatz von Massemitteln zufließen und deshalb der Gläubigergesamtheit zugute kommen muss.[233] Einzelne Gläubiger soll es nicht möglich sein, entweder durch eine vorkonkursliche Abtretung bzw. durch eine Aufrechnung mit vorkonkurslichen Forderungen sich zu Lasten der Gläubigergemeinschaft eine bevorzugte Befriedigung zu verschaffen. Nur eine Auslegung der Wirkungen der Erfüllungwahl, welche den Gegenleistungsrundsatz als Wertungsprinzip konstruktiv umsetzt, kann der „par condicio creditorum" als Grundprinzip der Konkursordnung gerecht werden.

Die gesetzliche Grundlage für den Gegenleistungsgrundsatz als Wertungsprinzip ergibt sich aus § 59 Abs.1 Nr.2 KO. Da die durch die Erfüllungswahl betroffenen Ansprüche aus der Masse erfüllt werden müssen, kann umgekehrt auch für die Masse Erfüllung verlangt werden, wenn diese die Gegenleistung zu erbringen hat.[234]

Mit der Teilbarkeitsrechtsprechung wird jedoch auch der Schutz des anderen Teils wegen Erhalts seiner Aufrechnungsmöglichkeiten sowie der Schutz des Zessionars im Fall der Abtretung gewährleistet, soweit es sich um vorkonkurslich erbrachte Leistungen handelt.[235]

---

232 Der Gegenleistungsgrundsatz wurde zunächst von *Henckel*, in: Festschrift Baur, S.441 ff. entwickelt, der jedoch nur in den Fällen der Erfüllungspflicht als Wertungsprinzip eingreifen sollte und gerade nicht im Fall des bestehenden Wahlrechts nach § 17 KO: *Henckel*, in: Festschrift Lüke, 237 (251). Im Fall des Erfüllungswahlrechts soll dagegen ein Bereicherungsausgleich erfolgen. Dazu vgl. die Ausführungen auf Seite 103f.
233 *Kirchhof*, in: Festschrift Gerhardt 441 (445); *Kreft*, ZIP 1997, 865 (866); *ders.*, in: Festschrift Uhlenbruck, 387 (394); *Schmitz*, ZIP 1998, 1421 (1423).
234 So später ergänzend BGHZ 129, 336 (341); *Marotzke*, Gegenseitige Verträge Rdnr.4.36 (S.107) hält dagegen diesen Umkehrschluss nach § 59 Abs.1 Nr.2 KO für nicht überzeugend.
235 Zur Teilbarkeit und den Folgen: BGHZ 129, 336 ff, 135, 25 ff. „Sachsenmilch".

Die Umsetzung des Gegenleistungsgrundsatzes als Wertungsprinzip durch die „Erlöschenstheorie" warf jedoch auch neue grundsätzliche Fragen auf und führte zum Teil in ihren Folgewirkungen in konstruktiver und dogmatischer Hinsicht zu Widersprüchen.

4. Die Kritik an der „Erlöschenstheorie"

Deshalb wurde in der Literatur auch wegen des überraschenden Paradigmenwechsels deutliche Kritik geübt. Dabei ist jedoch festzuhalten, dass das von der Rechtsprechung in allen Konstellationen erzielte Ergebnis des Masseschutzes im Bereich der Abtretung auch von der Kritik begrüßt wurde.[236] Nur in konstruktiver Hinsicht wurde die Annahme des Erlöschens der Ansprüche durch die Konkurseröffnung und die Neubegründung durch die Erfüllungswahl zum Teil grundsätzlich abgelehnt. Zusammengefasst führt *Bork* hiergegen an, die Annahme des Erlöschens mit Konkurseröffnung sei historisch nicht belegt, systematisch unstimmig und teleologisch unhaltbar.[237]

a) Wortlaut und Entstehungsgeschichte des § 17 KO

Mit dieser Kritik setzte sich das Mitglied des Insolvenzsenats *Kreft* auseinander und wies diese zurück.[238] *Bork* sieht in der Formulierung des § 17 KO – „...könne den Vertrag erfüllen und die Erfüllung von dem anderen Teil verlangen..." ein Argument gegen ein Erlöschen der Erfüllungsansprüche. Im Ergebnis hält aber auch er den Wortlaut des § 17 KO, der zur Frage des Erhalts oder des Erlöschens der Erfüllungsansprüche überhaupt keine Vorgaben macht, für wenig aussagekräftig.[239]

Aus den Materialien zur Begründung des § 15 KO des Entwurfs für eine Konkursordnung – dieser entspricht im Wesentlichen dem § 17 KO – ergibt sich das Wahlrecht,

„...die Erfüllung des Vertrages zu verlangen oder es bei der Nichterfüllung desselben zu belassen. Des letzteren braucht das Gesetz nicht Erwähnung zu thun; die Nichterfüllung ist die unmittelbare Folge der Konkurseröffnung; das Gesetz

---

236 So z.B. *Bork*, in: Festschrift Zeuner, 297(300): „...einfache, klare, in sich schlüssige und deshalb auf den ersten Blick überzeugende Lösung ..."; *Marotzke*, Gegenseitige Verträge, 4.27 (S.103): „...durchaus akzeptabel..."; auch *Henckel*, in: Festschrift Lüke, 237 (252 f.) stimmt den Ergebnissen und der Wirkungen für die Masse zu.
237 *Bork*, in: Festschrift Zeuner, 297 (310).
238 *Kreft*, ZIP 1997, 865 (867 ff.)
239 *Bork*, aaO. S.303.

braucht nur auszusprechen, daß der Verwalter befugt ist, auf der beiderseitigen Vertragserfüllung zu bestehen... "[240]

Aus dieser Begründung ergibt sich für *Bork* die lediglich deklaratorische Wirkung der Erfüllungsablehnung, da es im Übrigen bei den allgemeinen Rechtsfolgen der Konkurseröffnung bleiben soll. Allerdings spricht die Begründung auch aus, dass die unmittelbare Folge der Konkurseröffnung die „Nichterfüllung" sei, was einen automatischen Wegfall der Ansprüche bei Konkurseröffnung nahelegt. An anderer Stelle der Begründung ist dagegen nur von einer „Hemmung" der Ansprüche durch die Eröffnung die Rede. Nach den Materialien zu § 26 KO verwandelt sich „der obligatorische Anspruch des Mitkontrahenten auf die rückständige Gegenleistung des Gemeinschuldners in eine Geldforderung". Dies sei aber weniger dem Schicksal des Erfüllungsanspruchs bei Konkurseröffnung als vielmehr der Vorstellung des preußischen Rechts (§ 15 Abs.3 pr.KO) geschuldet. Danach kann der Gläubiger einer Geldleistung nicht Erfüllung, sondern nur Entschädigung in Geld verlangen. Hinsichtlich des Wortlautes und der Entstehungsgeschichte muss deshalb auch *Bork* dem BGH zustimmen, dass weder Wortlaut noch die Entstehungsgeschichte des § 17 KO bzw. seine Vorläufervorschrift eindeutige Hinweise zu den Rechtsfolgen der Konkurseröffnung auf die Erfüllungsansprüche enthalten.

b) Systematik

Ein unlösbares Problem sieht *Bork* dagegen im Verhältnis von § 17 KO zu § 164 KO.

Nach § 164 KO (201 Abs.2 InsO) könnten nicht befriedigte Konkursgläubiger ihre Forderungen nach Aufhebung des Konkursverfahrens wieder unbeschränkt gegen den Schuldner geltend machen. Wären diese Ansprüche aber durch die Erfüllungsablehnung erloschen, müsste akzeptiert werden, dass die – im Konkursverfahren unbefriedigt gebliebenen –Gläubiger keinen Zugriff auf das nach Verfahrensaufhebung erworbene Vermögen haben. In bestimmten Konstellationen sei aber nicht einzusehen, den Gläubiger auf den einzig verbleibenden Schadensersatzanspruch nach § 26 S.2 KO als Differenz von Leistung und Gegenleistung zu beschränken.[241]

Daneben sieht *Bork* einen Widerspruch zur Behandlung von Dauerschuldverhältnissen der §§ 19-22 KO, die lediglich Kündigungsrechte für den Insolvenzverwalter vorsehen. Daraus folgt, dass die Erfüllungsansprüche gerade nicht

---

240 *Hahn*, Die gesammelten Materialien zu den Reichsjustizgesetzen, S.88
241 *Bork*, in: Festschrift Zeuner, 297 (307).

durch die Konkurseröffnung erloschen sein können. Auch widerspreche das in § 23 Abs.2 KO angeordnete Erlöschen von Geschäftsbesorgungsverträgen als Ausnahmevorschrift.

Bereits mit Konkurseröffnung sollen jedoch die gegenseitigen Erfüllungsansprüche nach der „Erlöschenstheorie" regelmäßig erlöschen, so dass der Wegfall nicht durch § 23 Abs.2 KO gesetzlich angeordnet werden müsse. Schließlich lasse sich auch das Weiterbestehen eines akzessorischen Rechts an dem Erfüllungsanspruch wegen des Untergangs der gesicherten Forderung nur schwer erklären.[242]

c) Normzweck und Folgenbetrachtung

Das Grundanliegen das § 17 KO besteht darin, dem Verwalter bei einem vorteilhaften Geschäft die Durchführung des Vertrages zu ermöglichen und gleichzeitig dem Vertragspartner den Schutz durch das Synallagma zu erhalten. Dadurch sind zwei unterschiedliche und gegenläufige Interessen geschützt.[243]

Zwar ergeben sich insoweit noch keine Rückschlüsse auf das Erlöschen der Erfüllungsansprüche im Konkurs. Aus der konsequenten Anwendung der „Erlöschenstheorie" in den Fällen der Aufrechnung und der vorkonkurslichen Sicherungszession ergeben sich jedoch für *Bork* erhebliche Zweifel, ob dabei der Schutz der Masse nicht überdehnt wird.

aa) Aufrechnungsmöglichkeiten

Bork führt gegen den Ausschluss der Aufrechnung den Erfüllungsanspruch der Masse nach Erfüllungswahl die schon im Moment der Konkurseröffnung bestehende Aufrechnungslage an, die unter den Schutz von § 53 KO (§ 94 InsO) fallen soll.[244]

Gegen die Ansprüche des Gemeinschuldners hätte der andere Teil ebenfalls aufrechnen können. Für einen nachträglichen Verlust dieser zunächst begründeten Aufrechnungsmöglichkeit fehle es in § 17 KO jedoch an einer Regelung. Der Vertrag habe wegen der Aufrechnungsmöglichkeit für die Masse daher keinen Wert. Zum Schutz vor einer Aufrechnung müsse der Konkursverwalter gründlich recherchieren und ggf. die Erfüllung ablehnen. Eine unzulängliche Recherche wäre für den Konkursverwalter dann mit dem Risiko einer eigenen persönlichen Haftung nach § 82 KO (§ 60 InsO) behaftet. Allenfalls durch die Vereinbarung

---

242 *Bork*, aaO., 297, (313); *Uhlenbruck*, JZ 1992, 425 (426), sieht ebenfalls Probleme bei akzessorischen Sicherungsrechten, stimmt dem BGH aber dennoch zu.
243 *Bork*, in: Festschrift Zeuner, 297 (309).
244 *Bork*, in: Festschrift Zeuner, 279 (310);

eines Aufrechnungsverbots könne er das Risiko einer Aufrechnung des anderen Teils ausschließen. Gegen den nach dem BGH eintretenden Aufrechnungsausschluss nach § 55 Abs.1 Nr.1 spricht auch der Schutz des Vertrauens des anderen Teils. Es sei naheliegend, dass der andere Teil gerade im Vertrauen auf die bereits bestehende Aufrechnungsmöglichkeit den Vertrag überhaupt abgeschlossen habe. Ihm dieses Vertrauen zu Gunsten der Konkursmasse und damit der Gläubigergesamtheit zu entziehen, sei ein „Sonderopfer" des Vertragspartners. Die Unzulässigkeit einer Aufrechnung sei bereits abschließend in den §§ 53 ff. KO geregelt und dürfe daher nicht über eine Konstruktion bei der Anwendung von § 17 KO erweitert werden.

Selbst wenn man die Neubegründung des Erfüllungsanspruchs durch die Erfüllungswahl annimmt, wären diese Ansprüche bereits im Moment der Konkurseröffnung aufschiebend bedingt auf die Erfüllungswahl entstanden. Eine Aufrechnung würde auch in diesem Fall gemäß § 54 KO nicht an dem Aufrechnungsverbot nach § 55 Nr.1 KO scheitern.

bb) Abtretung

Diese Grundsätze seien auch für den Fall einer Abtretung zu beachten. Bis zur Konkurseröffnung habe der Zessionar bereits ein Sicherungsrecht für seine Forderung erworben, das ihn zur abgesonderten Befriedigung berechtige. Die Beseitigung des vor Insolvenzeröffnung erlangten Absonderungsrechts könne ausschließlich durch die Insolvenzanfechtung erfolgen. Der BGH umgehe jedoch durch seine Konstruktion die differenzierten Anfechtungstatbestände.[245]

Auch hier ist anzumerken, dass diese Kritik noch nicht die spätere Teilbarkeitsrechtsprechung des BGH berücksichtigen konnte. Nach dieser Rechtsprechung bleiben vor Eröffnung erworbene und schon bis dahin mit Wert aufgefüllte Forderungen und auch Aufrechnungsmöglichkeiten von der Konkurseröffnung unberührt und unterliegen den differenzierten Anfechtungstatbeständen.

Selbst bei der Annahme der Neubegründung des Erfüllungsanspruchs durch die Erfüllungswahl nach Konkurseröffnung kann dieser vom Zessionar erworben werden. Der Erfüllungsanspruch sei als bedingter Anspruch zu verstehen, der bereits im Zeitpunkt der Konkurseröffnung bestände. Eine Anwendung von § 15 KO müsse daher ausscheiden.

Allerdings erkennt auch *Bork* die Notwendigkeit, die Masse gegen Beeinträchtigungen zu schützen. Allerdings soll der Forderungserwerb durch die Abtretung und das Werthaltigmachen durch Einsatz von Massemitteln auf unter-

---

245 *Bork*, in: Festschrift Zeuner, 279 (312); *Gerhardt*, in: Festschrift Merz, 117 (126); *Marotzke*, Gegenseitige Verträge, Rdnr.3.58 a.E, der von einem „Superanfechtungsrecht" spricht.

schiedlichen Ebenen erfolgen. Trotz wirksamen Forderungserwerbs, ergäbe sich für die Masse als Ausgleich für die erbrachten Leistungen ein Anspruch aus ungerechtfertigter Bereicherung. Dies entspricht auch der in der Literatur vorgeschlagenen Lösung durch einen bereicherungsrechtlichen Ausgleichsanspruch, die schon das Reichsgericht und wohl auch das OLG Hamm vorgezeichnet haben.[246]

d) Unstimmigkeiten bei gesetzlich angeordneter Erfüllungspflicht

Der Anwendungsbereich der „Erlöschenstheorie" sei einerseits zu eng und andererseits zu weit. Bei Verträgen ohne bestehendes Wahlrecht des Verwalters greife der Masseschutz nach der „Erlöschenstheorie" nicht. Die Erfüllungsansprüche erlöschen nicht durch die Konkurseröffnung.[247]

Dagegen hat gerade die gesetzlich angeordnete Erfüllungspflicht im Bereich des § 21 KO wegen des fehlenden Wahlrechts *Henckel* dazu bewogen, den später vom BGH auf die Fälle des § 17 KO erweiterten Gegenleistungsgrundsatz zu entwickeln. Die Masse sollte in den Fällen der Erfüllungspflicht sowohl vor einer Aufrechnung als auch vor einer vorkonkurslichen Abtretung geschützt werden.[248]

e) Festhalten des BGH an der Erlöschenstheorie

Diese – hier nur kurz zusammengefasste – Kritik hat der damalige Vorsitzende des Insolvenzsenats *Kreft* mit ausführlicher Argumentation sowohl zu dem mit der Erlöschenstheorie verfolgten Grundanliegen als auch zu deren konstruktiven Umsetzung zurückgewiesen.[249]

Trotz dieser Verteidigung *Krefts* hat sich der BGH im Jahre 2002 dennoch veranlasst gesehen, in der jüngsten Entscheidung die „Erlöschenstheorie" zu Gunsten der „Qualitätssprungtheorie" aufzugeben bzw. zu modifizieren. Einige der erwähnten grundlegenden Kritikpunkte sind dadurch ausgeräumt, andere bleiben jedoch bestehen. Bevor also eine eigene Stellungnahme zur Behandlung der Abtretung im Anwendungsbereich des § 103 InsO erfolgt, soll noch die jüng-

---

246 RGZ 63, 361(363 f.); RG KuT 19935, 86 f.; OLG Hamm ZIP 1985, 298 (300f.).
247 *Gerhardt*, in: Festschrift Merz, 117 (124f) Fn.26, *Marotzke*, Gegenseitige Verträge, Rdz.4.28 ff.;*Roth*, in: Festschrift Rolland, 305 (307); *Dahncke*, S.193 f.; Hierzu ist allerdings anzumerken, dass gerade die Forderungen aus Mietverträgen regelmäßig erst für jeden Monat zeitabschnittsweise neu entstehen. Ein Erlöschen durch die Konkurseröffnung ist daher für die Anwendung von § 15 KO nicht erforderlich. Insoweit geht die Argumentation fehl.
248 *Henckel*, in: Festschrift Baur, 441 (456).
249 *Kreft*, ZIP 1997, 865 ff.

ste Rechtsprechung zu den Wirkungen der Insolvenzeröffnung auf gegenseitige Verträge dargestellt werden.

5. Die „Qualitätssprungtheorie"[250]

Nicht zuletzt wegen der Kritik in der Literatur hinsichtlich der bestehenden konstruktiven Widersprüche bei der Anwendung der „Erlöschenstheorie" hat der IX. Zivilsenat des BGH mit dem Urteil vom 25.04.2002 seine Rechtsprechung erneut geändert.[251] Bei genauerer Betrachtung handelt es sich jedoch nur um eine andere konstruktive Umsetzung für das noch zur „Erlöschenstheorie" dargelegte Normverständnis des BGH hinsichtlich des Schutzes der Insolvenzmasse durch den Gegenleistungsgrundsatz. Das zu Grunde liegende Normverständnis selbst und die sich daraus ergebende Unwirksamkeit von Abtretungen und Aufrechnungsmöglichkeiten nach dem Wertungsprinzip des Gegenleistungsgrundsatzes wurden dagegen nicht geändert.[252]

a) Wirkung der Insolvenzeröffnung

Die Insolvenzeröffnung lässt die gegenseitigen Erfüllungsansprüche in Abkehr von der „Erlöschenstheorie" ohne Rücksicht auf den Zeitpunkt der Leistungserbringung bestehen.[253] Die noch offenen Erfüllungsansprüche verlieren mit Insolvenzeröffnung lediglich ihre Durchsetzbarkeit, soweit sie nicht auf die anteilige Vergütung für Leistungen gerichtet sind, die noch vor Verfahrenseröffnung erbracht worden sind.[254] Bei dem Erfüllungsanspruch des anderen Teils handelt es sich gemäß § 38 InsO um eine Insolvenzforderung.

Dem Erfüllungsanspruch der Masse steht mit Insolvenzeröffnung die Einrede des Vertragspartners nach § 320 BGB entgegen, so dass auch dieser in seiner Durchsetzbarkeit gehemmt ist.[255]

---

250 Die Bezeichnung geht zurück auf *Marotzke*, ZZP 111, 501 (510). Vgl. zu den anderen Bezeichnungen „Theorie vom Verlust der Durchsetzbarkeit der Erfüllungsansprüche" oder kürzer „Suspensivtheorie" *Huber*, NZBau 2005, 177 (180).
251 BGHZ 150, 375 ff. = NZI 2002, 375= NJW 2002, 2783 mit Besprechung von *M. Huber*, NZI 2002, 467 sowie *Marotzke* ZZP 111 (2002), 507 ff und *Mohrbutter/Mohrbutter*, DZWIR 2003, 1 ff.
252 So auch *Wazlawik*, DB 2002, 2587 (2588); aA. *Bremkamp* DB 2002, 1501 (1502), der den Streit hinsichtlich der Behandlung von Abtretungen und Aufrechnungen neu entfacht sieht.
253 So auch *Jaeger/Henckel*, § 17 Rdnr.160 f.
254 BGH NJW 2002, 2783 (2785).
255 AA. *Marotzke*, ZZP 101, 501 (510), der die Hemmung der Masseforderung ablehnt. Bis zum Erfüllungsverlangen kann der andere Teil daher seine Leistung verweigern. Diese Einrede besteht vollkommen unabhängig von der weiter bestehenden Einrede des § 320 BGB innerhalb

Diese Einrede folgt aus dem auch in der Insolvenz fortbestehenden Synallagma der Erfüllungsansprüche.[256] Der Insolvenzverwalter kann den Erfüllungsanspruch der Masse nicht durchsetzen, da der andere Teil seinen Erfüllungsanspruch nach Insolvenzeröffnung ohne Erfüllungswahl nur als Insolvenzgläubiger mit quotaler Befriedigung geltend machen kann. Der Vertragspartner braucht sich jedoch nicht auf eine bloße Insolvenzforderung gemäß § 38 InsO verweisen zu lassen, sondern kann die Erfüllung des Vertrages gemäß § 320 BGB vollständig verweigern, selbst wenn der Zedent vor Insolvenzeröffnung bereits teilweise vorgeleistet hat. Auch dies folgt ohne weiteres aus den Wirkungen des Synallagmas gemäß § 320 BGB.[257]

b) Wirkung der Erfüllungswahl

Wählt der Insolvenzverwalter die Erfüllung des Vertrages, muss der Anspruch des anderen Teils gemäß § 55 Abs.1 Nr.2 InsO als Masseverbindlichkeit erfüllt werden.

Durch diese Aufwertung bzw. diesen „Qualitätssprung" des Erfüllungsanspruchs des Vertragspartners entfällt die Einrede des nichterfüllten Vertrages, die seit der Insolvenzeröffnung bestand. Mit dem Wegfall dieser Einrede wird auch der Erfüllungsanspruch der Insolvenzmasse gegenüber dem anderen Teil durchsetzbar. Dieser – erst jetzt durchsetzbare– Anspruch ist jedoch nur noch inhaltlich mit dem ursprünglichen Erfüllungsanspruch identisch. Die wiederhergestellte Durchsetzbarkeit des Anspruchs verleiht ihm eine neue Qualität. Sie entspricht der Qualität eines Erfüllungsanspruchs aus einem inhaltlich unveränderten Vertrag, den der Insolvenzverwalter erst nach Insolvenzeröffnung mit dem Vertragspartner abgeschlossen hat.[258] Dies wird auch an der Bezeichnung des Erfüllungsanspruchs der Masse als „originäre Masseforderung" deutlich.[259]

---

der weiteren Vertragsabwicklung. Die Bedenken *Marotzkes* rühren wohl aus der Überlegung her, dass die Ausräumung der Einrede die Identität der abgetretenen Forderung unberührt lässt – so jedenfalls *Mohrbutter /Mohrbutter*, DZWIR 2003, 1 (4) und deshalb § 91 InsO nicht anwendbar ist. Der angenommene „Qualitätssprung" würde dann fehlen. Die Hemmung des Erfüllungsanspruchs kritisiert auch *Gerhardt*, in: Festschrift Kirchhof, 191 (199). Dies ist darauf zurückzuführen, dass er nicht zwischen der Einrede des § 320 BGB im Hinblick auf die Insolvenzeröffnung mit der Folge der nur quotalen Befriedigung und der Einrede des § 320 BGB für die Vertragsabwicklung im Übrigen unterscheidet.

256 BGH NJW 2002, 2783 (2785)
257 Zu den Wirkungen des Synallagmas vgl. auf Seite 71 f.
258 Die Erfüllungswahl entspricht also eher der Rechtslage einer Erfüllungsablehnung mit anschließendem Vertragsabschluss im Sinne einer Novation – vgl. MünchKomm-*Kreft*, § 103 Rdnr.41.
259 Vgl. BGH NJW 2002, 2783 (2785).

Die Erfüllungsansprüche bleiben materiell-rechtlich bestehen. Zur Wiederherstellung der Durchsetzbarkeit der gegenseitigen Ansprüche bedarf es jedoch der Erfüllungswahl durch den Insolvenzverwalter.

c) Wirkung der Erfüllungsablehnung

Auch bei der Erfüllungsablehnung bestehen die gegenseitigen Erfüllungsansprüche materiell-rechtlich fort. Allerdings sind diese dann wegen der Hemmung wechselseitig nicht mehr durchsetzbar. Dies ist eine deutliche Abkehr von dem früher angenommenen Erlöschen der Erfüllungsansprüche.

Die Erfüllungsablehnung beendet lediglich das Recht des Verwalters, durch eine Erfüllungswahl die Insolvenzforderung des anderen Teils zur Masseverbindlichkeit aufzuwerten und so auch dem eigenen Erfüllungsanspruch zur Durchsetzbarkeit zu verhelfen. Gleiches gilt gemäß § 103 Abs.2 S.3 InsO für den Fall der fehlenden Erklärung des Insolvenzverwalters nach Aufforderung durch den Vertragspartner.

Erst die Anmeldung des Schadensersatzanspruchs zur Tabelle lässt den weiter bestehenden – allerdings nicht durchsetzbaren – Erfüllungsanspruch erlöschen.[260] An seine Stelle tritt der Anspruch wegen Nichterfüllung nach § 103 Abs.2 S.1 InsO.

Unterbleibt die Anmeldung des Nichterfüllungsanspruchs, bleibt der ursprüngliche Erfüllungsanspruch dagegen über das Insolvenzverfahren hinaus bestehen. Mit Aufhebung des Insolvenzverfahrens entfällt die mit Eröffnung eingetretene Hemmung des Anspruchs gegen die Insolvenzmasse. Der Gläubiger kann seinen ursprünglichen Anspruch gemäß § 201 InsO wieder geltend machen.[261]

d) Vor Insolvenzeröffnung erbrachte Teilleistungen

Mit der Insolvenzordnung wurde – noch unter der „Erlöschenstheorie" – die Regelung des § 105 InsO eingeführt. Bei Vorleistung des anderen Teils erstreckt sich die Erfüllungswahl nicht auf den in dieser Höhe bestehenden Vergütungsanspruch als Insolvenzforderung. Allerdings wird dieser Anspruchsteil nicht mit Insolvenzeröffnung in seiner Durchsetzbarkeit gehemmt. Wegen des Wortlauts „auch" gilt diese Beschränkung auch für die Erfüllungsablehnung.[262]

Für den umgekehrten Fall der Vorleistung des Insolvenzschuldners enthält § 105 InsO keine ausdrückliche Regelung, dennoch ist der Vertrag auch in dieser

---

260 Vgl. dazu die Ausführungen des Senatsmitglieds Kreft in MünchKomm-*Kreft*, § 103 Rdnr.22, denen wohl Bedeutung für künftige BGH-Entscheidungen zukommen dürfte.
261 MünchKomm-*Kreft*, § 103 Rdnr.22, 26f.
262 MünchKomm-*Kreft*, § 105 Rdnr.1.

Konstellation wegen der Teilleistung aufzuspalten. Dies ergibt sich aus der bereits oben dargestellten Folge, dass mit Insolvenzeröffnung auch der Vergütungsanspruch für Vorleistungen des Insolvenzschuldners ohne inhaltliche Veränderung bestehen bleibt. Der Vertragspartner kann wegen des Verweises auf eine einfache Insolvenzforderung jedoch selbst nicht die Einrede des § 320 BGB bis zur Aufwertung durch die Erfüllungswahl erheben. Nach der ausdrücklichen Regelung des § 105 InsO ist diese Aufwertung des Anspruchs zur Masseverbindlichkeit durch eine Erfüllungswahl ausdrücklich ausgeschlossen.[263]

Voraussetzung für die Aufspaltung des Vertrages ist die Teilbarkeit der Leistungen. Für diese Teilbarkeit reicht es bereits aus, wenn sich die schon erbrachte Leistung feststellen und bewerten lässt.[264] Wegen dieses weiten Begriffs der Teilbarkeit wird die Unteilbarkeit nur noch eine seltene Ausnahme bilden, die bei den hier zu untersuchenden Absatzverträgen in Form von Kauf- und Werkverträgen kaum eine Rolle spielen dürfte.[265]

e) Aufrechnung des Vertragspartners

Nach dem Verständnis des BGH kann der andere Teil bei Erfüllungswahl nicht mit Insolvenzforderungen gegen die durch das Werthaltigmachen ausgeräumte Einrede des § 320 BGB befreiten Erfüllungsanspruch der Masse aufrechnen und begründet dies mit einem Aufrechnungsverbot.[266]

Konstruktiv ist der durch das Erfüllungsverlangen aufgewertete Anspruch der Masse durch den „Qualitätssprung" erst nach Insolvenzeröffnung als „originäre" Masseforderung entstanden. Soweit noch keine Vorleistungen erbracht wurden, hat die Erfüllungswahl die gleichen Wirkungen wie ein zwischen dem Verwalter und dem anderen Teil neu abgeschlossener Vertrag mit identischem Inhalt.[267] Gegen diese originäre und wegen der Erfüllungswahl erst nach Insolvenzeröffnung entstandene Masseforderung kann der andere Teil gemäß § 96 Abs.1 Nr.1 InsO nicht aufrechnen. Dagegen kann er gegen den schon vor der Insolvenzeröffnung entstandenen Vergütungsanspruch der Masse für erbrachte Vorleistungen auch mit anderen Konkursforderungen aufrechnen. Die Aufrechnungsverbote des

---

263 MünchKomm-*Kreft*, § 103 Rdnr.51.
264 So schon BGHZ 147, 28 (34); MünchKomm-*Kreft*, § 103 Rdnr.14.
265 Dies entspricht der Begriffsbestimmung im Rahmen der Kündigung aus wichtigem Grund. Entscheidend ist damit nicht die Vereinbarung der Parteien, sondern die Feststellbarkeit im Moment der Insolvenzeröffnung: *Huber*, NzBau 2005, 177 (180). Vgl. zum Ausnahmefall der unteilbaren Leistung: MünchKomm-*Kreft*, § 105 Rdnr.21 ff., die nur bei höchstpersönlichen Leistungen und seltenen Ausnahmefällen angenommen werden kann.
266 AA. *Wieser* JZ 2003, 231,(233), der eine teleologische Reduktion von § 94 InsO erwägt.
267 MünchKomm-*Kreft*, § 103 Rdnr.41.

§ 96 InsO sind nicht einschlägig. Einschränkungen ergeben sich allenfalls bei der Aufrechnung mit der Nichterfüllungsforderung nach § 103 Abs.2 S.1 InsO im Hinblick auf § 95 Abs.1 S.3 InsO.[268]

f) Abtretung

Diese Grundsätze gelten auch für die Abtretung, denn diese ist ohne Rücksicht auf das Verwalterwahlrecht im Hinblick auf den Vergütungsanspruch für eine erbrachte Teilleistung wirksam.[269] Den durch die Erfüllungswahl zu einer originären Masseforderung aufgewerteten Erfüllungsanspruch der Masse für noch zu erbringende Leistungen kann der Zessionar dagegen nicht erwerben. Dieser Anspruch wird erst nach Insolvenzeröffnung durch die Erfüllungswahl als massezugehörige Forderung im Sinne einer qualitativen Aufwertung verändert. Dieser ist deshalb nicht mehr mit dem durch die Insolvenzeröffnung gehemmten Erfüllungsanspruch identisch, sondern stellt vielmehr eine originäre Masseforderung dar.

6. Unterschiede zur „Erlöschenstheorie"

Mit dem so postulierten Weiterbestehen der Erfüllungsansprüche und der Annahme einer Hemmung während des Insolvenzverfahrens hat sich der schärfste Kritikpunkt der Literatur in konstruktiver Hinsicht erübrigt.[270] Diese Kritik hatte sich immer gegen das Erlöschen der Erfüllungsansprüche allein durch die Insolvenzeröffnung und den damit verbundenen Schwierigkeiten der Umsetzung gewandt.[271]

Das gilt auch für die weitere Annahme, der Erfüllungsanspruch entfalle nicht schon mit der Erfüllungsablehnung, sondern erst mit der Anmeldung des Schadensersatzanspruchs nach § 103 Abs.2 InsO zur Tabelle.

Dadurch erübrigt sich die Kritik hinsichtlich des Verjährungsbeginns, der Form der Erfüllungswahl bei formbedürftigen Geschäften und der Akzessorietät bei Sicherungsrechten. Diese Umstände hatten durch die Annahme des materiellrechtlichen Erlöschens und Neuentstehens zu erheblichen konstruktiven Erklärungsschwierigkeiten geführt.[272]

---

268 Die Nichterfüllungsforderung entsteht erst mit Anmeldung zur Tabelle und damit nach der Hauptforderung. Zu diesem Sonderproblem ausführlich *Tintelnot*, KTS 2004, S.339 ff.
269 MünchKomm-*Kreft*, § 103 Rdnr.51.
270 Hierzu *Bork*, in: Festschrift Zeuner, S.300 ff. m.w.N.
271 Dies wird auch von *Marotzke*, ZZP 111, 501(508) begrüßt.
272 Vgl. zu diesen Kritikpunkten *Bork*, in: Festschrift Zeuner, 297 (313f.).

Im Gegensatz zur „Erlöschenstheorie" lässt sich das Weiterbestehen akzessorischer Rechte trotz Insolvenzeröffnung nunmehr zwanglos erklären. Die gesicherte Forderung besteht materiell-rechtlich weiter. Die fehlende Durchsetzbarkeit auf Grund der mit Insolvenzeröffnung eingetretenen Hemmung lässt sich ohne weiteres mit der Akzessorietät vereinbaren. Aus diesem Grund wird auf diese von der früheren Kritik aufgeworfenen Unstimmigkeiten bzw. Widersprüche im Folgenden nicht mehr eingegangen, soweit diese durch die neue Auffassung des BGH inhaltlich bereits überholt sind.[273]

Ein Teil der Kritik – gerade auch in grundsätzlichen Fragen – wird aber dennoch aufrechterhalten.

II. Von der „Qualitätssprungtheorie" abweichende Auffassungen zur Erfüllungswahl und der Abtretung

Auf Grund der verschiedenen „Etappen" der Rechtsprechung mit der Folge des teilweisen Entfallens der früher erhobenen Kritik und dem zwischenzeitlichen Inkrafttreten der Insolvenzordnung kann sich die Darstellung auf die nunmehr verbleibenden Kritikpunkte beschränken.

Dennoch ist das Meinungsbild so breit gefächert, dass weder eine Auseinandersetzung mit den unterschiedlichen Auffassungen noch die Hervorhebung der jeweiligen Argumente in übersichtlicher Form möglich sind. Aus diesem Grund sollen die Auswirkungen des Wahlrechts auf die Abtretung aus den generell in Frage kommenden Lösungsmodellen schrittweise entwickelt werden.

Dabei soll nur von dem nie bestrittenen Grundverständnis des § 103 InsO ausgegangen werden. Danach soll der Verwalter nach Insolvenzeröffnung die Wahl haben, die weitere Abwicklung von Verträgen, die für die Masse unwirtschaftlich sind, zu verhindern. Erweist sich dagegen die Abwicklung für die Masse als günstig, soll ihm die weitere Abwicklung ermöglicht werden.[274]

1. Pflicht zur Erfüllungswahl bzw. Ausschluss des Wahlrechts durch die Abtretung

Mit diesem Grundverständnis des „Wahl"-Rechts liegt es auf der Hand, dass die Abtretung keinesfalls die Pflicht des Insolvenzverwalters zu einer Erfüllung her-

---

273 Zu diesen von der Entwicklung durch die „Qualitätssprungtheorie" inzwischen überholten Kritikpunkten *Bork*, in: Festschrift Zeuner, 297, (302 ff.) und die Erwiderung von *Kreft*, ZIP 1997, 865 ff. jeweils mit weiteren Nachweisen.
274 Zu diesem unbestrittenen Ausgangspunkt vgl. *Roth*, in: Festschrift für Rolland, 305 (312).

vorrufen bzw. den Vertrag vollständig dem Wahlrecht des Verwalters entziehen kann. Die in den §§ 106, 107, 108 InsO normierten Fälle der gesetzlichen Erfüllungspflicht ohne ein Wahlrecht des Verwalters sind als abschließende Tatbestände zu verstehen.

2. Wirksame Erfüllungswahl und Wirksamkeit der Sicherungszession

Für wirksam hielt dagegen das Reichsgericht in einer frühen Entscheidung sowohl die Erfüllungswahl als auch die vor Konkurseröffnung vereinbarte Sicherungsabtretung.[275]

Bis zur Wende in der Rechtsprechung durch das Urteil des BGH zur „Erlöschenstheorie" im Jahre 1988 wurde die Abtretung auch im Fall des Erfüllungsverlangens als wirksam angesehen. [276] Da diese Auffassung nicht mehr – bzw. nicht mehr ohne einen bereicherungsrechtlichen Anrechnungsvorbehalt[277] hinsichtlich der von der Masse erbrachten Leistungen – vertreten wird, kann auch diese Möglichkeit für die weitere Untersuchung außer Betracht bleiben.

3. Ausschluss des Wahlrechts: Unwirksamkeit der Erfüllungswahl

Im Gegensatz zu der nie erwogenen Erfüllungspflicht auf Grund einer Sicherungsabtretung wird die umgekehrte Wirkung einer Pflicht zur Ablehnung der Erfüllung durchaus vertreten.

Die Sicherungsabtretung hat nach dieser Auffassung die Unwirksamkeit einer schon erklärten Erfüllungswahl zur Folge. Die Unwirksamkeit wird dabei auf unterschiedliche Erwägungen gestützt.

a) Fehlende Forderungszuständigkeit [278]

Teilweise wird versucht, das Wahlrecht – oder genau genommen lediglich die Option der Erfüllungswahl– an die Möglichkeit zu koppeln, auch die Gegenleistung zur Masse ziehen zu können.

In diesem Sinne kann man die Bedenken Oetkers[279] interpretieren, der bei einer Erfüllungswahl des Verwalters das Problem erkennt, dass dann die für die

---

275 So RGZ 11,49, 51(ff.) für den Fall einer vorkonkurslichen Pfändung des Vergütungsanspruchs.
276 BGHZ 106, 236ff. = EWiR 1989,283.
277 Zur bereicherungsrechtlichen Anrechnung die Ausführungen auf Seite 103f.
278 Diese älteren Auffassungen sollen hier nur erwähnt werden. Ausführlich beschäftigt sich hiermit *Dahncke*, S.85 ff.
279 *Oetker*, ZZP 14 (1890), 1 (30)

Vertragserfüllung von der Insolvenzmasse erbrachten Leistungen nur dem Zessionar zugute kommen.[280]

Nach *Schlotter* soll das Wahlrecht aus § 17 KO nur bestehen, wenn „der Konkursverwalter aus dem zweiseitigen Vertrage überhaupt noch etwas zu verlangen hat."[281]

Gegen einen solchen Ausschluss des Wahlrechts entschied sich dagegen Jahrzehnte später *v. Olshausen*.[282] Die Anwendung des § 17 KO setze zwar voraus, dass „das zweiseitige Rechtsverhältnis als Ganzes, also sowohl hinsichtlich der vom Gemeinschuldner geschuldeten als auch der von ihm zu beanspruchenden Leistung dem Konkursbeschlag unterliegt".

Allerdings soll dies jedoch nur bei Verträgen über unpfändbare Sachen und bei Rückabwicklungsschuldverhältnissen rechtsgrundlos übereigneter Sachen der Fall sein. Die hier zu untersuchende Abtretung von Vergütungsansprüchen des späteren Insolvenzschuldners soll dagegen gerade nicht zu einem solchen Ausschluss des Wahlrechts führen.

b) Fehlendes Einziehungsrecht

Marotzke vertrat dagegen – schon unter der Geltung der Konkursordnung – erstmals konsequent und mit ausführlicher Begründung die These von dem ungeschriebenen Erfordernis des Wahlrechts nach § 17 KO, die Forderung einziehen zu können.[283] Die Einziehung sei bei vorheriger Abtretung ausgeschlossen. Das Recht, Erfüllung zu verlangen, soll deshalb grundsätzlich nicht bestehen, wenn der Anspruch des Gemeinschuldners bereits vor Konkurseröffnung abgetreten wurde. Ein dennoch ausgesprochenes Erfüllungsverlangen soll unbegründet sein und – insoweit maßgeblich – nicht die Aufwertung zu einer Masseverbindlichkeit nach § 59 Abs.1 Nr.2 KO (§ 55 Abs.1 Nr.2 InsO) auslösen.

Allerdings besteht nach der Insolvenzordnung – *Marotzke* bezieht sich dagegen auf die Konkursordnung – ein generelles Einziehungsrecht des Verwalters nach § 166 Abs.2 InsO selbst dann, wenn die Sicherungsabtretung wirksam ist.

Der Insolvenzverwalter kann deshalb auch nach der Auffassung von *Marotzke* – jedenfalls bei der hier zu untersuchenden Sicherungsabtretung[284] – nach Ein-

---

280 Diese Bedenken entsprechen durchaus dem vom BGH vertretenen und oben bereits dargestellten Gegenleistungsgrundsatz.
281 *Schlotter*, LZ 1911, Sp.49,50.
282 *Von Olshausen*, MDR 1975, 969 (972 ff.)
283 *Marotzke*, Gegenseitige Verträge, Rdnr. 4.45; *ders.* HK-InsO, § 103 Rdnr.13; zustimmend: Adam DZWIR 1999, 217 (218f.); 2000, 89 (90)
284 Bei der Abtretung ohne Sicherungszweck soll es dagegen bei der Unwirksamkeit des Erfüllungsverlangens bleiben. Ein solches Einziehungsrecht des Verwalters will *Marotzke* in einer

führung des grundsätzlichen Verwertungsrechts der Insolvenzordnung die Erfüllung wählen. [285] Die Auffassung von *Marotzke* kann daher bei der hier zu untersuchenden Sicherungsabtretung nach Inkrafttreten der Insolvenzordnung wegen des Verwertungsrechts des Verwalters nicht mehr in die Gruppe des unwirksamen Erfüllungsverlangens eingeordnet werden.

c) Fortsetzung des Synallagmas

Ähnlich – wenn auch mit Schwerpunkt auf der Fortsetzung des Synallagmas in der Insolvenz abstellend – argumentiert *Roth*. Die Vorschrift des § 103 InsO verfolge lediglich den Schutz des Synallagmas der Ansprüche aus dem gegenseitigen Vertrag. Der Schutz des Synallagmas zu Gunsten der Insolvenzmasse müsse jedoch entfallen, wenn die Gegenleistung für die mit Massemitteln erbrachten Leistungen durch die wirksame Abtretung der Masse nicht mehr zufließen kann.[286]

d) Konkurszweckwidrigkeit

Häsemeyer vertritt die Auffassung, dass die Erfüllungswahl bei bereits abgetretener Forderung unwirksam ist, weil sie offenkundig und gröblich den Grundsatz der Gläubigergleichbehandlung verletze und somit verfahrenszweckwidrig sei.[287]

Die Erfüllungswahl komme bei der Abtretung ausschließlich dem Zessionar der Vergütungsforderung, nicht aber der Gläubigergemeinschaft zugute.

Durch die Annahme der Unwirksamkeit der Erfüllungswahl sei der Zustand herbeizuführen, der bei Erfüllungsablehnung bestehen würde.

Deshalb seien die von der Abtretung erfassten Vergütungsansprüche nicht zu einer Masseverbindlichkeit § 59 Abs.1 Nr.2 KO (§ 55 Abs.1 Nr.2 InsO) aufzuwerten..

4. Wirksamkeit der Erfüllungswahl bei bestehender Lösungsmöglichkeit

Nach dieser Auffassung soll die vorherige Abtretung das Erfüllungswahlrecht weder ausschließen noch dessen Unwirksamkeit zur Folge haben.

Analogie auch bei Pfändung oder Verpfändung gewähren, obwohl dies dem Wortlaut und dem Willen des Gesetzgebers widerspricht: Gegenseitige Verträge, Rdnr.4.45ff. (S.116) mit Hinweis auf die anders lautende Regierungsbegründung.

285 *Marotzke*, Gegenseitige Verträge, Rdnr. 4.47 und 4.48 (S.115). Allerdings soll dann die noch darzustellende Anrechnung des Werthaltigmachens nach Surrogationsgrundsätzen oder durch einen Bereicherungsausgleich erfolgen – Rdnr.437f. (S.108 f).

286 *Roth*, in: Festschrift Rolland, 305 (312ff.): Auch dies entspricht im Ausgangspunkt durchaus dem vom BGH vertretenen und oben bereits dargestellten Gegenleistungsgrundsatz.

287 *Häsemeyer*, Insolvenzrecht, Rdnr.20.20 (S.446); *ders*. JR 1992, 423, 424.

Dem Insolvenzverwalter soll jedoch das Recht zustehen, die Erfüllungswahl anzufechten bzw. zu widerrufen.[288] Als Anfechtungsgrund wird teilweise § 119 Abs.1 BGB angegeben, wenn sich der Insolvenzverwalter über eine Abtretung bzw. Aufrechnungsmöglichkeit im Irrtum befand.[289] Teilweise wird auch § 119 Abs.2 BGB angegeben, wobei die Vorzugsstellungen an der Erlösforderung einen Irrtum über eine verkehrswesentliche Eigenschaft darstellen soll. Es wird auch ein von § 119 BGB losgelöstes, konkursliches Widerrufsrecht in Erwägung gezogen.[290]

Im Unterschied zu der oben dargestellten Annahme der automatischen Unwirksamkeit der Erfüllungswahl bleibt es dem Insolvenzverwalter jedoch möglich, auf das angenommene Anfechtungs- bzw. Widerrufsrecht zu verzichten. Falls sich trotz der Abtretung die Vertragserfüllung für die Masse als wirtschaftlich vorteilhaft erweisen sollte, könne der Verwalter diese Möglichkeit nutzen.

5. Wirksamkeit der Erfüllungswahl mit Anrechnungsmöglichkeit: Bereicherungslösung

Verbreitet ist im Schrifttum die Auffassung, der Zessionar könne auch bei Erfüllungswahl die Forderung erwerben, wobei jedoch dann der Insolvenzmasse ein Anspruch auf Herausgabe der Vergütung unter dem Gesichtspunkt der ungerechtfertigten Bereicherung zustehen soll.[291] Dies betrifft entweder den an den Zessionar bereits abgeführten Erlös oder aber die von ihm auf Grund der Zession beanspruchte Forderung vor der Einziehung.

In konstruktiver Hinsicht habe der Zessionar im Zeitpunkt der Insolvenzeröffnung nur eine Forderung erworben, die noch mit der Einrede des § 320 BGB des

---

288 RGZ 85,221 (223); 98,136 (138).Unter Einschränkung für Anfechtbarkeit *Jaeger/Henckel*, § 17 KO Rdnr. 120 ff.; *Marotzke*, Gegenseitige Verträge, Rdnr.4.56 sowie 4.75; K/P-*Tintelnot*, § 103 InsO, Rdnr.59; Gegen ein solches Lösungsrecht *Häsemeyer*, Insolvenzrecht Rdnr.20.17; *Adam*, DZWIR 2000, 89 ff.
289 *Jaeger/Henckel*, § 17 Rdnr.125.
290 Vgl. zu diesen Möglichkeiten *Marotzke*, Gegenseitige Verträge Rdnr.4.56.
291 Soweit ersichtlich wurde ein solcher Gegenanspruch der Masse gemäß § 812 BGB nur in der früheren Rechtsprechung erwogen: RGZ 63, 361, (363); RG KuT 1935, 86 f., OLG Frankfurt/M. LZ 1913, Sp.324. Einzige Ausnahme aus jüngerer Zeit wohl OLG Hamm, ZIP 1985, 298, (300f.). In der Literatur für diese sog. „Bereicherungslösung" ausführlich *Gerhardt*, in: Festschrift für Merz, S.131 ff; *Bork*,in: Festschrift für Zeuner, S.312.; *Henckel*, in: Festschrift für Lüke, S.254 f., *ders*. in: Festschrift für Kirchhof, 191, 206; *Jaeger/Henckel*, § 17 KO Anm.145, 164; K/P-*Tintelnot* § 103 Rdnr.89; *Marotzke*, Gegenseitige Verträge, Rdnr.4.43 f, der auch den (zusätzlichen) Gedanken einer Surrogation anspricht; *ders*. JR 1990, 331; im Ergebnis ebenfalls *Obermüller*, in: Kölner Schrift, 985 (1008).Für möglich halten einen solchen Anspruch *Kuhn/Uhlenbruck*, § 17 KO Rdnr.34.

Vertragspartners behaftet ist. Diese Einrede werde erst durch die Erfüllungswahl des Insolvenzverwalters und die tatsächliche Erfüllung selbst ausgeräumt. Auf diese Weise erlange der Zessionar einen Vermögensvorteil i.S.d. Bereicherungsrechts.

Diese Bereicherung erfolge auch auf Kosten der Masse, denn die Einredefreiheit wird mit Mitteln der Masse durch die Erfüllung des Vertrages bewirkt.[292] Im Hinblick auf die Bereicherung soll es im Verhältnis zur Insolvenzmasse auch an einem Rechtsgrund fehlen.

Der Zessionar habe gegenüber dem Zedenten keinen Anspruch, dass dieser den Vertrag mit seinem Abnehmer erfüllt. Selbst wenn eine solche Pflicht in einer Sicherungsvereinbarung enthalten wäre, könne diese Erfüllungsverpflichtung jedenfalls nur als quotal zu erfüllende Insolvenzforderung gemäß § 38 InsO bestehen, die gemäß § 45 InsO in eine Geldforderung umzurechnen sei.

In welcher Höhe sich dabei die herauszugebende Bereicherung ergibt, wird unterschiedlich bestimmt.[293]

Einigkeit besteht jedoch dahingehend, dass durch den angenommenen Bereichungsanspruch für den Zessionar trotz wirksamer Abtretung der Erlösforderung kaum ein Vermögensvorteil verbleiben soll. Allerdings soll dem Zessionar der vom Bereicherungsrecht nicht erfasste etwaige Geschäftsgewinn zustehen.[294]

6. Keine Auswirkung der Erfüllungswahl auf die Zession

Von den bisherigen Konstellationen sind die Auffassungen zu unterscheiden, welche die Erfüllungswahl für wirksam halten, der Abtretung jedoch keine Wirksamkeit beimessen, soweit diese erst eine nach Insolvenzeröffnung wertaufgefüllte Masseforderung betrifft.

Dabei bildet der Gegenleistungsgrundsatz, nach dem das mit Mitteln der Masse bewirkte Werthaltigmachen der Gläubigergemeinschaft zugute kommen muss, als Wertungskriterium die inhaltliche Gemeinsamkeit. Für dessen konstruktive Umsetzung werden unterschiedliche Wege vertreten.

---

292 Vgl. dazu *Gerhardt*, in: Festschrift Merz, 117 (131); *ders.* in: Gedächtnisschrift für Knobbe-Keuk, 169(177).

293 Zu den Nachweisen für die unterschiedlichen Auffassungen zur Bestimmung der herauszugebenden Bereicherung bzw. Wertersatz siehe bei *Dahncke*, S.135 ff.

294 Vgl. *Gerhardt*, in: Festschrift für Knobbe-Keuk, 169, (175): bei einer Sicherungsabtretung dürfte dagegen kaum ein Geschäftsgewinn auftreten. Allenfalls bei der entgeltlichen Abtretung außerhalb von Sicherungszwecken wäre dies zu erwägen. Im Übrigen kann der Insolvenzverwalter bei einer nur noch geringfügig ausstehenden Gegenleistung seit der Teilbarkeitsrechtsprechung keinen „Gewinn" mehr machen. Zu diesen Beispielen siehe auch *Marotzke*, Gegenseitige Verträge Rdnr.4.28 (S.103).

a) „Qualitätssprungtheorie" des BGH

Die neue Rechtsprechung des BGH zu den Auswirkungen einer Sicherungsabtretung soll noch einmal kurz zusammengefasst werden.[295]

Die Insolvenzeröffnung ist ohne Auswirkungen auf den Teil der vorausabgetretenen Forderung, die bereits vor der Insolvenzeröffnung wertaufgefüllt wurde. Der Zessionar kann in dieser Höhe die abgetretene Forderung erwerben.

Dagegen kann der Forderungsteil, der erst nach Insolvenzeröffnung durch den Verwalter mit Mitteln der Masse wertaufgefüllt wurde, vom Zessionar nicht erworben werden.

Dies ergibt sich aus der synallagmatischen Verknüpfung der gegenseitigen Erfüllungsansprüche. Der Anspruch des Vertragspartners wird durch die Erfüllungswahl nach § 55 Abs.1 Nr.2 InsO zur Masseverbindlichkeit, so dass er seine Leistung nicht mehr wegen der zwischenzeitlichen Insolvenzeröffnung und der damit eingetretenen Hemmung verweigern kann. Erst wenn der Vertragspartner seinen Anspruch als Masseverbindlichkeit durchsetzen kann, ist auch die Insolvenzmasse berechtigt, die Masseforderung gegen den anderen Teil durchsetzen. Es handelt sich deshalb nicht mehr um den ursprünglichen Erfüllungsanspruch der Masse, sondern um eine qualitativ aufgewertete „originäre Masseforderung." Nach Ansicht des BGH hat die Erfüllungswahl zur Folge, dass die vorausabgetretene, aber erst nach Insolvenzeröffnung aufgewertete Forderung im Hinblick auf § 91 InsO so zu behandeln ist, als wäre diese Forderung erst nach der Insolvenzeröffnung entstanden. Nach der Erfüllungswahl scheitere der Erwerb der vorausabgetretenen Forderung durch den Zessionar deshalb gemäß § 91 InsO.

b) Die massezugehörige Produktivität

Anders begründet dagegen *Ringstmeier* die Unwirksamkeit der Zession nach Erfüllungswahl.[296] Nach seiner Auffassung bildet die Fähigkeit des schuldnerischen Unternehmens, durch Einsatz von Arbeitskraft und Materialien Verbindlichkeiten erfüllen zu können – zusammengefasst als Produktivität bezeichnet – einen zur Konkursmasse gehörenden Vermögensgegenstand i.S.v. § 1 Abs.1 KO. Die Benutzung der Produktivität ist dem Zessionar gestattet worden. Diese Gestattung überdauere jedoch nicht die Konkurseröffnung, da dem Zessionar hierfür ein dingliches Recht fehle. Die Begründung eines solchen Rechts an der Produktivität sei auch nicht möglich.[297] Zwar habe der Zessionar durch den Erwerb der

---

295 Vgl. dazu die Ausführungen und Nachweise auf Seite 94.
296 Zur Herleitung dieser Produktivität vgl. *Ringstmeier*, S.85 ff.
297 *Ringstmeier*, S.96 f. mit Hinweis auf RGZ 70, 226 (230).

Forderung mit Vertragsabschluss noch vor der Eröffnung bereits ein Absonderungsrecht erworben. Es werde jedoch in seinem Umfang erst im Moment der Konkurseröffnung durch die bis dahin erbrachten Leistungen festgelegt.[298]

Im Gegensatz zur „Qualitätssprungtheorie" des BGH erkennt *Ringstmeier* die Wirksamkeit der Abtretung einer Forderung wegen einer vor Konkurseröffnung erbrachten Teilleistung bereits im Grundsatz nicht an.[299] Werde auch nur ein kleiner Teil der Werthaltigkeit der Forderung erst mit Massemitteln erbracht, stehe die Forderung vollständig der Insolvenzmasse zu. Dies ergäbe sich daraus, dass der andere Teil seine Leistung erst bei vollständiger Befriedigung entsprechend dem Regelverhältnis des § 320 BGB erbringen muss.[300] Eine Aufteilung bei teilweisem Werthaltigmachen vor Eröffnung sei wegen dieser Wirkung von § 320 BGB nicht anzuerkennen, es sei denn, der Vertrag zwischen dem Zedenten und dessen Abnehmer sah die Möglichkeit von Teilleistungen ausdrücklich vor.[301]

c) Surrogation

Harder will dieses Ergebnis im Wege einer gesetzesübersteigenden Rechtsfortbildung[302] erreichen, indem er die Vergütungsforderungen trotz der erfolgten Zession kraft Surrogation der Masse zuordnet.[303] Dies soll im Hinblick auf die Abtretung zur Folge haben, dass sich die Rechtspositionen an den bisherigen Massegegenständen – z.B. an den Rohstoffen – mit der Erfüllungswahl auch auf die so wertaufgefüllte Erlösforderung aus der Veräußerung erstrecken.[304]

Dadurch würde die Forderung im Wege des gesetzlichen Forderungsübergangs[305] gemäß § 412 BGB im Zeitpunkt der Erfüllungswahl[306] in die Masse fallen. Die Forderung wäre so von Pfandrechten und Absonderungsrechten – wie z.B. einer Sicherungsabtretung– befreit.

Die Problematik der vor Insolvenzeröffnung erbrachten Teilleistung des Zedenten löst *Harder* über eine Vertragsteilung ähnlich der Rechtsprechung oder

---

298 *Ringstmeier*, S.102.
299 *Ringstmeier*, S.111 f.
300 Zur Regelwirkung des Synallagmas vgl. die Ausführungen S.36 ff.
301 *Ringstmeier*, S.113 f.
302 Zur Herleitung des Surrogationsprinzips im Anwendungsbereich des § 103 InsO vgl. *Harder*, Rdnr.559 ff (S.189ff.).
303 Eine Surrogation im Bereich des § 17 KO bzw. § 103 InsO hält auch *Marotzke* , Gegenseitige Verträge Rdnr.4.39 für möglich. Ausführlicher setzt sich *Harder*, S.145 ff. mit dieser Thematik auseinander.
304 *Harder*, Rdnr.491 (S.169).
305 *Harder*, Rdnr.501 (S.170)
306 Zum Zeitpunkt der Erstreckung *Harder*, Rdnr.489 (S.169)

durch die Bildung einer Bruchteilsgemeinschaft entsprechend dem Verhältnis des erbrachten Werthaltigmachens.[307]

III. Stellungnahme

Bei einer systematischen Zusammenfassung lassen sich aus den dargestellten Auffassungen im Wesentlichen drei Gruppen bilden. Dieser Gruppenbildung liegen jedoch nicht die aufgezeigten konstruktiven Begründungsansätze bzw. Annahmen in Bezug auf das Schicksal der abgetretenen Forderung zu Grunde.[308] Vielmehr muss in erster Linie die Frage beantwortet werden, wem die mit Mitteln der Masse erarbeitete Werthaltigkeit der Vergütungsforderung zugute kommen soll.

Bei der Festlegung der Auswirkungen des Wahlrechts nach § 103 InsO auf eine vorherige Abtretung handelt es sich um einen Verteilungskonflikt zwischen der Insolvenzmasse und dem Absonderungsgläubiger. Die Betrachtung kann sich daher nicht allein auf das Schicksal der Erfüllungsansprüche bei Insolvenzeröffnung und Erfüllungswahl beschränken.

Die Antwort für diesen Verteilungskonflikt widerstreitender Interessen muss vielmehr in den in der Insolvenzordnung angelegten Wertungskriterien gesucht werden. Nur zusammen mit diesen Kriterien können dann die konstruktiven Begründungsansätze entfaltet werden.[309]

1. Ausschluss des Wahlrechts durch die Sicherungsabtretung

In eine erste Gruppe lassen sich alle Auffassungen einordnen, welche eine Erfüllungswahl im Falle der Sicherungsabtretung wegen Konkurszweckwidrigkeit für unwirksam halten oder die dem Verwalter ein Lösungsrecht in Form eines Widerrufs- bzw. Anfechtungsrechts gewähren.

Im Fall der Konkurszweckwidrigkeit bedeutet dies einen unmittelbaren Ausschluss des Wahlrechts.

Im zweiten Fall wird durch das Widerrufs- bzw. Anfechtungsrecht der Verwalter letztlich doch gezwungen, auf die Durchführung eines Vertrages zu verzichten, obwohl dieser ohne Berücksichtigung der Abtretung für die Masse vorteilhaft wäre.

---

307 *Harder*, Surrogation, Rdnr.530ff. (S.180ff.) und wohl auch *Marotzke*, Gegenseitige Verträge, Rdnr.4.39.
308 Insoweit wird auf die Literaturhinweise auf Seite 98 ff. verwiesen.
309 Für eine solche haftungsrechtliche Bestimmung schon *Henckel*, in: Festschrift Baur, 441, (447 f.).

a) Grundgedanke

Die Vertreter dieser Auffassung sind bemüht, den Verwalter und damit die Insolvenzmasse vor den unterstellten schädlichen Auswirkungen einer Erfüllungswahl im Zusammenhang mit einer Abtretung zu bewahren.

Ausgangspunkt hierfür war sicher die unbefriedigende Situation, wenn der Verwalter in Unkenntnis der bereits vor Eröffnung erfolgten Abtretung die Erfüllung wählte. Dies hatte vor der „Erlöschenstheorie" die Folge, dass das mit den Mitteln der Insolvenzmasse bewirkte Werthaltigmachen ausschließlich dem Zessionar zugute kam. Auch im Fall einer Vorleistung war dies der Fall, obwohl sich der Vertragspartner dadurch selbst außerhalb des Schutzes von § 320 BGB gestellt hatte.

Von dieser Situation ausgehend ist das Anliegen verständlich, den Verwalter vor einer persönlichen Haftung und die Masse vor den unterstellten nachteiligen Folgen der Erfüllungswahl durch die Einräumung einer Korrekturmöglichkeit zu bewahren.

b) Konstruktive Widersprüche

Bereits in konstruktiver Hinsicht ist diese unmittelbare bzw. faktische Erfüllungspflicht nicht mit dem in der Vorschrift des § 103 InsO festgelegtem Wahlrecht des Verwalters zu vereinbaren. Obwohl § 103 InsO unbestritten von einem Wahlrecht spricht, soll sich für den Verwalter als einzige Möglichkeit eine unmittelbare bzw. faktische Ablehnungspflicht als Spiegelbild zu den in den §§ 107 ff. InsO genannten Fällen der Erfüllungspflicht ergeben.

Daneben besteht auch die Gefahr, dass es sich bei dem angenommenen Irrtum nach § 119 BGB des Verwalters lediglich um einen unbeachtlichen Motivirrtum in Form eines Rechtsfolgenirrtums handelt.[310] Der Irrtumsansatz bietet darüber hinaus keine Lösung, wenn sich der Verwalter nur unzureichende Kenntnis verschafft hat, so dass es an einer unzutreffenden Vorstellung über Tatsachen als Grundlage jeden Irrtums fehlt.[311] Dann würde nur die persönliche Haftung des Verwalters verbleiben.

c) Einflussnahme Dritter auf das Erfüllungswahlrecht

Die Vertreter dieser Auffassung nehmen es ohne Bedenken hin, dass dem Zessionar als Drittem durch eine Vereinbarung – hier die Sicherungsabtretung – die

---

310 Vgl. *Häsemeyer*, Insolvenzrecht, Rdnr.20.17; *Adam*, DZWIR 2000, 89 ff.
311 Eingehend untersucht *Adam*, DZWIR 2000, 89 (90), die Irrtumsanfechtung der Erfüllungswahl.

Gestaltungsmacht zusteht, das sonst bestehende Erfüllungswahlrecht des Verwalters auszuschließen. Die Vertreter dieser Auffassung müssten – zugespitzt – einem dritten Absatz zu § 103 InsO zustimmen:

„Durch eine vor Insolvenzeröffnung getroffene Vereinbarung mit dem Insolvenzschuldner kann das Recht des Verwalters, Erfüllung zu verlangen (Abs.1), ausgeschlossen werden. Der Verwalter ist an diese Vereinbarung gebunden."

Ob die Vertreter der Unwirksamkeit bzw. eines Lösungsrechts auch einer so zugespitzten Formulierung zustimmen würden, muss zwar bezweifelt werden. Genau diese Wirkung hat jedoch beispielsweise eine nach Vertragsschluss erfolgte Sicherungsabtretung auf den gegenseitigen Vertrag, der im Falle der Insolvenzeröffnung dem Erfüllungswahlrecht gemäß § 103 InsO unterfällt.

War es dem Schuldner gelungen, günstige Vertragsbedingungen mit seinem Abnehmer auszuhandeln, bleibt es dem Verwalter wegen der mit der Sicherungsabtretung verbundenen Erfüllungsablehnungspflicht verwehrt, diese zu nutzen.[312]

Ihm bleibt nur die Möglichkeit, einen neuen Vertrag abzuschließen. Dabei entspricht es gerade dem Sinn und Zweck des § 103 InsO, günstige Verträge zur Masse ziehen zu können. Der Insolvenzverwalter dürfte wegen der Insolvenz auch kaum bessere Konditionen als der Schuldner außerhalb der Krise aushandeln können. Im Erhalt der günstigen Vertragskonditionen über die Insolvenz hinaus muss aber zumindest eine Funktion des § 103 InsO gesehen werden. Schließlich könnte sich der Verwalter von ungünstigen Vertragskonditionen durch eine Erfüllungsablehnung leicht lösen. Hierbei ist z.B. an einen vom Schuldner noch in der Krise vereinbarten Verkauf deutlich unter Wert zu denken, der noch nicht bzw. teilweise nicht erfüllt ist.

d) Anwendbarkeit von § 119 InsO

Zu untersuchen ist weiter die Vereinbarkeit der angenommenen Ablehnungspflicht bzw. der Unwirksamkeit mit § 119 InsO.

Auch hier ist an eine nach Vertragsschluss vereinbarte Sicherungsabtretung zu denken, in deren Folge das Erfüllungswahlrecht entfallen soll. Der Verwalter soll hier über nur über eine Anfechtung bzw. einen Widerruf die Wirkungen der Ablehnung herbeiführen. Wie oben gezeigt entspricht dies letztlich dem Ausschluss der Erfüllungswahl.

---

312 So auch K/P-*Tintelnot*, § 103 Rdnr.86f in der Frage der Aufrechnung.

Schon unter der Konkursordnung war unbestritten, dass dem Insolvenzrecht ein zwingender Charakter zukommt.[313] Dies folgt aus der Gewährleistung der gleichmäßigen Gläubigerbefriedigung, allerdings war dabei unbestimmt, wie weit der zwingende Gehalt des Insolvenzrechts geht.[314]

Auch nach Inkrafttreten von § 119 InsO ist die Reichweite des zwingenden Gehalts weiter ungeklärt. Bestimmte Vereinbarungen sind jedoch bereits nach dem Wortlaut von § 119 InsO unwirksam.

Dies betrifft jedoch hauptsächlich Vereinbarungen, die zu Gunsten eines Insolvenzgläubigers eine Erfüllungswahl festschreiben. In Frage steht hier jedoch umgekehrt gerade der Ausschluss der Erfüllungswahl.

Es handelt sich deshalb nicht um die Frage der Zulässigkeit sog. „Lösungsklauseln". Diese sollen dem Gläubiger bei Vorliegen eines Insolvenzgrundes oder der Verfahrenseröffnung ein außerordentliches Kündigungs- bzw. Rücktrittsrecht einräumen.[315]

Lediglich die Beschränkung des Wahlrechts auf die Ablehnung der Erfüllung, nicht aber die Lösung vom Vertrag im Ganzen mit der Folge eines Rückforderungsrechts für Vorleistungen entgegen § 105 InsO steht hier im Raum.

Dabei ist jedoch zu berücksichtigen, dass die Unwirksamkeit bzw. die Ablehnungspflicht nur die nach dieser Auffassung angenommene Rechtsfolge der vorherigen Abtretung darstellt. Die Beeinträchtigung des Wahlrechts beruht deshalb entgegen § 119 InsO nicht auf einer auf diesen Zweck zielenden Vereinbarung, sondern nur in der Annahme von Rechtsfolgen einer Abtretung, die nach hier vertretener Auffassung abzulehnen sind. Es handelt sich deswegen jedoch nicht um eine vertragliche Abweichung von der zwingenden Regelung von § 103 InsO.

Im Ergebnis kann deshalb aus § 119 InsO kein durchgreifendes Argument gegen die angenommene Erfüllungsablehnungspflicht gewonnen werden.

e) Die Prämisse der zwingenden nachteiligen Wirkungen

Dagegen ist die Prämisse für die Annahme der Unwirksamkeit, nämlich die Notwendigkeit einer solchen Beschränkung des Wahlrechts, in Frage zu stellen.

Das oben aufgezeigte Bedürfnis nach einem Schutz des Verwalters durch die Annahme der Unwirksamkeit bzw. eines Lösungsrechts setzt nämlich voraus, dass die Abtretung auch tatsächlich immer für die Masse nachteilige Wirkungen

---

313   Vgl. dazu K/P-*Tintelnot*, § 119 Rdnr.2.

314   Das Recht, Erfüllung zu wählen und damit die Masse anzureichern, kann in den zwingenden Gehalt des Insolvenzrechts fallen: *K/P-Tintelnot*, § 103 Rdnr.2.

315   Uhlenbruck-*Berscheid*, § 103 Rdnr.15. Ausführlich zu diesen Lösungsklauseln: *Tintelnot*, Vereinbarungen für den Konkursfall, *ders.* ZIP 1995, 616, 622 f.; *Treffer*, MDR 2000, 1178ff; *Baldringer*, DZWIR 2004, 285 ff.

haben muss. Dabei wurde bereits gezeigt, dass auf unterschiedliche Weise die Masse bei Erfüllungswahl trotz der Abtretung vor etwaigen nachteiligen Wirkungen gemäß § 91 InsO geschützt werden kann. Deshalb liegt die – nur unterstellte– Schutzbedürftigkeit als Voraussetzung für die Unwirksamkeit der Erfüllungswahl und damit die Beschränkung des Wahlrechts tatsächlich nicht vor.

f) Zwischenergebnis zum Ausschluss des Wahlrechts

Durch die Annahme der Unwirksamkeit der Erfüllungswahl bzw. die Einräumung eines Lösungsrechts soll verhindert werden, dass die mit Mitteln der Masse bewirkte Werthaltigkeit allein dem Zessionar zugute kommt.

Diesem Anliegen ist unter dem Gesichtspunkt des Masseschutzes zuzustimmen. Allerdings wird mit der angenommenen Rechtsfolge – der Unwirksamkeit bzw. eines Lösungsrechts – auch der Masse verwehrt, vom Zedenten ausgehandelte günstige Vertragskonditionen zu nutzen. Dies hat zur Folge, dass zwar das Werthaltigmachen nicht dem Zessionar zugute kommt. Allerdings kann die Masse dann auch wirtschaftlich günstige Verträge nicht durchführen, so dass die Masse auch nicht vom Werthaltigmachen der Vergütungsforderung als Folge der Erfüllung profitieren kann.

Aus welchem Grund der Zessionar die Befugnis haben soll, durch eine Sicherungsabtretung das Wahlrecht auszuschließen bzw. zu beschränken, ist nicht einzusehen. Im Ergebnis erkennen die Vertreter dieser Auffassung das Problem des Werthaltigmachens auf Kosten der Insolvenzmasse und den Zusammenhang mit der Forderungsabtretung.

Die angenommene Unwirksamkeit der Erfüllungswahl bzw. ein Lösungsrecht führt jedoch auch dazu, dass weder der Zessionar noch die Masse die günstigen Vertragskonditionen nutzen kann.

Diese Auffassung beruht vor allem auf der nicht belegten Prämisse, dass sich eine Sicherungsabtretung bei Erfüllungswahl zwingend zu Lasten der Insolvenzmasse auswirken muss und keine anderen Möglichkeiten bestehen, die Masseinteressen zu gewährleisten.

2. Erfüllungswahl und Forderungserwerb des Zessionars mit anschließendem Bereicherungsausgleich

Eine Möglichkeit, die Insolvenzmasse vor den nachteiligen Wirkungen der Abtretung im Fall der Erfüllungswahl zu bewahren, ist die oben bereits erwähnte bereicherungsrechtliche Anrechnung des Werthaltigmachens.

a) Grundgedanke

Auch die Vertreter der bereicherungsrechtlichen Anrechnung räumen ein, dass das mit freien Massemitteln bewirkte Werthaltigmachen der Forderung auch der Insolvenzmasse zugute kommen muss. Sie berücksichtigen dabei maßgeblich, dass der Zessionar die Forderung bereits mit Vertragsabschluss erworben hat. In rechtskonstruktiver Hinsicht soll deshalb die schon erworbene Forderung nicht mehr nachträglich verloren gehen können. Die Umsetzung des Masseschutzes durch die Unwirksamkeit des Forderungserwerbs in Folge des Insolvenzbeschlages lehnen die Vertreter der Bereicherungslösung ab. Der Erwerb der Forderung ist bereits vor Insolvenzeröffnung abgeschlossen, so dass § 91 InsO nicht anwendbar ist. Das erst nach Insolvenzeröffnung erfolgende Werthaltigmachen ändert daran nichts. Die erworbene und mit Wert aufgefüllte Forderung kann dem Zessionar deshalb nur im Wege der Insolvenzanfechtung entzogen werden. Die Anfechtung ist jedoch in Bezug auf den hier nur interessierenden Anknüpfungspunkt des Werthaltigmachens nicht möglich. Handlungen des Insolvenzverwalters, die erst nach Insolvenzeröffnung erfolgen, sind einer Insolvenzanfechtung grundsätzlich nicht zugänglich. Wenn man dieser Auffassung folgt, sind die insolvenzrechtlichen Instrumente zum Schutz der Masse ausgeschöpft. Aus diesem Grund ziehen die Vertreter der bereicherungsrechtlichen Lösung einen allgemein-zivilrechtlichen Anspruch für die Anrechnung des Werthaltigmachens heran.

b) Konstruktive Unstimmigkeiten

Die Vertreter dieser Auffassung sehen den Vorzug gegenüber der BGH- Rechtsprechung[316] gerade darin, dass eine konstruktive Erklärung, wie der Zessionar die mit Entstehung bereits erworbene Forderung allein durch das Werthaltigmachen nach der Erfüllungswahl wieder nachträglich verlieren kann, entbehrlich ist. Insoweit soll die erworbene Forderungshülle bereits eine schützenswerte Rechtsposition darstellen.

Dem ist jedoch bereits hier entgegenzuhalten, dass dieser Verlust der Forderung auch im Falle der Erfüllungsablehnung durch den Insolvenzverwalter eintreten würde.[317] Von einer bereits erworbenen Rechtsposition, die sich auch als insolvenzfest erweist, kann daher keinesfalls gesprochen werden.

Auch bestehen gegen den angeführten Bereicherungsanspruch erhebliche Bedenken. Eine Leistungskondiktion gemäß § 812 Abs.1 Satz 1 Alt.1 BGB kommt

---

316 Dies betrifft sowohl die „Erlöschenstheorie" als auch die „Qualitätssprungtheorie".
317 Auf diesen Gesichtspunkt weist *Kreft*, ZIP 865 (869) hin.

nicht in Betracht, weil keine Leistung der Insolvenzmasse an den Zessionar vorliegt. Der Insolvenzverwalter will lediglich den Vertrag gegenüber dem anderen Teil erfüllen und mehrt dessen Vermögen bewusst und gewollt. Deshalb leistet der Insolvenzverwalter zum Zwecke der Erfüllung nur an den Vertragspartner, nicht aber an den Zessionar.[318]

Eine Nichtleistungskondiktion gemäß § 812 Abs.1 Satz 1 Alt.2 wirft ebenfalls Probleme auf. Es fehlt insoweit an der erforderlichen Unmittelbarkeit der Vermögensverschiebung.[319] Die Vermögensmehrung des Zessionars ist lediglich eine „Reflexwirkung" der Leistung der Masse an den anderen Teil zum Zwecke der Erfüllung. Die Bereicherung erfolgt daher nicht unmittelbar aus der Masse.[320] Ohne die Unmittelbarkeit der Vermögensverschiebung besteht jedoch die Gefahr, dass ein bereicherungsrechtlicher Durchgriff gegen den Zessionar auf die im BGB bewusst abgelehnte Versionsklage hinausläuft.[321]

Auch die Begründung für die Rechtsgrundlosigkeit des Erwerbs ist in Frage zu stellen. Das erworbene Absonderungsrecht kann auf Grund der nach dieser Auffassung wirksamen Abtretung in Verbindung mit der Erfüllungswahl des Verwalters durchaus einen Rechtsgrund i.S.v. § 812 BGB darstellen.[322]

Über diese konstruktiven Bedenken hinausgehend, bürden die Vertreter des Bereicherungsausgleichs das Insolvenzrisiko des Zessionars der Insolvenzmasse auf. Die Masse musste bereits mit eigenen Mitteln den abgetretenen Erlösanspruch im Wege der Vorleistung gegenüber dem anderen Teil werthaltig machen, kann selbst aber erst anschließend einen Ausgleich verlangen. Der Schutz vor diesem Risiko durch eine Saldierung der Ansprüche – wie sonst im Bereicherungsrecht durch das konditionelle Synallagma – kommt nicht in Betracht.[323] Die Masse muss die Leistungen gegenüber dem Vertragspartner erbringen. Der Bereicherungsanspruch richtet sich aber gegen den Zessionar und damit gegen eine andere Person. Bereits wegen dieser Personenverschiedenheit kann deshalb kein

---

318 Vgl. dazu *Adam*, Diss. S.15; *Ringstmeier*, S.50 ff.; *Roth*, in: Festschrift Rolland, 305 (311); *Dahncke*, S.132.
319 Zum Unmittelbarkeitserfordernis *Larenz/Canaris*, Schuldrecht, § 67 IIb S.135 f. mwN.
320 So wohl auch *Roth*, in: Festschrift Rolland, 305 (311); *Adam*, Diss. S.15; *Ringstmeier*, S.51.
321 Vgl. dazu *Adam*, S.16, ders. DZWiR 1998, 227 (228); *Ringstmeier* S53 mwN; *v.Olshausen* MDR 1975, 969 (976) Fn.91.Die Versionsklage war im römischen Privatrecht eine Klage auf Erstattung von Verwendungen zum Nutzen eines anderen, ursprünglich im Fall einer besonderen Beziehung zwischen dem Bereicherungsschuldner und dem Mittelsmann. Vgl. dazu *Reuter/Martinek*, Bereicherungsrecht, S.18 ff.; Das ältere gemeine Recht erweiterte die Versionsklage auch für den Fall des direkten Erwerbs ohne Durchgang durch das Vermögen des Mittelsmanns. Ausführlich dazu: *Ellger*, Bereicherung durch Eingriff, Tübingen 2002.
322 Die Rechtsgrundlosigkeit stellt *Roth*, in: Festschrift Rolland, 305 (311) in Frage.
323 Zum konditionellen Synallagma vergleiche *Larenz/Canaris*, Schuldrecht II2 § 73 III (S.321); Ermann-*Westermann/Buck*, § 818 Rdnr.42.

fortwirkendes Synallagma der Ansprüche bestehen. Gleichfalls scheidet das für eine Aufrechnung notwendige Gegenseitigkeitsverhältnis im Sinne von § 387 BGB aus.

Kein Argument gegen einen Bereicherungsanspruch dürfte jedoch der Hinweis sein, durch die eigenverantwortliche Erfüllungswahl dränge der Verwalter dem Zessionar die Einredefreiheit und damit die Bereicherung auf.[324]

Nach dem subjektiven Verständnis setzt die aufgedrängte Bereicherung einen Unterschied zwischen dem objektiven und subjektiven Wert der Bereicherung aus Sicht des Bereicherungsgläubigers voraus.[325] Sie korrigiert daher den Umfang der herauszugebenden Bereicherung, steht jedoch einem Bereicherungsanspruch dem Grunde nach nicht entgegen. Hinsichtlich des abgetretenen Vergütungsanspruchs kann es auch nicht zu einem Unterschied zwischen dem objektiven und subjektiven Wert aus Sicht der Insolvenzmasse kommen.[326]

c) Systematische Unstimmigkeiten

Nicht nur die eben dargestellten Schwierigkeiten der konstruktiven Begründung eines Bereicherungsanspruchs geben Anlass, diesen Weg der Berücksichtigung des Werthaltigmachens zu überdenken.

Vielmehr dürfte die bereicherungsrechtliche Anrechnung auch systematischen Erwägungen und der Funktion des mit Eröffnung eintretenden Insolvenzbeschlages widersprechen.

Dazu muss man sich noch einmal den Anwendungsbereich von § 103 InsO und das mit der Erfüllung der Absatzvertrages verbundene Phänomen des Werthaltigmachens vor Augen führen.

Die Berücksichtigung des Werthaltigmachens hat ihren Ausgangspunkt nicht erst in der Frage, ob die Forderung trotz § 91 InsO vom Zessionar erworben werden kann.

Den Ausgangspunkt bildet schon die Verwendung und der Verbrauch von Massegegenständen, die unbestritten dem Insolvenzbeschlag nach §§ 80 ff. InsO unterliegen und deshalb nur den Insolvenzgläubigern zu deren gemeinschaftlicher Befriedigung zugewiesen sind. Der durch die Verwendung und Verbrauch dieser zur Masse gehörenden Gegenstände geschaffene Vermögenswert darf deshalb auch nicht dem Zessionar, sondern allein der Insolvenzmasse zugute kommen.[327]

---

324 Den Gesichtspunkt der aufgedrängten Bereicherung führt *Harder*, Rdnr. 474 (S.164) an.
325 Zur Einordnung der aufgedrängten Bereicherung: *Larenz/Canaris*, Schuldrecht II2 § 72 IV (S.286).
326 Bei der abgetretenen Vergütungsforderung handelt es sich schließlich um eine Geldleistung.
327 In diesem Ausgangspunkt besteht Übereinstimmung zwischen dem BGH und der Bereicherungslösung.

Schließlich fehlen die verbrauchten Mittel nach der Vertragserfüllung und stehen deswegen auch nicht mehr zur Gläubigerbefriedigung zur Verfügung. Der Vermögenswert setzt sich nur in der abgetretenen Vergütungsforderung fort. Dieses Ergebnis lässt sich also schon mit dem Schutz der gemeinschaftlichen Gläubigerbefriedigung durch den Insolvenzbeschlag gemäß §§ 80 ff. InsO hinsichtlich des Werthaltigmachens durch den Verbrauch der eingesetzten Massegegenstände rechtfertigen.

Dies wird auch durch die zeitliche Einordnung der Vorgänge bestätigt. Die Massegegenstände werden erst nach der Insolvenzeröffnung durch den Verwalter in der Abwicklung der zu erfüllenden Verträge veräußert bzw. verbraucht. Die Durchsetzung des Insolvenzbeschlages wird ab Insolvenzeröffnung durch das Verfügungsverbot des § 81 InsO und durch das Erwerbsverbot des § 91 InsO gewährleistet.

Wie bei der oben bereits dargestellten Forderungsentstehung nach Insolvenzeröffnung außerhalb von § 103 InsO, muss man allerdings auch hier zwischen den eingesetzten Massemitteln und der hiermit wertaufgefüllten Erlösforderung unterscheiden.

Die Veräußerung bzw. der Verbrauch der zur Vertragserfüllung eingesetzten Ressourcen der Masse scheitert weder an § 81 noch an § 91 InsO, da diese vom Verwalter zur Erfüllung bestimmt sind und im Interesse der Masse übertragen oder in sonstiger Weise im Wege des Verwalterhandelns (§ 80 InsO) eingesetzt werden. Davon zu trennen ist jedoch das Schicksal der abgetretenen Erlösforderung, welche nach der vom Verwalter vorgenommenen Vertragserfüllung allein den wirtschaftlichen Gegenwert der verbrauchten Massemittel verkörpert.

Der dargestellten Bereicherungslösung ist zuzustimmen, dass es in rechtskonstruktiver Hinsicht eine besondere Begründung verlangt, wie die schon entstandene und allein mit Entstehung erworbene Erlösforderung des Zessionars allein durch das nach Insolvenzeröffnung erfolgende Werthaltigmachen wieder verloren gehen kann.[328]

Allerdings können auch die Vertreter der Bereicherungslösung bei genauer Betrachtung ihre Lösung nicht frei von rechtskonstruktiven Widersprüchen begründen. Auch der angenommene Bereicherungsanspruch der Insolvenzmasse erweist sich letztlich als nur vorgeschoben und kann das grundsätzlich bestehende Problem der Vertragserfüllung mit der Folge des Werthaltigmachens nicht zufriedenstellend lösen.

Die insolvenzrechtlichen Wertungen und Wirkungen des Insolvenzbeschlages an den zur Erfüllung eingesetzten Massemittel, die auch für die hier favorisierte „Qualitätssprungtheorie" den Ausgangspunkt bilden, fließen nämlich über das

---

328 Dazu sogleich bei der „Qualitätssprungtheorie".

Tatbestandsmerkmal des fehlenden Rechtsgrundes auch in den angenommen Bereicherungsanspruch gemäß § 812 BGB ein. So soll dem Zessionar der über die Konkursquote zustehende Forderungsteil rechtsgrundlos gewährt worden sein oder sich allgemein der fehlende Rechtsgrund aus den „konkursmäßigen Wertungen" der §§ 7, 14, 15 KO ergeben, die eine Besserstellung einzelner Gläubiger auf Kosten der Masse verhindern sollen.[329]

Es bleibt aber offen, weshalb diese herangezogenen „konkursmäßigen Wertungen" nicht als Wirkungen des Insolvenzbeschlages schon den Erwerb der wertaufgefüllten Forderungen gemäß § 15 KO bzw. § 91 InsO verhindern können, ohne dass ein bereicherungsrechtlicher Ausgleich notwendig ist. Dabei führen die zitierten konkursmäßigen Wirkungen der §§ 7, 15 KO zu einer Unwirksamkeit und nicht zu einer Rechtsgrundlosigkeit des Erwerbs mit der Folge eines Bereicherungsanspruchs. Der Hinweis auf den zu weit gehenden Masseschutz durch den BGH bei Teilleistungen kann durch die mittlerweile erfolgte Beschränkung der Wirkungen des Wahlrechts bei teilbaren Leistungen nicht länger aufrecht erhalten werden.

Schließlich ist auch aus dogmatischer Sicht der Ansatz eines Bereicherungsanspruchs in Frage zu stellen. Es scheint wenig überzeugend, dass sich die Zuordnung der Erlösforderung zur Insolvenzmasse bzw. zum Zessionar im Zusammenhang mit dem Einsatz von Massemitteln nach Eintritt des Insolvenzbeschlages ausgerechnet aus einem allgemeinen, zivilrechtlichen Bereicherungsanspruch ergeben soll.[330]

Für eine Berücksichtigung des Werthaltigmachens auf der Ebene des Insolvenzbeschlages – also dem Verbot des Forderungserwerbs für den wertaufgefüllten Teil– lassen sich durchaus unterschiedliche konstruktive Wege finden. Es besteht daher kein zwingender Grund, die Wirkungen des Insolvenzbeschlages auf der Erwerbsebene abzulehnen, diese zuvor abgelehnten Wirkungen dann jedoch als „konkursmäßige Wertungen" bei der Begründung des fehlenden Rechtsgrunds des Bereicherungsanspruchs anzuführen.

d) Das Argument der bereits erworbenen Rechtsposition

Für einen bloßen bereicherungsrechtlichen Ausgleich und gegen die Ablehnung des Forderungserwerbs durch die Anwendung von §§ 103, 91 InsO lassen sich

---

329 Vgl. *Gerhardt*, in: Festschrift Knobbe-Keuk, 169 (177).
330 Dem steht nicht entgegen, dass z.B. bei Versteigerung einer schuldnerfremden Sache in der Einzelzwangsvollstreckung auch das Bereicherungsrecht der Korrektur rechtsgrundloser Vermögensverschiebung dient. Dadurch wird nicht das Vollstreckungsobjekt bzw. der Schuldner geschützt, sondern der an dem Vollstreckungsverhältnis unbeteiligte Dritte.

jedoch auch die Überlegungen zur Stellung des Zessionars außerhalb der Insolvenz anführen.

Schon außerhalb eines Insolvenzverfahrens besitzt der Zessionar beim Geldkredit kein dingliches Recht an den Ressourcen des Zedenten. Ihm fehlt daher der bevorrechtigte Zugriff auf die Ressourcen in Konkurrenz zu anderen Gläubigern. Durch eine Pfändung kann ein konkurrierender Gläubiger die Ressourcen zu seiner Befriedigung einsetzen, ohne dass der Zessionar dies allein auf Grund der Sicherungsabtretung verhindern könnte. Genauso wenig kann er verhindern, dass der Zedent die Ressourcen abredewidrig für die Befriedigung anderer Gläubiger einsetzt. Schließlich ist der Zessionar beim Geldkredit – unbeschadet von Schadensersatzansprüchen gegen den Zedenten – ungeschützt, bis der Vertrag auch tatsächlich vollständig und wie vereinbart vom Zedenten erfüllt worden ist.[331]

Außerhalb eines Insolvenzverfahrens ist der Zessionar daher – unbeschadet schuldrechtlicher Ansprüche – letztlich ungeschützt, da die Vertragserfüllung noch aussteht. Weshalb sich dann durch das einschneidende Ereignis der Insolvenzeröffnung über das Vermögen des Zedenten eine geschützte Rechtsstellung für den Zessionar aus der Abtretung der insoweit noch wertlosen Forderung ergeben soll, welche die Anwendung von § 91 InsO ausschließen soll, bleibt bei dieser Betrachtung offen.

Eine solche Annahme würde letztlich bedeuten, dass die Pfändung eines Gläubigers in der Einzelzwangsvollstreckung in ihrer Sicherungs- und Befriedigungswirkung weiter gehen würde, als die Wirkungen des Insolvenzbeschlages zu Gunsten der Insolvenzgläubiger. Dies dürfte jedoch auch seitens der Kritik kaum angenommen werden.

Im Ergebnis hat der Zessionar im Moment der Insolvenzeröffnung eine geschützte Rechtsposition nur in Höhe der vom Zedenten bereits tatsächlich erbrachten Erfüllungsleistungen. Nur insoweit hat er ein werthaltiges Absonderungsrecht erworben, das ihm auch nach Insolvenzeröffnung verbleiben muss und allenfalls durch die Insolvenzanfechtung beseitigt werden kann.[332]

Werden Leistungen jedoch erst nach Insolvenzeröffnung mit Mitteln der dann bestehenden Insolvenzmasse erbracht, wird dem Zessionar entgegen der Auffassung der bereicherungsrechtlichen Lösung keine bereits bestehende und geschützte Rechtsposition entzogen. Vielmehr wird ihm der Erwerb einer weiteren, erst durch den Einsatz von Massemitteln geschaffenen, und wirtschaftlich werthaltigen Rechtsposition nach Insolvenzeröffnung versagt. Die Verhinderung des Rechtserwerbs an Vermögensgegenständen zu Lasten der Masse nach Insolven-

---

331 Schadensersatzansprüche gegen den Zedenten bestehen dagegen, sind aber lediglich Insolvenzforderungen und damit nicht werthaltig.
332 Vgl. dazu den anfechtungsrechtlichen Teil der Arbeit auf Seite 129 ff.

zeröffnung fällt jedoch in den Anwendungsbereich der §§ 81, 91 InsO und nicht in den Anwendungsbereich eines zivilrechtlichen Bereicherungsanspruchs nach §§ 812 ff. BGB. Deshalb erscheint die Anwendung von § 91 InsO nach der „Qualitätssprungtheorie" des BGB auch nahe liegender. Im Ergebnis fehlt es deshalb auch an der Notwendigkeit eines bereicherungsrechtlichen Ausgleichs.

e) Zwischenergebnis zur bereicherungsrechtlichen Lösung

Den Ergebnissen der bereicherungsrechtlichen Lösung ist nahezu ausnahmslos zuzustimmen.[333] Das Problem des Werthaltigmachens unter Verbrauch von Mitteln der Insolvenzmasse wird erkannt. Es wird auch ein Weg gefunden, der Insolvenzmasse trotz der Abtretung der Vergütungsforderung — wenn auch über den Umweg eines Bereicherungsanspruchs — zum Gegenwert für das Werthaltigmachen zu verhelfen. Der Möglichkeit einer Berücksichtigung des Werthaltigmachens durch die Anwendung von § 91 InsO mit der Folge der Unwirksamkeit des Forderungserwerbs soll im Folgenden nachgegangen werden.

3. Wirksame Erfüllungswahl ohne Forderungserwerb

In dieser Gruppe wird vertreten, dass der Zessionar trotz Wirksamkeit der Erfüllungswahl die abgetretene Forderung gemäß § 91 InsO nicht erwerben kann. Soweit ersichtlich, werden hierzu drei unterschiedliche konstruktive Ansätze vertreten, deren gemeinsamer Ausgangspunkt aber in der Problematik des Einsatzes von Mitteln der Masse liegt, die im Hinblick auf die Vorausabtretung ausschließlich dem Zessionar zugute kommen würden.

a) Die „Qualitätssprungtheorie"

An erster Stelle ist hier die bereits dargestellte „Qualitätssprungtheorie" des BGH zu erwähnen, nach der die Begründung „originärer Masseforderungen" als Folge der Erfüllungswahl des Insolvenzverwalters zur Anwendbarkeit von § 91 InsO gelangt.

Der BGH hat in seinen Entscheidungen seit 1988 immer wieder hervorgehoben, dass im Mittelpunkt nicht die Frage steht, ob rechtskonstruktiv die Erfüllungsansprüche schon mit der Eröffnung erlöschen, lediglich gehemmt weiter bestehen oder ihre „Qualität" durch die Insolvenzeröffnung oder die Erfüllungswahl ändern. Als Kernanliegen wurde vielmehr die Gewährleistung des Gegen-

---

333 Die Einzelheiten im Übrigen und die unterschiedliche Bestimmung des Umfangs des Herausgabeanspruchs und eines auftretenden Geschäftsgewinns sollen hier nicht weiter problematisiert werden. Dazu *Dahncke*, S.135 f. mit weiteren Nachweisen.

leistungsgrundsatzes mit dem Ziel des umfassenden Masseschutzes hervorgehoben. Danach müssen die zur Vertragserfüllung verbrauchten bzw. sonstig eingesetzten Mittel der Masse bei bestehendem und ausgeübtem Verwalterwahlrecht ausschließlich der Insolvenzmasse zugute kommen.

Dem Zessionar wird danach weder ein schon werthaltiges Absonderungsrecht entzogen noch bestehen Bedenken gegen eine Umsetzung des „es durch eine Anwendung von § 91 InsO im Hinblick auf den angenommenen „Qualitätssprung" der abgetretenen Vergütungsforderung durch die Erfüllungswahl.

b) Produktivität als Vermögenswert

Trotz der – nicht näher begründeten- Kritik[334], bedeutet die Auffassung von *Ringstmeier* hinsichtlich der Produktivität als geschütztem Vermögenswert eine weitgehende Übereinstimmung mit der „Qualitätssprungtheorie" des BGH für den Fall der Erfüllungswahl.

Genau genommen sichert *Ringstmeier* den vom BGH herangezogenen Gegenleistungsgrundsatz argumentativ weiter ab und zeigt zutreffend dessen Grenzen auf. Er begründet auch, weshalb dem Zessionar trotz Erwerbs der Forderung noch vor Insolvenzeröffnung und der Anwendung von § 91 InsO hinsichtlich des Werthaltigmachens nach Insolvenzeröffnung keine gesicherte Rechtsposition entzogen wird. Auch dies stimmt im Ergebnis mit der „Qualitätssprungtheorie" überein.

Der Zessionar hat durch den Erwerb der Forderung mit Vertragsschluss noch vor der Eröffnung bereits ein Absonderungsrecht erworben. Es wird jedoch in seinem Umfang erst im Moment der Konkurseröffnung durch die bis dahin erbrachten Leistungen fixiert und dadurch im Wert bestimmt.[335]

An den zur Erfüllung eingesetzten Massemitteln bestehen keine dingliche Rechte des Zessionars bzw. Dritter. Deshalb kann der Verwalter diese Mittel frei einsetzen. Weder die Sicherungsabtretung noch eine etwaige schuldrechtliche Vereinbarung aus der Sicherungsvereinbarung führen zu einem dinglich wirkenden „Verwendungsvorrecht" an den Massegegenständen, welches auch den Insolvenzverwalter zur Verwendung der Mittel bei Erfüllungswahl nur zu Gunsten des Zessionars verpflichten würde.

Dies drückt *Ringstmeier* durch den Begriff der Produktivität als Vermögenswert aus, an dem generell keine dinglichen Vorrechte Dritter bestehen können.

Allerdings ist ein solcher Rückgriff auf den von *Ringstmeier* geschaffenen Begriff der „Produktivität" entbehrlich. Es genügt vielmehr, auf das Bestehen insol-

---

334 MünchKomm-*Kreft*, § 103 Fn.108, hält die Begründung von *Ringstmeier* für kaum haltbar.
335 *Ringstmeier*, S.102.

venzfester, dinglicher Rechte an den einzelnen zum Werthaltigmachen eingesetzten Massemitteln abzustellen. Die Schaffung einer neuen umfassenden Kategorie „Produktivität" ist weder hinsichtlich des Vermögens natürlicher Personen noch von wirtschaftlichen Unternehmen erforderlich.[336]

Abzulehnen sind die Ausführungen bei Teilleistungen des Zedenten noch vor der Insolvenzeröffnung. Zunächst stellt *Ringstmeier* maßgeblich auf die Leistungserbringung nach Eröffnung ab.[337] Eine Vertragsaufspaltung wie nach der Rechtsprechung des BGH kommt nach *Ringstmeier* allerdings nur in Frage, wenn auch der Vertrag die Möglichkeit von Teilleistungen vorsah. Ist das nicht der Fall, soll die gesamte Wertschöpfung an die Insolvenzmasse fallen, auch wenn nach Insolvenzeröffnung nur ein kleiner Teil von der Insolvenzmasse erbracht wurde. Dies will *Ringstmeier* aus dem oben dargestellten Grundprinzip des § 320 BGB entnehmen.[338] Dabei verkennt er aber, dass sich die Wirkung des Erfüllungswahlrechts gerade in Bezug auf eine Abtretung nicht in einer einfachen Übertragung des Regelungsgehalts des § 320 BGB erschöpfen können. Vielmehr muss der Gegenleistungsgrundsatz in der von ihm selbst vorausgesetzten Form der „Ausnutzung von Produktivität" berücksichtigt werden. Danach fällt die abgetretene Forderung nur soweit in die Masse, als diese mit Mitteln der Masse wertaufgefüllt wurde. Aus diesem Grund ist nicht ersichtlich, weshalb es entgegen der Rechtsprechung des BGH für die Annahme einer Teilbarkeit maßgeblich auf die vorherige Vereinbarung der Möglichkeit von Teilleistungen ankommen soll.

c) Der Surrogationsansatz

Vom Begriff der Surrogation ausgehend, lässt sich eine weitgehende Übereinstimmung mit der „Qualitätssprungtheorie" des BGH vermuten.

Schließlich argumentiert auch der BGH mit dem Gegenleistungsgrundsatz und stellt maßgeblich auf die Herkunft der zum Werthaltigmachen verbrauchten bzw. eingesetzten Mittel ab. Unterschiede dürften allenfalls dadurch auftreten, dass durch eine dingliche Surrogation die Forderung automatisch an die Stelle der

---

336 Im Bereich der noch darzustellenden Anfechtung des Werthaltigmachens versucht auch der BGH möglichst alle Vermögenswerte zu erfassen, und erstreckt dies auch auf Arbeitsleistungen – BGH ZIP 2008, 1435 (1437). Dabei handelt es nicht um die Problematik von § 850c ZPO i.V.m. 36 InsO (Unpfändbarkeit). Vgl. auch *Meller-Hanich*, WuB VI.A. § 114 InsO 1.06

337 *Ringstmeier*, S.106.

338 Danach kann der andere Teil bis zum vollständigen Leistungsangebot seine eigene Leistung zurückhalten, zur anteiligen eigenen Leistung ist er nicht verpflichtet – Palandt-*Heinrichs*, § 320 Rdnr.8.

eingesetzten Massemittel tritt, während nach dem BGH die Massezugehörigkeit der wertaufgefüllten Forderung eher im Sinne einer haftungsrechtlichen Zuweisung bzw. durch Wertungskriterien begründet, welche die Anwendung von § 91 InsO ermöglicht.

Eine „Ersetzungssurrogation" – die Rechtsverhältnisse der eingesetzten Ressourcen setzen sich an der wertaufgefüllten Erlösforderung fort – dürfte deshalb einen Gleichlauf mit der „Qualitätssprungtheorie" erbringen.[339]

Allerdings bestätigt sich diese Vermutung einer weitgehenden Übereinstimmung mit der Rechtsprechung des BGH bei dem von *Harder* vorgeschlagenen Surrogationsansatz nicht. Zunächst wird die nahe liegende Möglichkeit der Ersetzungssurrogation verworfen. Dies sei geboten, um die Masse schon zu einem möglichst frühen Zeitpunkt durch die Surrogationswirkung zu schützen.[340]

Die Rechtspositionen an den bisherigen Massegegenständen sollen sich mit der Erfüllungswahl vielmehr im Wege der „Erstreckungssurrogation" auf die Erlösforderung erstrecken. Es bleibt offen, was unter den „bisherigen Massegegenständen" zu verstehen ist. Weiter wird auch der eigentliche Anknüpfungspunkt für die Surrogation nicht eindeutig erkennbar.

Dies wird an dem angeführten Beispiel der Erfüllung mit schuldnerfremden Gegenständen deutlich. Der wahre Berechtigte der schuldnerfremden Gegenstände erwirbt nicht etwa im Wege der Surrogation die Erlösforderung. Vielmehr soll diesem lediglich ein Bereicherungsanspruch nach § 812 BGB i.V.m. § 55 Abs.1 Nr.1, 3 InsO zu.[341] Dies kann deshalb nur so verstanden werden, dass dann doch keine „Erstreckungssurrogation" der Rechtsverhältnisse des Gegenstandes auf die Erlösforderung stattfindet, die zuvor selbst befürwortet wurde.[342] Andernfalls müsste der Eigentümer der veräußerten Sache durch die „Erstreckungssurrogation" Inhaber der Erlösforderung geworden sein. Dann geht aber der Hinweis auf bereicherungsrechtliche Ansprüche fehl. Der zuvor begründete Ansatz der „Erstreckungssurrogation" wird dadurch selbst in Frage gestellt.

Ist jedoch die „Erstreckungssurrogation" so zu verstehen, dass – unabhängig von der Herkunft der zur Erfüllung eingesetzten Mittel – die Erlösforderung mit der Erfüllungswahl zur Verfügung des Verwalters nach § 80 InsO entsteht, verliert sich überhaupt der Zusammenhang mit einer Surrogation im Allgemeinen. Die Herkunft der Gegenstände, an deren Stelle die Erlösforderung tritt, spielt dann keine Rolle mehr, obwohl gerade die Herkunft der Ausgangspunkt einer Surrogation sein sollte.

---

339 Zur Ersetzungssurrogation, *Harder*, Rdnr.484 (S.167).
340 Vgl. *Harder*, Rdnr.483 ff., 490 (S.167 ff.).
341 *Harder*, Rdnr.488 (S.168).
342 aaO, Rdnr.483.

Weiter differenziert *Harder* zwischen den Wirkungen der Surrogation bei einer Abtretung und der Belastung mit einem Pfandrecht. So soll bei der Abtretung die Erstreckungssurrogation nach den eigenen Vorgaben bewirken, dass durch die Erfüllungswahl die Forderung in der Hand des Schuldners und damit mit dem Verwertungsrecht des Verwalters entsteht.[343]

Dieser Ausgangspunkt wird jedoch dann aufgegeben. Vielmehr sollen sich die Rechtsverhältnisse der unbelasteten Massegegenstände durch einen gesetzlichen Forderungsübergang nach § 412 BGB auf die Erlösforderung erstrecken.[344] Nur der fehlende gesetzliche Tatbestand für eine *cessio legis* soll sich noch aus der Erstreckungssurrogation ergeben.

Da das Erlöschen des Pfandrechts nicht mit einem Wechsel der Forderungsinhaberschaft begründet werden soll, kann durch die Surrogation die Forderung nur noch von dem Pfandrecht befreit werden. Dies soll durch eine Beschränkung der Rechtsfolgen der Surrogation erreicht werden.[345]

Auf welche Weise die Surrogation ein Pfandrecht zum Erlöschen bringen kann, wird nicht begründet. Zwar ist vorstellbar, dass sich das Eigentum des Schuldners auf die Inhaberschaft der Erlösforderung aus der Veräußerung des Gegenstandes erstreckt. Wie sich jedoch die Lastenfreiheit in Bezug auf die Rechte Dritter an den freien Massegegenständen – also eben gerade keine Rechtsposition- auf die belastete Erlösforderung erstrecken kann, dürfte auch den Rahmen einer Erstreckungssurrogation sprengen.

Eine mögliche Begründung wäre es, durch die Erfüllungswahl kraft der Surrogation einen neuen und unbelasteten Anspruch zu begründen, der erst nach Insolvenzeröffnung entsteht.

Dies will *Harder* jedoch auch um den Preis erheblicher Begründungsschwierigkeiten vermeiden, wie man an der unterschiedlichen Behandlung von Aufrechnung und Sicherungsabtretung erkennt.

So soll die Aufrechnung des anderen Teils nicht an § 96 Nr.1 InsO scheitern. Als Begründung wird die bestehende Anspruchsidentität angeführt.[346]

Zuvor wurde jedoch dargelegt, dass die „Erstreckungssurrogation" erst mit der Erfüllungswahl und damit nach der Insolvenzeröffnung stattfindet. Die erst durch die spätere Surrogation entstandene Forderung kann dann jedoch kaum mit der vorherigen identisch sein. Weiter soll auch ein Pfandrecht durch die Erstreckungssurrogation erlöschen. Es wird jedoch dann nicht begründet, weshalb die Erstreckungssurrogation keine Auswirkungen auf die Aufrechnungsmöglichkei-

---

343 aaO. Rdnr.492.
344 aaO. Rdnr.499.
345 aaO, Rdnr.503.
346 aaO. Rdnr.549.

ten des anderen Teils haben soll. Während das Pfändungspfandrecht durch die Surrogation erlöschen soll, soll eine Aufrechnungsbefugnis des anderen Teils jedoch bestehen bleiben.

Diese unterschiedlichen Wirkungen der Surrogation werden weder begründet noch lässt sich eine Notwendigkeit für eine solche Differenzierung finden.

So setzt sich *Harder* auch in direkten Widerspruch zu seiner Lösung bei der Behandlung der Sicherungsabtretung. Dort genügt nicht einmal die Surrogation selbst, vielmehr muss noch ein Forderungsübergang nach § 412 BGB stattfinden.[347] Wenn der Anspruch erst durch einen Forderungsübergang in die Masse fällt, kann dieser jedoch auch dort kaum mit dem schon bestehenden Anspruch aus der Zeit vor der Insolvenzeröffnung identisch sein.

Zusammenfassend ist die von *Harder* vorgestellte Erstreckungssurrogation wegen der zahlreichen Widersprüche und unbegründeten Annahmen und Einschränkungen abzulehnen.

Schon der Grundansatz der Erstreckungssurrogation bleibt fraglich, der sich vollständig vom Ausgangspunkt der Herkunft der zur Werthaltigmachen eingesetzten Mittel der Masse durch die Ablehnung einer Ersetzungssurrogation zu entfernen scheint.[348]

Dagegen würde bei der von *Harder* abgelehnten Ersetzungssurrogation an die Stelle der zur Erfüllung eingesetzten Massemittel die werthaltige Erlösforderung treten, da an den eingesetzten Mitteln keine Rechte Dritter bestanden.[349] Sicherungsabtretungen und Pfändungen würden dann ins Leere gehen, da die erst nach Eröffnung durch die Surrogation entstandene Forderung gemäß § 91 InsO nicht erworben werden bzw. belastet werden könnten.

Eine Aufrechnung wäre nach § 96 Abs.1 Nr.1 InsO ausgeschlossen. Die Masseforderung, gegen die aufgerechnet werden soll, wäre erst nach Insolvenzeröffnung durch die Surrogation entstanden. Dies würde einen Gleichlauf mit der „Qualitätssprungtheorie" des BGH bedeuten.

Allerdings darf bezweifelt werden, ob angesichts der Notwendigkeit der Herleitung des Surrogationsprinzips durch eine „gesetzesübersteigende Rechtsfortbildung" die Lösung durch eine Surrogation im Vergleich zum Gegenleistungsgrundsatz des BGH im Rahmen der „Qualitätssprungtheorie" tatsächlich eine höhere Überzeugungskraft besitzt.[350]

Im Übrigen sind die von *Harder* erwähnten „unerwünschten Nebenwirkungen" der Rechtsprechung des BGH mit der „Qualitätssprungtheorie" entfallen, so dass

---

347 aaO. Rdnr.499.
348 Ob die Ausführungen so verstanden werden sollen, bleibt allerdings ungewiss.
349 Zu dieser Ersetzungssurrogation auch *Marotzke*, Gegenseitige Verträge Rdnr.4.38 (S.109).
350 Zur Herleitung dieses Surrogationsprinzips vgl. aaO, Rdnr. 559.

weder ein Bedürfnis noch eine Rechtfertigung für die Annahme einer Surrogation im Anwendungsbereich von § 103 InsO bestehen.

d) Stellungnahme

In konstruktiver Hinsicht ist aus den gezeigten Gründen der Lösung des BGH durch die Anwendung von § 91 InsO auf Grund des Gegenleistungsgrundsatzes als Wertungskriterium zuzustimmen. Diese Lösung berücksichtigt maßgeblich die systematische Einordnung der Probleme die mit der Vertragserfüllung und dem dadurch bewirkten Werthaltigmachen der Vergütungsforderung verbunden sind. Es handelt sich um ein Problem der (Fort-)Wirkung des mit Eröffnung einsetzenden Insolvenzbeschlages gemäß § 80 ff. InsO hinsichtlich der zur Erfüllung einzusetzenden Mittel der Masse.

Die „Vorschaltung" eines Bereicherungsanspruchs, der letztlich innerhalb des Merkmals „fehlender Rechtsgrund" die identischen Kriterien der „Qualitätssprungtheorie" berücksichtigt, ist systematisch nicht folgerichtig und darüber hinaus auch nicht notwendig.

Für den Surrogationsansatz besteht kein Bedürfnis, da bei der Annahme einer Ersetzungssurrogation ein Gleichlauf mit der „Qualitätssprungtheorie" besteht. Die vorgestellte Erstreckungssurrogation mit einer Differenzierung zwischen Abtretung und Aufrechnung ist abzulehnen. Die Berücksichtigung des Werthaltigmachens muss in beiden Fällen gleichermaßen erfolgen, da beide Vorzugsstellungen einheitlich die Verwendung von Massegegenständen betreffen. Für die von *Harder* vorgenommene Unterscheidung lässt sich keine Begründung finden.

C. Das Werthaltigmachen als zusätzliches Wertungskriterium für die Wirkungen des Erfüllungswahlrechts

Nach der Auseinandersetzung mit den unterschiedlichen rechtskonstruktiven Ansätzen[351] soll nunmehr das Werthaltigmachen als ein hinter diesen Ansätzen liegendes Wertungskriterium betrachtet werden.

An der Notwendigkeit, die mit Mitteln der Masse nach Insolvenzeröffnung durchgeführte oder durchzuführende Vertragserfüllung mit der Folge des Werthaltigmachens der abgetretenen Forderung zu berücksichtigen, kann nach den dargestellten Literaturauffassungen bzw. der Rechtsprechung des BGH kein Zweifel bestehen. Die heute vertretenen Auffassungen unterscheiden sich nur

---

351 Hinter dem konstruktiven Ansatz des „Qualitätssprungs" des BGH steht jedoch letztlich das Wertungskriterium des Gegenleistungsgrundsatzes.

noch in der jeweiligen konstruktiven Begründung für die Anwendung des § 91 InsO bzw. fordern einen bereicherungsrechtlichen Ausgleich.

Sieht man in den Wirkungen des Erfüllungswahlrechts mit dem BGH eine Wertungsentscheidung unter Berücksichtigung des Werthaltigmachens unter Verbrauch von Mitteln der Insolvenzmasse, so kommt den angeführten, in konstruktiver Hinsicht verbleibenden Schwächen der „Qualitätssprungtheorie" keine maßgebliche Bedeutung mehr zu.

Vielmehr zählt das hinter dem Erfüllungswahlrecht stehende Wertungskriterium, dass der Zessionar an den zur Erfüllung einzusetzenden Massemitteln vor deren Verbrauch keine Rechte besaß und diese gemäß §§ 81, 91 InsO auch nicht mehr erwerben konnte. Der Masseschutz der Vorschriften §§ 81, 91 InsO wäre unvollkommen, wenn der Zessionar zwar nicht mehr die Substanz der zur Erfüllung notwendigen Massegegenstände erwerben kann, kraft der Vorausabtretung der Vergütungsforderung jedoch auf deren wirtschaftlichen Wert zu Lasten der Insolvenzgläubiger auch noch bei Erfüllung nach der Insolvenzeröffnung zugreifen könnte. Durch die Berücksichtigung des Werthaltigmachens bei der Anwendung von § 103 i.V.m. § 91 InsO wird der Masseschutz auch auf den in den Massegegenständen verkörperten Wert ausgedehnt. In Übereinstimmung mit den Ausführungen zur Anwendung von § 91 InsO außerhalb des Erfüllungswahlrechts[352] würde anderenfalls eine erhebliche Lücke im Schutz der Insolvenzmasse durch die §§ 81, 91 InsO verbleiben. Die hier vorgeschlagene Berücksichtigung des Werthaltigmachens stimmt mit dem vom BGH angeführten Gegenleistungsgrundsatz überein.

Auch hier handelt es sich um die Ausdehnung des mit Eröffnung einsetzenden Insolvenzbeschlages an den vorhandenen Massemitteln. Diese werden vom Insolvenzverwalter zur Vertragserfüllung und damit zum Werthaltigmachen der Vergütungsforderung verbraucht, so dass deren Vermögenswert nach der Erfüllung nur noch im Wert der abgetretenen Vergütungsforderung verkörpert ist. Bestehen an den zur Erfüllung einzusetzenden Mitteln keine Ab- oder Aussonderungsrechte, sind diese gemäß §§ 1, 35 InsO allein der Befriedigung der Insolvenzgläubiger zugewiesen. Diese haftungsrechtliche Zuweisung darf sich nicht nur auf die Substanz der Massegegenstände beschränken, sondern muss auch deren Vermögenswert erfassen, der durch die Vertragserfüllung unter Verbrauch von Massegegenständen geschaffen wird.

Außerhalb des Anwendungsbereichs von § 103 InsO ist auch ein Teil der Kritik in der Literatur zur „Qualitätssprungtheorie" der Ansicht, dass allein die Herkunft der Massemittel es rechtfertigt, die durch die Erfüllung werthaltige For-

---

352 Dazu die Ausführungen auf Seite 69 f.

derung haftungsrechtlich der Masse zuzuweisen und dem Zessionar den Erwerb deshalb gemäß § 91 InsO zu verwehren.[353]

Der einzige Unterschied liegt darin, dass im Anwendungsbereich des § 103 InsO durch den Vertragsschluss eine bereits entstandene Forderung vorliegt, die vom Zessionar bereits erworben wurde. Dieser Erwerb der Forderung führt aber nicht dazu, dass dem Zessionar bereits im Zeitpunkt der Insolvenzeröffnung ein Absonderungsrecht zusteht, das er nachträglich durch die Erfüllungswahl wieder verliert.[354]

Der Zessionar hat vor der Erfüllungswahl des Verwalters und der erst anschließend erfolgenden Erfüllung nur eine wertlose Forderungshülle erworben. Im Fall von Teilleistungen gilt dies im Hinblick auf die Teilleistungen, die nach Insolvenzeröffnung erbracht werden. Der Verwalter hat die Möglichkeit, durch eine Erfüllungsablehnung es auch bei dieser Wertlosigkeit der abgetretenen Forderung zu belassen. Er könnte durch eine Kombination von Erfüllungsablehnung und den Abschluss eines neuen Absatzvertrages versuchen, mit dem anderen Teil einen neuen Vertrag abzuschließen, der die gleichen inhaltlichen Konditionen wie der vor Insolvenzeröffnung abgeschlossene Absatzvertrag enthält. In diesem Fall würde niemand daran zweifeln, dass dem Zessionar ein Erwerb gemäß § 91 InsO zu versagen ist, da diese Forderung erst durch den neuerlichen Vertragsschluss nach Insolvenzeröffnung entstanden ist.[355] Deshalb kann vom Verlust einer gesicherten Rechtsposition bzw. eines bereits erworbenen Absonderungsrechts – wie es insbesondere die Vertreter der Bereicherungslösung anführen – unter dem Gesichtspunkt des Werthaltigmachens nicht die Rede sein.

D. Zusammenfassung

Mit der Betrachtung der Auswirkungen des Erfüllungswahlrechts auf die Vorausabtretung ist die Betrachtung der Wirksamkeit des Forderungserwerbs abgeschlossen. Die Betrachtung hat gezeigt, dass die Unwirksamkeit des Forderungserwerbs nach § 91 InsO auch im Zusammenhang mit dem Erfüllungswahlrecht nach § 103 InsO unter Berücksichtigung des Werthaltigmachens unter Verbrauch von Mitteln der Insolvenzmasse überzeugender zu begründen ist. Im Bereich des Erfüllungswahlrechts hat auch der BGH durch den von ihm angeführten Gegen-

---

353 So z.B. *Marotzke* KTS 1979, 40 (46), der die „Qualitätssprungtheorie" ablehnt, aber außerhalb von § 103 InsO durchaus auf das Wertungsprinzip des Gegenleistungsgrundsatzes abstellt und dies durch die Annahme einer Surrogation konstruktiv umsetzen möchte.
354 Dies kritisiert jedoch *Häsemeyer*, Insolvenzrecht Rdnr.20.07 (S.438).
355 Auf diesen Gesichtspunkt macht MünchKomm-*Kreft*, § 103 Rdnr.41 aufmerksam. Vgl. dazu auch *Marotzke* ZZP 111(2002), 507 (511f.).

leistungsgrundsatz die Notwendigkeit eines Wertungskriteriums neben bloßen konstruktiven Ansätzen wie der „Erlöschenstheorie" oder der „Qualitätssprungtheorie" erkannt. Dieses Wertungskriterium für die Verteilung des durch die Vertragserfüllung geschaffenen Vermögenswertes zwischen dem Zessionar und den Insolvenzgläubigern ist das Werthaltigmachen der abgetretenen Forderung unter Verbrauch von Mitteln der Insolvenzmasse.

Teil 4: Das Werthaltigmachen Kriterium als ein Kriterium für die Insolvenzanfechtung

A. Die Insolvenzanfechtung der Vorausabtretung

I. Einleitung

Nachfolgend wird die Situation betrachtet, in welcher der Absatzvertrag noch vor Insolvenzeröffnung abgeschlossen und auch bereits erfüllt wurde. Die vorausabgetretene Forderung ist damit noch vor der Insolvenzeröffnung entstanden und auch werthaltig geworden.

In diesem Zeitraum ist der Forderungserwerb des Zessionars wirksam, da die Masseschutzvorschriften der §§ 91 InsO bzw. 103 i.V.m. § 91 InsO nur gegen Beeinträchtigungen der erst ab Eröffnung existierenden Insolvenzmasse (§ 35 InsO) schützen.[356] Sie sind unanwendbar, wenn die Forderungsentstehung und auch die Vertragserfüllung zu diesem Zeitpunkt bereits abgeschlossen sind.[357]

Bereits die noch „werdende" Insolvenzmasse wird jedoch unter den allgemeinen und besonderen Voraussetzungen der Insolvenzanfechtung gegen Beeinträchtigungen der späteren Gläubigergemeinschaft durch einzelne Gläubiger geschützt.[358]

Hat sich der Zessionar auf Grund der wirksamen Vorausabtretung den Zugriff auf die Forderung und wegen der bereits erfolgte Vertragserfüllung auch auf deren Vermögenswert gesichert, müsste die Insolvenzanfechtung dazu führen, dass dieser Vermögenswert an die Insolvenzmasse zurückzugewähren ist und so wieder für die Befriedigung der Insolvenzgläubiger zur Verfügung steht.

Die Forderungsabtretung und gerade auch die Vertragserfüllung unter Verbrauch von Mitteln der späteren Insolvenzmasse mit der Folge der Werthaltigkeit der Forderung müssten deshalb der Insolvenzanfechtung unterliegen.

---

356 Vgl. dazu schon die Ausführungen auf Seite 45.
357 Soweit die Erfüllung nur teilweise nach Insolvenzeröffnung erfolgt, ist der Forderungserwerb wegen der Erfüllungswahl für diesen Teil unwirksam. Zur Teilbarkeitsrechtsprechung des BGH vgl. auf Seite 96 f.
358 Zur Funktion des Anfechtungsrechts *Häsemeyer*, Insolvenzrecht, Rdnr. 21.02; Prinzipiell auch *Furche* WM 2007, 1305 (1306).

II. Die Anfechtung der Vorausabtretung als komplexes Problem

Tatsächlich hat der BGH in seiner aktuellen Grundsatzentscheidung[359] bestätigt, dass die Vertragserfüllung mit der Folge der Werthaltigkeit der Forderung die Insolvenzgläubiger anfechtbar benachteiligen kann, wenn die Forderung zuvor an den Zessionar abgetreten wurde.

Gemeinsam mit den weiteren, bisher ergangenen Folgeentscheidungen[360] hat der BGH ein umfassendes Konzept der Insolvenzanfechtung der Vorausabtretung von künftigen Forderungen aus noch zu erfüllenden Verträgen als komplexem Gesamtproblem entwickelt.[361]

Der BGH unterscheidet bei der Anfechtung der Vorausabtretung grundsätzlich zwischen der Anfechtung des Forderungserwerbs und der selbständigen Anfechtung des Werthaltigmachens der abgetretenen Forderung als zwei eigenständige Anfechtungsgegenstände. Die selbständige Anfechtung des Werthaltigmachens ist möglich, falls dieses der Forderungsentstehung zeitlich nachfolgt.

Während es für die Unwirksamkeit des Forderungserwerbs in Folge der Insolvenzeröffnung (nur) auf das eine Merkmal der Massezugehörigkeit[362] für die Anwendung von § 91 InsO ankommt, enthält das Anfechtungsrecht sehr unterschiedliche allgemeine und besondere Voraussetzungen bzw. Rechtsnormen, welche die Anfechtung inhaltlich und zeitlich begrenzen und von detaillierten objektiven und subjektiven Merkmalen abhängig machen.[363] Das Werthaltigmachen kann sich daher auf sehr unterschiedliche Anfechtungsvoraussetzungen auswirken. Hinzu kommt noch, dass nach dem Grundsatzurteil des BGH sowohl der Forderungserwerb als auch das Werthaltigmachen anfechtbar sind und damit zwei Anfechtungsgegenstände vorliegen können.[364]

---

359 BGHZ 174, 297 ff. mit Anmerkung *Heinze*, DZWIR 2008, 185 ff. und *Cranshaw* DZWIR 2008, 221 ff.; *v. Sethe*, BKR 2008, 119 f.; *Fillmann*, NJOZ 2008, 824; *Kuder*, ZIP 2008, 289; *Schneider/Güther*, DB 2008, 279 (281f.). Diese Entscheidung wird nachfolgend als Grundsatzentscheidung bezeichnet.

360 BGH NZI 2008, 236 (237) mit Anmerkung *Heinze*, DZWIR 2008, 185 ff., *Cranshaw* DZWIR 2008, 221; *Hohmann/Junghans* EWiR 2008, 505f; BGH ZIP 2008, 1435 ff mir Anmerkung *Cranshaw*, DZWIR 2008, 394 f. und *Dahl/Schmitz*, NZI 2008, 541f.

361 Der bisherige Vorsitzende des IX Senats des BGH, *G. Fischer*, spricht im Zusammenhang mit der Grundsatzentscheidung von äußerst komplexen Rechtsfragen der Vorausabtretung – NZI 2008, 265f.

362 Auch wenn nach hier vertretener Auffassung das zusätzliche Kriterium des Werthaltigmachens hinzugezogen werden sollte.

363 Zur Systematik der Insolvenzanfechtung vgl. Gottwald-*Huber*, Insolvenzrechtshandbuch, § 46 Rdnr. 15. Vgl. auch *Häsemeyer*, Insolvenzrecht, Rdnr. 21.03 ff.

364 So z.B. in der Frage der noch zugleich darzustellenden Frage der Kongruenz (Seite 134 ff.)

Auch aus diesem Grund beschränkt sich der BGH in seiner Grundsatzentscheidung nicht auf vereinzelte konstruktive Begründungsansätze, sondern sieht die Insolvenzanfechtung der Vorausabtretung künftiger Forderungen als komplexes Problem im Spannungsfeld zwischen den Interessen der Kreditwirtschaft und den Interessen der Insolvenzgläubiger. Fehlt den konstruktiven bzw. begrifflichen Argumentationen die nötige Trennschärfe oder Überzeugungskraft, zieht der BGH explizit auch wirtschaftliche Erwägungen als Wertungskriterien für die Bestimmung der Anfechtungsvoraussetzungen hinzu.[365]

Dogmatisch sichert der BGH sein Konzept zur Vorausabtretung durch den Verweis auf seine Rechtsprechung zum Werthaltigmachen einer Aufrechnungslage[366] und der – auch von einigen Stimmen in der Literatur[367] geforderten – teilweisen[368] Übertragung auf die Vorausabtretung ab. In systematischer Hinsicht wird auch der Zusammenhang der Anfechtung des Werthaltigmachens mit dem vom BGH postulierten „Gegenleistungsgrundsatz" bzw. „Qualitätssprung" für den Fall des Werthaltigmachens nach Insolvenzeröffnung hergestellt. Die Anfechtung des Werthaltigmachens kann insoweit als eine „Vorwirkung" der Grundsätze zum Erfüllungswahlrecht auch bereits im Zeitraum vor der Insolvenzeröffnung angesehen werden.[369]

Es soll betrachtet werden, ob dieses zusammenhängende Konzept des BGH zur Anfechtung der Vorausabtretung dogmatisch und vor dem Hintergrund des Werthaltigmachens als Wertungskriterium überzeugen kann.

III. Gegenstand und Verlauf der Betrachtung

Dafür muss zunächst das gesamten Konzepts des BGH mit den beiden unterschiedlichen Anfechtungsgegenständen im Zusammenhang dargestellt werden. Erst anschließend kann zu den einzelnen Problemen Stellung genommen werden und insbesondere die dogmatische und praktische Notwendigkeit der vom BGH entwickelten selbständigen Anfechtung des Werthaltigmachens hinterfragt werden.

---

365 Dies gilt insbesondere in der Frage der Kongruenz (Seite 134 ff.)
366 Auf die Entwicklung der Rechtsprechung zur Aufrechnung wird auf den Seiten 158 eingegangen.
367 Zur Berücksichtigung des Werthaltigmachens in der Literatur vgl. die Ausführungen und Fundstellen auf Seite 161 f.
368 Es bestehen im Einzelnen jedoch Abweichungen – dazu auf Seite 158.
369 So lässt sich wohl BGH NZI 2008, 236 (237) verstehen. Die Gläubigerbenachteiligung wird mit einer hypothetischen Überlegung zum Gegenleistungsgrundsatz begründet. Auch das OLG Dresen, ZIP 2005, 2167 f. beruft sich für die selbständige Anfechtung des Werthaltigmachens auf den Gegenleistungsgrundsatz im Zusammenhang mit § 103 InsO.

Als Alternative kommt in Betracht, das Werthaltigmachen — entgegen dem Konzept des BGH — als Teil der des einheitlichen Anfechtungsgegenstandes des Forderungserwerbs im Zeitpunkt des Werthaltigmachens zu verstehen. Die Anfechtung des Forderungserwerbs unter Einschluss des Werthaltigmachens soll deshalb mit den sich daraus ergebenden Vorteilen in systematischer, dogmatischer und praktischer Hinsicht entwickelt werden.

Die Betrachtung der Anfechtung des Forderungserwerbs unter Berücksichtigung des Werthaltigmachens kann sich — wie auch die Grundsatzentscheidung des BGH — auf die Tatbestände der für den Anfechtungsprozess bedeutsamen Deckungsanfechtung nach den §§ 130, 131 InsO beschränken.[370]

B. Das Konzept des BGH zur Anfechtung der Vorausabtretung

Der BGH unterscheidet in der nachfolgend zusammengefassten Grundsatzentscheidung[371] und den bisher ergangenen Folgeentscheidungen[372] zwischen der Anfechtung des Forderungserwerbs und der selbständigen Anfechtung des Werthaltigmachens und legt damit zwei unterschiedliche Anfechtungsgegenstände fest. Der Grundsatzentscheidung lag eine frühzeitig abgeschlossene Globalzession über Forderungen aus Lieferungen und Leistungen zu Grunde.[373] Diese von der Vorausabtretungsvereinbarung erfassten Forderungen entstanden z.T. auch erst in der finanziellen Krise kurz vor dem Insolvenzantrag bzw. wurden durch die Vertragserfüllung in diesem Zeitraum erst werthaltig. Der Zedent war zur Einziehung der Forderung im ordnungsgemäßen Geschäftsgang ermächtigt. Vereinbarungsgemäß sollten an die Steller der durch die Einziehung erloschenen

---

370 Die anderen Tatbestände der Insolvenzanfechtung enthalten eine Reihe von speziellen Merkmalen und haben zum Teil eine andere Schutzrichtung, wie etwa die Vorsatz- oder Schenkungsanfechtung nach §§ 133, 134 InsO. Diese anderen Tatbestände haben jedoch für die grundsätzliche Betrachtung der Funktion des Werthaltigmachens keine weitergehende Bedeutung. Die Deckungsanfechtung nach §§ 130, 131 InsO ist eine Besonderheit des Insolvenzverfahrens, die keine Entsprechung im Anfechtungsgesetz der Einzelzwangsvollstreckung hat. Zur Systematik und Schutzrichtung der Anfechtungstatbestände vgl. MünchKomm-*Kirchhof*, Vor § 129 bis 147, Rdnr. 94 ff; *Häsemeyer*, Insolvenzrecht, Rdnr. 21.04 ff.
371 BGHZ 174, 297 ff.
372 BGH NZI 2008, 236 ff; BGH ZIP 2008, 1435 ff..
373 Letztlich ging es um die Verrechnung von Zahlungseingängen aus diesen Forderungen mit der Darlehensforderung einer Bank als Zessionarin gemäß § 94 InsO. Für die Wirksamkeit der Verrechnung kommt es auf die Anfechtbarkeit der Globlazession an (§§ 94, 96 Abs.1 Nr. 3 InsO).

Forderung die immer wieder neu begründeten Forderungen treten.[374] Der aktuelle Forderungsstand war nach den Vereinbarungen gegenüber der Zessionarin durch regelmäßige Übersendung von Forderungslisten nachzuweisen.

I. Die Anfechtung des Forderungserwerbs

1. Rechtshandlung und maßgeblicher Zeitpunkt

Anfechtbar ist die Vereinbarung über die Vorausabtretung, die unter Umständen bereits Jahre vor der Insolvenzeröffnung abgeschlossen worden sein kann. Bei der Anfechtung des Forderungserwerbs durch eine Vorausabtretung soll es jedoch nach dem BGH erst auf den späteren Zeitpunkt der Forderungsentstehung ankommen, da die Vorausabtretung erst ab diesem Zeitpunkt rechtliche Wirkungen entfaltet (§ 140 Abs.1 InsO). Für die Deckungsanfechtung nach §§ 130, 131 InsO muss die Forderungsentstehung in die längstens dreimonatigen Tatbestandsfristen[375] der §§ 130, 131 InsO fallen.

2. Fehlendes Bargeschäftsprivileg der Vorausabtretung

Ausdrücklich hat der BGH der teilweise in der Literatur[376] und auch vom Landgericht Berlin[377] als Instanzgericht vertretenen Annahme eines Bargeschäfts nach § 142 InsO bei der Vorausabtretung künftiger Forderungen widersprochen. Ein solches Bargeschäft hätte zur Folge, dass die Anfechtung nach dem Wortlaut des § 142 InsO auf den Tatbestand der Vorsatzanfechtung nach § 133 InsO beschränkt wäre und dadurch die hier betrachtete und für den Anfechtungsprozess bedeutsame Deckungsanfechtung nach §§ 130, 131[378] InsO ausgeschlossen wäre.

---

374 Wegen des ständigen Austauschs wird diese Form der Sicherungsabtretung auch als „revolvierende" Globalzession bezeichnet.
375 Diese Fristen berechnen sich gemäß § 139 Abs. 2 InsO rückwirkend vom Tag des Eingangs des Antrages auf Eröffnung des Insolvenzverfahrens bei Gericht.
376 Ein Bargeschäft nehmen an *Brandt/Günther*, BKR 2006, 232 (235); *Molitor*, ZinsO 2006, 23 (25); *Furche* WM 2007, 1305 (1314); *Obermüller*, Bankpraxis, Rdnr. 6.102; *Kuder*, ZinsO 2006, 1065 (1069).
377 LG Berlin WM 2007, 396 f. mit Anmerkung *Hempler* EWiR 2007, 187 f.; Zustimmend *Leithaus*, NZI 2007, 545 ff.
378 Trotz des Wortlauts von § 142 InsO ist bei Vorliegen eines Bargeschäfts die Anfechtung wegen inkongruenter Deckung nach § 131 InsO möglich. Zu dieser teleologischen Reduktion vgl. HK-*Kreft*, § 142 Rdnr. 9.

Die zeitnahe Einräumung von Kreditsicherheiten – wie die Abtretung von Forderungen – gegen Auszahlung eines Darlehens kann ebenfalls ein Bargeschäft darstellen.[379]

Der BGH führt an, dass die Auszahlung des Darlehens gegen Vorausabtretung künftiger Forderungen keine zeitnahe Einräumung von Sicherheiten darstellt, weil diese Forderungen erst in der Zukunft entstehen.

Auch das bloße „Stehenlassen" des bereits gewährten Darlehens soll nach Auffassung des BGH keine neue Leistung mit Vermögenswert darstellen, die im Sinne eines Bargeschäfts mit dem Erwerb der später entstehenden Forderungen im zeitlichen Zusammenhang verknüpft ist.[380]

Ein Bargeschäft könne auch nicht im Sonderfall[381] der revolvierenden Globalzession angenommen werden. Dort kann der Schuldner bis zum Sicherungsfall die abgetretenen Forderungen kraft Einziehungsermächtigung im ordnungsgemäßen Geschäftsbetrieb einziehen.[382] Nach Auffassung des BGH kann die Überlassung der Forderung zur Einziehung nicht als jeweils neue Leistung des Zessionars angesehen werden, die mit der Einbeziehung später entstehender Forderungen als gleichwertige Leistung und Gegenleistung i.S. eines Bargeschäfts nach § 142 InsO verknüpft ist. Es sei offen, wann und mit welchem Inhalt die neue Forderung nach dem Erlöschen der alten Forderung entstehe. Letzteres unterscheide die Globalzession auch von der vom BGH anerkannten Bargeschäftsausnahme bei der Kontokorrentverrechnung[383], bei der sich die in das Kontokorrent eingestellten Forderungen nur im Betrag, nicht aber in der Frage der Durchsetzbarkeit, Fälligkeit und Inhalt von einander abweichen.

3. Kongruenz der Vorausabtretung künftiger Forderungen

Ausführlich legt der BGH in seiner Grundsatzentscheidung die für ihn maßgeblichen Gründe dar, aus denen sich die Kongruenz der Vorausabtretung künftiger Forderungen ergeben soll.

---

379 Vgl. BGH WM 1965, 84 (87), BGHZ 70, 177 (184f.) und BGHZ 138, 291 (294);
380 Auch in diesem zweiten Anknüpfungspunkt (Forderungsaustausch) nehmen *Furche* WM 2007, 1305 (1314); Brandt/Günther BKR 2006, 232 (235); *Kuder*, ZinsO 2006, 1065 (1069); *Obermüller*, Bankpraxis, Rdnr. 6.102 ein Bargeschäft an.
381 Die Vorausabtretung muss nicht unbedingt in Form einer (stillen) revolvierenden Globalzession mit Einziehungsermächtigung erfolgen. Bei der Abtretung von Kundenforderungen aus Lieferungen und Leistungen ist dies jedoch der Regelfall.
382 Zur Einziehungsermächtigung bei der „stillen" Abtretung vgl. die Ausführungen auf Seite 29f.
383 Zum Bargeschäftsausnahme bei der Kontokorrentverrechnung vgl. *Streit/Jordan*, DZWIR 2004, 411 (445); *Dampf*, KTS 1998, S.145 (149); BGHZ 150, 122 (131); BGH NJW 2001, 1650 (1651); BGH NJW 2003, 360 (362).

a) Bedeutung für den Anfechtungsprozess

Die Frage der Kongruenz hat für den Anfechtungsprozess eine erhebliche – wenn nicht sogar eine ausschlaggebende – Bedeutung.

So werden im Fall einer inkongruenten Sicherung nach § 131 InsO Abs.1 Nr.1 innerhalb des ersten Monats keine besonderen Merkmale vorausgesetzt. Im Zeitraum von höchstens drei Monaten vor dem Insolvenzantrag genügt entweder das objektive Merkmal der Zahlungsunfähigkeit[384] (Nr.2) oder die Kenntnis des Gläubigers von der Gläubigerbenachteiligung[385] (Nr.3) als subjektives Merkmal.

Dagegen verlangen die Tatbestandsalternativen der kongruenten Deckung gemäß § 130 InsO die Zahlungsunfähigkeit und als subjektives Merkmal die Kenntnis[386] des Gläubigers hiervon (Nr.1) bzw. bei Vornahme nach dem Insolvenzantrag die Kenntnis des Gläubigers vom Eröffnungsantrag bzw. von der Zahlungsunfähigkeit (Nr.2).

Trotz der Erleichterung nach Abs. 2 von §§ 130, 131 InsO fallen diese objektiven und subjektiven Tatsachen grundsätzlich in die Darlegungs- und Beweislast[387] des Insolvenzverwalters. Gerade die Kenntnis des Gläubigers ist im Anfechtungsprozess als innere Tatsache[388] vom Verwalter nur schwer darzulegen bzw. zu beweisen.

Die zusätzlich erforderlichen objektiven und subjektiven Merkmale beeinträchtigen deshalb die Erfolgsaussichten des Anfechtungsprozesses, so dass der Insolvenzverwalter häufig bereits von der Erhebung absieht.

Die Kongruenz bestimmt daher maßgeblich die Insolvenzfestigkeit einer Kreditsicherheit nach den Regelungen des Anfechtungsrechts.

---

384 Zum Merkmal der Zahlungsunfähigkeit ausführlich MünchKomm-*Kirchhof*, § 130 Rdnr. 24-26 ff.; HK-*Kreft*, § 130 Rdnr. 13.
385 Zum Merkmal der Kenntnis der Gläubigerbenachteiligung ausführlich MünchKomm-*Kirchhof*, § 131 Rdnr. 51 ff. HK-*Kreft*, § 131 Rdnr. 21.
386 Zu den subjektiven Merkmalen der einzelnen Tatbestandsalternativen von § 130 InsO vgl. MünchKomm-*Kirchhof*, § 130 Rdnr. 52 ff. HK-*Kreft*, § 130 Rdnr. 20 ff.
387 Auch im Anfechtungsprozess verteilt sich die Darlegungs- und Beweislast nach der sog. Günstigkeitsprinzip, soweit keine besondere Regelung vorliegt: MünchKomm-*Kirchhof*, § 130 Rdnr. 61 ff. Tatsachen müssen danach von der Partei dargelegt und ggf. bewiesen werden, die daraus günstige Rechtsfolgen ableiten kann.
388 Zu den sog. inneren Tatsachen ausführlich *Huber*, in: Festschrift für Kirchhof, 247 (249).

b) Inkongruenz bei bankmäßigen[389] Sicherheiten an zukünftigen Vermögenswerten

Bis zur Grundsatzentscheidung des BGH bestand eine erhebliche Unsicherheit[390] über die Kongruenz der Vorausabtretung künftiger Forderungen. Auslöser dieser Unsicherheit waren unter anderem das Urteil[391] des BGH 7. März 2002 zum Pfandrecht der Banken nach Nr. 14 Abs. 1 AGB-Banken[392], das Urteil[393] zum Nachbesicherungsanspruch nach Nr. 13 AGB Banken und auch das Urteil[394] vom 2. Juni 2005 zur umfassenden vertraglichen Verpfändung sämtlicher zukünftiger Zahlungseingänge.

Nach Auffassung des BGH ist es bei diesen Sicherheiten an künftig eingebrachten Forderungen bzw. Vermögenswerten dem Ermessen der Beteiligten oder dem Zufall überlassen, ob diese von der Vereinbarung durch Einbringung auch tatsächlich erfasst werden. Es fehle daher an einer hinreichend Vereinbarung, die auf bestimmte und wenigstens identifizierbare Gegenstände gerichtet sind, so dass in diesen Fällen von der erleichtert anfechtbaren Inkongruenz der erworbenen Sicherheit auszugehen ist.

c) Übertragung auf die Vorausabtretung

Daraufhin haben sowohl das OLG Karlsruhe[395] und im Anschluss auch das OLG München[396] und das OLG Dresden[397] die Vorausabtretung künftiger Forderungen durch eine revolvierende Globalzession ebenfalls als eine inkongruente Sicherung angesehen. Wie bei den bankmäßigen Sicherheiten seien auch die von der Globalzession erfassten Forderungen vor ihrer Entstehung nicht hinreichend be-

---

389 Gemeint sind hier die nach Nr.13-15 AGB-Banken bestellten Sicherheiten, die regelmäßig der Bankgeschäftsbeziehung zu Grunde liegen. Dies sind abgedruckt bei *Ebenroth/Boujong/Joost*, HGB Kommentar Band 2, BankR I Rdnr.80.
390 Vgl. zu dieser Unsicherheit in der Literatur *Jacobi*, ZIP 2007, 2351 ff., *Leithaus/Riewe*, NZI 2006, 531 ff, *Brandt/Günther*, BKR 2006, 232 ff; *Lange/Reimann*, BKR 2006, 230 f; *Blum*, ZInsO 2007, 528f.;
391 BHZ 150, 122 (126) mit Anmerkung *Bruckhoff*, NJW 2002, 3304 f. und *Ringstmeier /Rigol*, EWiR 2002, 685 f.
392 Zum Pfandrecht der Banken siehe die Allgemeinen Geschäftsbedingungen der Banken Nr.13-15, abgedruckt bei *Ebenroth/Boujong/Joost*, HGB Kommentar Band 2, BankR I Rdnr. 80.
393 BGHZ 33, 389 f.; BGH NJW-RR 1993, 238 (240).
394 BGH WM 2005, 1790f. mit Anmerkung *Gundlach/Frenzel*, EWiR 2005, 899 f.
395 OLG Karlsruhe NZI 2006, 103 (104) mit ablehnender *Anmerkung Himmelsbach/Achsnick*, NZI 2006, 104 ff.. Zustimmend *Kirchhof*, WuB VI A. § 131 InsO 1.06.
396 OLG München NZI 2006, 530 (532) mit ablehnender Anmerkung *Leithaus/Riewe* NZI 2006, 531 f.
397 OLG Dresden WM 2006, 2095 (2096) mit Anmerkung *Neußner*, EWiR 05/06, 691 f.

stimmbar bzw. individualisiert, um die Kongruenz des Forderungserwerbs begründen zu können.

Die Obergerichte folgen einer in der Literatur[398] vertretenen Auffassung, wonach die Bestimmtheit des künftigen Vermögensobjekts für das Merkmal der Kongruenz eigenständig und nach dem besonderen Zweck des Merkmals der Kongruenz festzulegen sei.

Danach soll es nicht genügen, die Bestimmbarkeit an den Voraussetzungen für den Forderungsübergang gemäß § 398 BGB zu messen. Als Grund wird hierfür die unterschiedliche Zweckrichtung der Bestimmbarkeit angeführt. Eine Vereinbarung, welche die zukünftigen Forderungen nur bestimmbar beschreibt, könne nur genügen, um die später entstandene Forderung nach § 398 BGB ohne weitere Akte auf den Zessionar übergehen zu lassen. In dieser Hinsicht wirke die Vereinbarung auch (nur) frühestens ab der Entstehung der Forderungen ohne Rückwirkung auf den vorherigen Zeitraum. Ohne die tatsächliche Entstehung der Forderung würde eine solche Vereinbarung schließlich ins Leere gehen und keine Bedeutung haben.

Würde man für die Kongruenz ebenfalls die bloße Bestimmbarkeit genügen lassen, könnten sich einzelne Gläubiger frühzeitig auf „Vorrat" einen weitgehend anfechtungsfesten, vertraglichen Besicherungsanspruch an den noch nicht existierenden Vermögensgegenständen des potentiellen Schuldners einräumen lassen. Durch pauschale und umfassende Regelungen könne so das zukünftige Vermögen durch eine einfache schuldrechtliche Vereinbarung bereits Jahre vor der Insolvenz zu Gunsten einzelner Gläubiger weitgehend anfechtungsfest „verteilt" werden, ohne dass diese „Reservierung" des erst in Zukunft haftenden Vermögens für andere Gläubiger überhaupt erkennbar wäre. Diese Aushöhlung der künftigen Insolvenzmasse könne nur verhindert werden, wenn vor der Entstehung die Forderungen prinzipiell nicht bestimmt genug beschrieben werden könnte, um die Kongruenz der Sicherung noch vor der Entstehung der Forderung zu begründen.

d) Die Ansicht des BGH

Nach Auffassung des BGH sind jedoch die oben erwähnten bankmäßigen Sicherheiten nicht mit der Vorausabtretung künftiger Forderungen aus Lieferungen und

---

398 Vgl. zu dieser Argumentation *Kirchhof*, ZinsO 2004, 465 (467) sowie WuB VI A. § 131 1.06; MünchKomm-*Kirchhof*, § 131 Rdnr.39. Zum Zeitpunkt des Eintritts bzw. Vorliegens der Kongruenz: K/P-*Paulus*, § 131 Rdnr.5; MünchKomm-*Kirchhof*, § 131 Rdnr.20 für den Fall der nachträglichen Vereinbarung der Kongruenz. Dies ist auf die Entstehung der Forderung wegen der dann stattgefundenen Individualisierung zu übertragen.

Leistungen eines Unternehmens gegen seine Kunden zur Sicherung eines Darlehens zu vergleichen.

Die Kongruenz erfordere nicht, dass der Sicherungsanspruch auf bereits individualisierte Gegenstände gerichtet ist. Vor Entstehung genüge die bestimmbare Beschreibung, wobei auch Umschreibungen wie „...Forderungen gegen die Kunden A-Z..." genügen. Weitere Details zur Forderungen -wie etwa zur Höhe – müssen zur Begründung der Kongruenz nicht angegebenen werden, zumal diese nähere Konkretisierung vor der Forderungsentstehung auch überhaupt nicht möglich wäre. Nach der Sicherungsvereinbarung ist der Zedent planmäßig zur Begründung von künftigen Forderungen im Rahmen seiner Geschäftstätigkeit und zu Abtretung an den Zessionar verpflichtet. Der Zessionar könne die Einhaltung der Verpflichtung wegen der vereinbarten periodischen Übersendung von Forderungslisten auch kontrollieren und bei Verletzung der Abtretungsvereinbarung u.U. den Kreditvertrag kündigen. Außerdem würden bei der revolvierenden Globalzession mit Einziehungsermächtigung beide Parteien davon ausgehen, dass die weggefallenen Forderungen durch die in Zukunft neu entstehenden Forderungen ersetzt werden müssen.

Auch wäre die Inkongruenz der Globalzession mit der Folge der erleichterten Anfechtbarkeit wegen der damit verbundenen wirtschaftlichen Entwertung der Vorausabtretung als Sicherungsmittel im Interesse der Kreditversorgung der Wirtschaftsunternehmen nicht hinnehmbar.

II. Die selbständige Anfechtung des Werthaltigmachens

In seinem Grundsatzurteil begründet der BGH auch die selbständige Anfechtung des Werthaltigmachens als zweiten Anfechtungsgegenstand neben dem Forderungserwerb. Da die Anfechtungsvoraussetzungen auch für diesen zweiten Anfechtungsgegenstand nicht vorlagen, erfolgten erst in zwei Folgeentscheidungen[399] Präzisierungen zur Gläubigerbenachteiligung und zu den Rechtsfolgen einer solchen selbständigen Anfechtung.

1. Rechtshandlung und maßgeblicher Zeitpunkt

Als anfechtbare Rechtshandlung sieht der BGH die Vertragserfüllung durch den Zedenten an. Auf die konkrete Art der Erfüllung — etwa Herstellung eines Werkes, Übergabe der Kaufsache, Erbringung von Dienstleistungen oder durch sonstige Realakte — komme es nicht an. Entscheidend sei nur die dadurch eingetre-

---

[399] BGH NZI 2008, 236 ff; BGH ZIP 2008, 1435 ff..

tene Fälligkeit der Vergütung oder das Ausräumen der Einrede des § 320 BGB als Folge der Vertragserfüllung, so dass die vom Zessionar bereits erworbene Forderung Wert gewinnt. Die Erfüllung soll nur selbständig anfechtbar sein, wenn diese der Forderungsentstehung im gewissen zeitlichen Abstand nachfolgen. Diese selbständige Anfechtbarkeit der Vertragserfüllung könne auf die mit der Insolvenzordnung eingeführte Alternative des „Ermöglichens" der Sicherung gestützt werden, die nach der Gesetzesbegründung[400] die Anfechtung erweitern solle. Der für die Anfechtung maßgebliche Zeitpunkt nach § 140 Abs. 1 InsO soll bei der selbständigen Anfechtung der Vertragserfüllung der Eintritt der Werthaltigkeit der Forderung sein.

2. Kongruenz des Werthaltigmachens

Die Kongruenz des Werthaltigmachens soll nicht von einem besonderen Anspruch des Zessionars auf Erfüllung abhängen, sondern sich vielmehr nach der Kongruenz des zuvor erfolgten Forderungserwerbs richten. Nach der Sicherungsvereinbarung sei die Übertragung einer werthaltigen Sicherheit und nicht nur die Übertragung der Forderung als wertlose Hülle geschuldet. Daher müsse die Kongruenz von Forderungserwerb und Werthaltigmachen ebenfalls einheitlich beurteilt werden.

Gegen eine getrennte Bewertung der Kongruenz für Forderungserwerb und Werthaltigmachen würde auch die dann notwendige Differenzierung sprechen. Bei Abtretung sofort werthaltiger Forderungen würde bei der Globalzession eine kongruente Sicherung vorliegen, da in diesem Fall eine selbständige Anfechtung des Werthaltigmachens ausscheidet.[401] Fallen dagegen Forderungserwerb und Werthaltigmachen zeitlich auseinander, wäre letzteres als inkongruente Sicherung anfechtbar. Für eine solche Differenzierung zwischen der Globalzession von sofort werthaltigen bzw. erst nachfolgend werthaltigen Forderungen sei jedoch kein Grund zu erkennen. Außerdem würde bei Annahme des inkongruenten Werthaltigmachens die Globalzession genauso entwertet werden, wie durch die bereits abgelehnte Inkongruenz des Forderungserwerbs.

---

400 Zu den allgemeinen Erwägungen in der Gesetzesbegründung siehe BT-Drucks. 12/2443 S.157.
401 Der BGH betont im Grundsatzurteil (BGHZ 174, 297(310)), dass für die Anfechtung des Werthaltigmachens die Erfüllung der Forderungsentstehung zeitlich nachfolgen muss, die Forderung also nicht sofort werthaltig sein darf.

3. Gläubigerbenachteiligung

In der am gleichen Tag ergangenen Folgeentscheidung[402] geht der BGH auf die nach § 129 InsO für die Anfechtung erforderliche Gläubigerbenachteiligung bei der selbständigen Anfechtung ein. Diese allgemeine Anfechtungsvoraussetzung liegt begrifflich vor, wenn sich die Befriedigungsaussichten der Insolvenzgläubiger durch die Wirkungen der angefochtenen Rechtshandlung verringert haben.[403]

a) Hypothetische Betrachtung

Der BGH stellt für das Werthaltigmachen in einer hypothetischen Überlegung einen Bezug zu der bereits dargestellten Rechtsprechung[404] zu den Folgen der Erfüllungswahl nach § 103 InsO her. Wenn das Werthaltigmachen erst nach Insolvenzeröffnung und damit nach Erfüllungswahl gemäß § 103 InsO erfolgt wäre, hätte der Zessionar als Folge des „Qualitätssprungs" gemäß § 91 InsO die Forderung nicht erwerben können. Vielmehr wären die Forderung und damit der in ihr verkörperte Vermögenswert dann der Insolvenzmasse zugeflossen.

Durch das Werthaltigmachen vor Insolvenzeröffnung komme dagegen der Vermögenswert auf Grund der Abtretung allein dem Zessionar zu Gute. Das Werthaltigmachen vor der Insolvenzeröffnung würde so die Befriedigungsaussichten der Insolvenzgläubiger im Sinne der Gläubigerbenachteiligung beeinträchtigen.

b) Erweiterungen auf Arbeitsleistungen

Nach einem späteren Urteil[405] hat der BGH auch vom später insolventen Unternehmen finanzierte Arbeitsleistungen als anfechtbares Werthaltigmachen angesehen. Dies ist von großer praktischer Bedeutung, da die Erfüllungsleistungen häufig nicht nur in der Übertragung körperlicher Gegenstände bestehen, sondern die

---

402 BGH NZI 2008, 236 ff. mit Anmerkung *Homamn/Junghans*, EWiR 2008, 505 f.
403 Die Feststellung der Gläubigerbenachteiligung erfolgt nicht durch eine formal-rechtliche Betrachtung, sondern vielmehr durch eine wirtschaftliche Erfassung des Gesamtvorgangs. Zum Begriff der Gläubigerbenachteiligung vgl. MünchKomm-*Kreft*, § 129 Rdnr.36; K/P-*Paulus*, § 129 Rdnr.20; Uhlenbruck-*Hirte*, § 129 Rdnr.91. Dieses Begriffsverständnis bestand auch schon vor Inkrafttreten der Insolvenzordnung, so dass auch die Kommentierung zur KO herangezogen werden kann. Vgl. *Jaeger/Henckel*, § 29 KO Rdnr.100 ff.; *Kuhn/Uhlenbruck*, § 29 Rdnr. 25 ff..
404 Zum „Qualitätssprung" als Folge der Erfüllungswahl und der daraus resultierenden Forderungsabtretung ausführlich bereits auf Seite 94 ff.
405 BGH ZIP 2008, 1435f. mit Anmerkung *Dahl/Schmitz*, NZI 2008, 541.ff und *Eckardt*; dazu auch schon früher BGH NJW-RR 2004, 696f.

Wertschöpfung – wie bei Werkverträgen – auch durch Dienstleistungen durch die Arbeitnehmer des Unternehmens als Insolvenzschuldner erfolgt. Nach Auffassung des BGH hat der arbeitsvertragliche Anspruch auf die Dienste eines Arbeitnehmers einen vermögensrechtlichen Wert. Ohne die Forderungsabtretung und das Werthaltigmachen hätte der Vergütungsanspruch der Insolvenzmasse zugestanden.[406] Daher liege die Gläubigerbenachteiligung auch dann vor, wenn der Anspruch auf Arbeitsleistung §§ 613 S.2, 399 BGB, § 851 ZPO i.V.m. §§ 35, 36 InsO nicht in die Masse fällt.[407]

4. Rechtsfolgen der selbständigen Anfechtung des Werthaltigmachens

Die bisherigen Folgeentscheidungen[408] enthalten auch erstmals Vorgaben zum Rückgewährsanspruch nach § 143 InsO und damit zu den Rechtsfolgen der selbständigen Anfechtung des Werthaltigmachens.[409]

Nach Ansicht des BGH kann die Anfechtung des Werthaltigmachens gegenüber dem Zessionar und dem Vertragspartner des Zedenten geltend gemacht werden. Bei der Abtretung bestünden zwei unterschiedlich Rechtsverhältnisse zum Abnehmer als Vertragspartner und dem Zessionar als Forderungsgläubiger, wobei die angefochtene Vertragserfüllung als Doppelwirkung beide Rechtsverhältnisse in Form der Erfüllung bzw. des Werthaltigmachens berührt.[410] Der BGH bezeichnet den Abnehmer als Vertragspartner des Zedenten als „unmittelbaren" Leistungsempfänger", so dass der Zessionar wohl als „mittelbarer" Leistungsempfänger der Erfüllungsleistungen anzusehen sein soll. Hat eine Rechtshandlung eine solche Doppelwirkung, so könne der Insolvenzverwalter nach Ansicht des BGH gegenüber beiden Leistungsempfängern das Werthaltigmachen anfechten, da diese als Gesamtschuldner haften. Ein bestimmtes Vorrangverhältnis zwischen dem Zessionar und dem Abnehmer des Zedenten als Leistungsempfänger bestehe dagegen nicht. Daher könne allein der Zessionar in Anspruch genommen

---

406 Gemeint ist wohl die hypothetische Überlegung für den Fall der Abtretung bzw. des Werthaltigmachens erst nach Insolvenzeröffnung im Zusammenhang mit dem Erfüllungswahlrecht nach § 103 InsO (wie in der vorherigen Entscheidung). Anderenfalls würde es schließlich auch überhaupt keinen (ggf. werthaltigen) Vergütungsanspruch geben.
407 Zum Teil ablehnend *Eckardt* EWiR 2008, 689f. Wenn der Schuldner selbst die Arbeitsleistungen erbringt, soll die Anfechtbarkeit entfallen. Die hier betrachteten finanzierten Dienstleistungen eines Unternehmens als Insolvenzschuldner sollen jedoch auch nach *Eckardt* anfechtbar sein.
408 BGH NZI 2008, 236 f; und bestätigt in BGH ZIP 2008, 1435 (1437).
409 Im Grundsatzurteil selbst gab es dafür keinen Anlass, da bereits der Tatbestand der kongruenten Deckung nicht erfüllt war.
410 Zu dieser Doppelwirkung und die unterschiedlichen Rechtsverhältnisse bereits ausführlich die Beschreibung des Werthaltigmachens auf Seite 40 f.

werden, ohne dass die Anfechtung zuvor (oder gleichzeitig)[411] auch gegenüber dem Abnehmer geltend gemacht wurde.[412]

C. Stellungnahme zum Konzept des BGH entwickelten für die Anfechtung der Vorausabtretung

I. Die Anfechtung des Forderungserwerbs

1. Bargeschäft

Die Ablehnung des Bargeschäfts für die Vorausabtretung entgegen den Stimmen in der Literatur[413] überzeugt bereits an Hand der begrifflichen Argumentation des BGH mit den Vorraussetzungen für ein solches Bargeschäft.

Die Gewährung einer Kreditsicherheit ist nur dann als Bargeschäft anzusehen, wenn nach dem Inhalt der schuldrechtlichen Vereinbarung im engen zeitlichen Zusammenhang mit der Darlehensgewährung ein Sicherungsrecht einzuräumen ist und dies dann auch tatsächlich geschieht.[414]

Beide Voraussetzungen fehlen jedoch bei der Vorausabtretung in Form der revolvierenden Globalzession, die Gegenstand des Grundsatzurteils des BGH war.

Die zukünftigen Forderungen gehen hier erst mit ihrer späteren Entstehung – unter Umständen erst Jahre nach der Abtretungsvereinbarung und der bereits erfolgten Darlehensgewährung – auf den Zessionar über und sind vorher rechtlich noch nicht einmal existent. Von dem für ein Bargeschäft erforderliche Übertragung der Forderung im zeitlichen Zusammenhang mit der Darlehensgewährung kann daher keine Rede sein. Auch zielt bereits die schuldrechtliche Sicherungsvereinbarung bei der Vorausabtretung gerade darauf ab, nicht (nur) sofort bei der Darlehensgewährung bestehende Forderungen, sondern gerade auch erst Jahre später entstehende künftige Forderung zu übertragen.

---

411 Das würde der gesamtschuldnerischen Haftung nach § 421 BGB entsprechen.
412 Die gleichzeitige Geltendmachung gegenüber dem Abnehmer war vom Zessionar als Argument gegen seine eigene Haftung angeführt worden.
413 Für die Annahme des Bargeschäfts *Brandt/Günther*, BKR 2006, 232 (235); *Molitor*, ZinsO 2006, 23 (25), der ein „Sicherheitenkontokorrent" annimmt; s.a. *Furche* WM 2007, 1305 (1314); *Obermüller*, Bankpraxis, Rdnr. 6.102; *Kuder*, ZinsO 2006, 1065 (1069).
414 Zum Begriff des Bargeschäfts MünchKomm-*Kichhof*, § 142 Rdnr. 9, 10; HK-*Kreft* § 142 Rdnr.3; *Raschke*, Diss. S.45; *Meyer*, DZWIR 2003, 6f.; BGHZ 123, 320 (323) zur KO.

Das bloße „Stehenlassen"[415] des Darlehens über dessen Laufzeit führt nicht zu einer der Darlehensgewährung zeitlich nachfolgenden, erneuten Leistung des Zessionars, die für die Annahme eines Bargeschäfts notwendig ist. Auch die Überlassung einer existierenden Forderung an den Zedenten zur Einziehung kann nicht als Gegenleistung für die vereinbarungsgemäße Begründung neuer Forderung im Rahmen eines Bargeschäfts angesehen werden.[416] Es fehlt insoweit an der erforderlichen kausal verknüpften und vor allem gleichwertigen Gegenleistung, die für das Bargeschäft erforderlich ist.[417] Es ist bei Darlehensgewährung völlig offen, wann und mit welchem konkreten Inhalt (z.B. Fälligkeit und Bonität des Kunden) und in welcher Höhe bzw. Inhalt die neuen Forderungen begründet werden. Wie der BGH im Grundsatzurteil ausführt, liegt darin der Unterschied zur Kontokorrentverrechnung, bei der die Zahlungseingänge und Belastungen durch Verfügungen unter bestimmten Voraussetzungen als Bargeschäft zu Gunsten der kontoführenden Bank anzusehen sind. Die in das Kontokorrent eingestellten Forderungen als abstraktes Zahlungsversprechen (§ 780 BGB) bzw. die Belastungsbuchungen als Aufwendungsersatzansprüche haben als Zahlungsansprüche den gleichen Inhalt und sind sofort werthaltig bzw. fällig.[418] Die Forderungen unterscheiden sich beim Kontokorrent nur in der Höhe, so dass sich die verknüpften Leistungen für das Vorliegen eines Bargeschäfts wertmäßig leicht bestimmen lassen.[419]

2. Zur Frage der Kongruenz

Aus der Entscheidungsbegründung geht deutlich hervor, dass der BGH die Kongruenz vorrangig vor dem Hintergrund einer wirtschaftlichen Interessenabwägung begründet.[420] Erst anschließend wird das bereits gefundene Ergebnis der

---

415 Das Problem des Stehenlassens des Darlehens im Rahmen des Bargeschäft kann hier nicht vertieft werden. Vgl. dazu MünchKomm-*Kirchhof*, § 142 Rdnr. 13c; *Mitlehner*, ZIP 2007, 1925 (1930); BGH WM 1999,12 (14). Ein Bargeschäft nehmen dagegen an *Molitor*, ZinsO 2006, 23 (25); Zeller/Edelmann, BB 2007, 1461 (1463).
416 So argumentieren *Obermüller*, Bankrecht, Rdnr. 6.102; *Blum*, ZinsO 2007, 528 (530); *Furche*, WM 2007, 1305 (1314).
417 Zu den Voraussetzungen des Bargeschäfts vgl. MünchKomm-*Kirchhof*, § 142 Rdnr. 9; HK-*Kreft*; § 142 Rdnr.3; K/P-*Ehricke*, § 142 Rdnr.4f.
418 Zu den Einzelheiten der Kontokorrentverrechnung vgl. *Streit/Jordan*, DZWIR 2004, 411 (445); *Dampf*, KTS 1998, S.145 (149); BGHZ 150, 122 (131); BGH NJW 2001, 1650 (1651); BGH NJW 2003, 360 (362). *Wischemeyer*, Diss., S.85.
419 BGHZ 174, 297 (312f).
420 Die wirtschaftlichen Überlegungen des BGH zur Bedeutung der Globalzession nehmen mehrere Absätze in der Entscheidungsbegründung ein – BGH 174, 297 (308f.). Zur dogmatischen Bedeutung einer Wertungsentscheidung siehe auch *Canaris*, Systemdenken und Systembe-

Kongruenz durch die Festlegung der Anforderungen an die Bestimmtheit der kongruenzbegründenden Vereinbarung dogmatisch umgesetzt. Dazu wird das für die Kongruenz erforderliche Merkmal der Bestimmtheit des schuldrechtlichen Sicherungsanspruchs insolvenzspezifisch[421] festgelegt.

a) Die Kongruenz als Ergebnis einer Interessenabwägung

Die Feststellung der Kongruenz durch den BGH als Ergebnis einer Abwägung der wirtschaftlichen Interessen von Zessionar und den Insolvenzgläubigern wird besonders deutlich, wenn man das Bargeschäft gemeinsam im Kontrast zum Merkmal der Kongruenz betrachtet, auch wenn es sich dabei um sehr unterschiedliche Begriffe handelt.

Während das Bargeschäft die Deckungsanfechtung weitgehend ausschließt, würde die Inkongruenz im letzten Monat vor dem Insolvenzantrag einer automatischen Unwirksamkeit der Abtretung gleichkommen, da keine weiteren objektiven oder subjektiven Voraussetzungen erforderlich sind (§ 131 Abs.1 Nr.1 InsO).[422] Gerade die in diesem Zeitraum entstehende Forderungen sind allerdings nur für die Kreditsicherung interessant, da ältere Forderungen häufig bereits durch die Einziehung des Zedenten erloschen sind oder sonst nicht (mehr) – z.B. wegen Gewährleistung oder Zahlungsschwierigkeiten des Abnehmers – (ggf. wirtschaftlich) durchsetzbar sind.[423]

Sowohl die Annahme der Inkongruenz als auch die eines Bargeschäfts können für die Anfechtungsmöglichkeiten als Extreme verstanden werden. Jedes Extrem berücksichtigt nur einseitig und zu Lasten des jeweils Anderen die Interessen von Zessionar bzw. Insolvenzgläubiger.

Der BGH hat sich bei der Vorausabtretung in Form der revolvierenden Globalzession weder für das eine noch das andere Extrem, sondern für einen „Mittelweg" zwischen diesen Extremen entschieden. Dadurch werden die Anfechtungsrisiken wegen der Ablehnung des Bargeschäfts zu Lasten der Insolvenzmasse nicht vollständig ausgeschlossen, die bestehenden Risiken sind aber für

---

griff in der Jurisprudenz, S. 101 f. Kritisch zur Kongruenz als Ergebnis einer Wertungsentscheidung dagegen *Jacoby*, ZIP 2008, 385 (389).

421 Die Bestimmtheit als Merkmal der Kongruenz muss daher nicht zwingend mit der Bestimmtheit für den Übergang der Forderung nach § 398 BGB übereinstimmen.

422 Sonst muss das objektive Merkmal der Zahlungsunfähigkeit (§ 131 Abs. 1 Nr. 2 InsO) oder das subjektive Merkmal der Kenntnis der Gläubigerbenachteiligung (§ 131 Abs. 1 Nr. 3 InsO) hinzutreten.

423 Der BGH erwähnt im Grundsatzurteil, dass drei Monate vor dem Antrag nur 15 % der Forderungen werthaltig sind. Häufig dürfte der Vertragsschluss, die Leistungserbringung und auch die Vergütungszahlung innerhalb eines Monats erfolgt sein. Ausnahmen sind allerdings bei größeren Bauprojekten denkbar.

den Zessionar auf Grund der für die kongruente Deckung geforderten zusätzlichen objektiven und subjektiven Voraussetzungen begrenzt und überschaubar.[424] Es liegt in der Natur einer Wertungsentscheidung als Folge einer Interessenabwägung, dass der BGH mit einer anderen Gewichtung der gegensätzlichen Interessen auch durchaus zum gegenteiligen Ergebnis der Inkongruenz hätte kommen können.[425] So hätte der BGH auch die Gefahr der „Aushöhlung der Insolvenzmasse" durch einzelne Gläubiger im Vorfeld der Insolvenz stärker gewichten können, die nur mit der inkongruenten Deckungsanfechtung wirksam verhindert werden könnte.[426]

Dennoch ist der Interessenabwägung des BGH mit dem Ergebnis der Kongruenz — unter Ablehnung des Bargeschäfts — als „Mittelweg" zwischen den Extrempositionen zuzustimmen.[427] Den dafür vom BGH angeführten wirtschaftlichen Erwägungen des BGH ist nur noch hinzuzufügen, dass letztlich die Inkongruenz der Globalzession die Notwendigkeit und Rechtfertigung für die Zulassung der Verfügung über künftige Vermögensgegenstände als ein von Beginn an akzeptiertes Institut in Frage stellen würde. Die Vorausabtretung künftiger, noch nicht existierender Forderungen wurde gerade wegen der praktischen Bedürfnisse des Rechtsverkehrs zugelassen.[428] Würde man die Vorausabtretung für die Kreditsicherung durch die Annahme der Inkongruenz wirtschaftlich entwerten, entfiele die Bedeutung der Vorausabtretung für die Kreditsicherung und damit für einen bedeutenden Anwendungsbereich der Verfügung über künftige Forderungen als anerkanntes Rechtsinstitut im Allgemeinen.

b) Konstruktive Umsetzung der Wertungsentscheidung

Die Ermittlung der Kongruenz der Globalzession als Ergebnis einer Interessenabwägung lässt die Bedeutung der konstruktiven Begründung des BGH zurücktreten Dennoch müssen zumindest für die Rechtspraxis die Anforderungen an die

---

424 Vgl. „…berechtigte Interessen der Beteiligten berücksichtigende ausgewogene Gesamtlösung…" BGHZ 174, 297 (307).
425 Zur Problematik der Begründung von Wertungsentscheidungen *vgl. Larenz/Canaris*, Methodenlehre der Rechtswissenschaft, S.109 f.
426 Die Aushöhlung durch die Vorausabtretung bei Annahme der Kongruenz führt *Kirchhof*, ZInsO 2004, 465 (467) sowie WuB VI A. § 131 1.06 an. Vgl. auch MünchKomm-*Kirchhof*, § 131 Rdnr.39.
427 Dagegen generell für Inkongruenz *Mitlehner*, ZIP 2007, 1925 (1927f.) für die antizipierte Sicherungsübereignung.
428 Schon das Reichsgericht hat angeführt, dass Möglichkeit der Vorausabtretung noch künftiger Forderungen einem dringenden Verkehrsbedürfnis entspricht und die Vorausabtretung deswegen grundsätzlich zugelassen — RGZ 55, 334 (335).

Bestimmtheit einer kongruenzbegründenden Vereinbarung begrifflich festgelegt werden.

aa) Isolierte Betrachtung

Bei isolierter Betrachtung der Globalzession wäre dem BGH zuzustimmen, dass für eine kongruenzbegründende Vereinbarung die Bestimmbarkeit der künftigen Forderung für den Zeitpunkt ihrer Entstehung genügen kann. Diese Bestimmbarkeit würde sich nach den Voraussetzungen für den Forderungsübergang nach § 398 BGB richten und wäre daher für die Kreditsicherungspraxis bereits bekannt In der Insolvenzordnung lassen sich dem Wortlaut von §§ 130, 131 InsO auch keine nähere Vorgaben für die Kongruenz bei der Sicherung durch künftige Vermögensgegenstände entnehmen. Insbesondere besteht nicht das Erfordernis der bereits individualisierten und damit bereits existierenden Vermögensgegenstände.

bb) Abgrenzungskriterium zu den bankmäßigen Sicherheiten

Allerdings hat der BGH in der Entscheidungsbegründung ausdrücklich hervorgehoben, dass bankmäßige Sicherheiten an einzubringenden Vermögensgegenständen bzw. der Nachbesicherungsanspruch nach Nr. 13-15 AGB-Banken weiterhin als inkongruente Sicherung anzusehen sind.

Dadurch entsteht jedoch ein Abgrenzungsproblem[429] zur nunmehr regelmäßig als kongruent anzusehenden Globalzession. Schließlich kann kein Zweifel daran bestehen, dass auch die erwähnten bankmäßigen Sicherheiten ausreichend bestimmbar i.S.d. der Anforderungen für den Forderungsübergang nach § 398 BGB anzusehen sind. Die zivilrechtliche Wirksamkeit des antizipierten Verfügungsgeschäfts bei den bankmäßigen Sicherheiten wird vom BGH nicht Frage gestellt – auch diese sind für den Rechtsübergang im Fall der Einbringung bzw. Entstehung als hinreichend genau bezeichnet anzusehen.[430]

Für die unterschiedliche Behandlung der bankmäßigen Sicherheiten und der Globalzession muss ein neben die Bestimmbarkeit[431] der Forderung tretendes, zusätzliches Abgrenzungskriterium gefunden werden.

---

429 Dieses Abgrenzungsproblem sieht auch *Jacobi*, ZIP 2006, 2351 (2354 ff.) und sieht deshalb auch die Globalzession als inkongruente Sicherung an.
430 Dagegen lassen sich den bisherigen Entscheidungen des BGH keinerlei Anhaltspunkte entnehmen. Problematisch ist nur die Frage der Kongruenz.
431 Im Sinne der Anforderungen für den Rechtsübergang nach § 398 BGB.

Der BGH grenzt danach ab, ob der Zedent kraft Sicherungsvereinbarung gegenüber dem Zessionar verpflichtet ist, die bereits in Umrissen[432] beschriebenen künftigen Forderungen einzubringen und ob diese weitgehend seinem Einfluss durch schuldrechtliche Verpflichtungen entzogen sind. Deren mögliche Verletzung muss u.a. die Darlehenskündigung nach sich ziehen können, so dass die Einbringung schuldrechtlich gesichert ist. Diese Verpflichtung und die Abtretung künftiger Forderungen als andauernde Voraussetzung für die Darlehensgewährung und das „Stehenlassen" des Darlehens während des Sicherungszeitraums unterscheiden die Globalzession von den bei der Aufnahme einer Geschäftsbeziehung mit der Bank pauschal vereinbarten, bankmäßigen Sicherheiten. Dort steht es weitgehend im Ermessen des Darlehensnehmers bzw. es bleibt dem Zufall überlassen, ob die Sicherheit überhaupt eingebracht wird bzw. entsteht und damit auf die Bank übertragen wird. Bei der Globalzession hat der Zessionar hat auch Kontrollrechte über den Forderungsbestand, wenn der Zedent periodisch Zessionslisten vorlegen muss.[433] Dieses Abgrenzungsmerkmal der planmäßigen Begründung und Abtretung der Forderung als schuldrechtliche Pflicht[434], deren Nichterfüllung u.U. die Kündigung des Kreditvertrages nach sich ziehen kann, ist auch für die Anfechtungspraxis als ausreichend trennscharf anzusehen. Daher ist auch dem vom BGH gewählten Abgrenzungskriterium der Verpflichtung zur plangemäßen Einbringens der Forderung, welche durch drohende Sanktionen für den Fall der Verletzung gesichert ist, für die Anwendung in der Rechtspraxis zuzustimmen.[435]

---

432 Dafür genügt die Angaben „„.künftige Forderung aus Lieferung und Leistungen gegen die Kunden mit dem Buchstaben A-Z...".
433 Dies wird vom BGH in der Grundsatzentscheidung besonderes hervorgehoben – (BGHZ 174, 297 (305). Die Vorlagepflicht bzw. das Recht des Zessionars, Forderungslisten zu verlangen ist jedoch häufig g in jeder Sicherungsabtretung bei wechselndem Forderungsbestand enthalten. Ob es sich bei der Pflicht zur Übersendung der Forderungslisten um ein notwendiges Element zur Begründung der Kongruenz handelt, bleibt aber fraglich.
434 Zu diesem Abgrenzungsmerkmal auch *Kuder*, ZinsO 2006, 1065 (1067).
435 *Heinze*, DZWIR 2008, 185 (187) fordert dagegen noch die bestehende Einziehungsermächtigung. Dafür lassen sich aber in der Grundsatzentscheidung des BGH keine Anhaltspunkte finden. Anderenfalls müsste man bei der Vorausabtretung weiter zwischen stiller (mit Einziehungsermächtigung) und offener Abtretung mit Einziehung durch den Zessionar unterscheiden. Die Kongruenz kann davon jedoch nicht abhängen, zumal die Einziehungsbefugnis bei Abwicklungsstörungen entfällt bzw. widerrufen werden kann. Im Sicherungsfall würde dann aus der bis dahin kongruenten Abtretung auf Grund des Wegfalls der Einziehungsermächtigung eine inkongruente.

c) Berücksichtigung der weiteren Umstände der Vorausabtretung für die Feststellung der Kongruenz

Als Folge der Rechtsprechung des BGH zur Kongruenz kann nur noch die zivilrechtliche Wirksamkeit ohne Rücksicht auf die näheren Umstände der Vorausabtretung einheitlich bestimmt werden. Die bestimmbare Forderungsbezeichnung genügt auch im Fall von pauschalen AGB-Vereinbarungen, um die Forderung gemäß § 398 BGB mit Entstehung auf den Zessionar übergehen zu lassen.

Die Frage der Kongruenz für die Anwendung der Anfechtungstatbestände kann jedoch nur unter Berücksichtigung der näheren Umstände und des wirtschaftlichen Hintergrundes der Vorausabtretung beurteilt werden. Nur wenn der Zedent zur Begründung der zukünftigen Forderung und deren Abtretung durch Vereinbarung verpflichtet ist und mit Sanktionen für den Fall der Nichterfüllung rechnen muss, ist von Kongruenz auszugehen. Die Berücksichtigung weiterer Umstände neben der zivilrechtlichen Wirksamkeit für die Feststellung der Kongruenz entspricht dem haftungsrechtlichen Verständnis des Insolvenzrechts[436], insbesondere in der Insolvenzanfechtung. Trotz zivilrechtlicher Wirksamkeit kann sich die haftungsrechtliche Unwirksamkeit in Form der kongruenten Sicherung nach zusätzlichen Kriterien – wie vom BGH im Einzelnen ausgeführt – bestimmen.

II. Kritik an der selbständigen Anfechtung des Werthaltigmachens nach dem Konzept des BGH

Dem BGH ist nur insoweit zuzustimmen, als das zeitliche Auseinanderfallen von Entstehung und Werthaltigkeit der Forderung in der Insolvenzanfechtung besonders berücksichtigt werden muss. In systematischer bzw. dogmatischer Hinsicht ist auch der hergestellte Bezug zur Anfechtung des Werthaltigmachens einer Aufrechnungslage überzeugend. Auch wenn zwischen der Aufrechnung und Abtretung erhebliche Unterschiede bestehen, ähneln sie sich in der Frage des Werthaltigmachens, da sich in beiden Fällen der Gläubiger zunächst nur eine formale, aber wertlose Rechtsposition[437] verschafft, die erst durch die Vertragserfüllung des späteren Schuldners werthaltig wird und auch erst dann die Insolvenzgläubiger beeinträchtigen kann. Nachfolgend soll betrachtet werden, ob die Erfassung des zeitlich nachfolgenden Werthaltigmachens durch die vom BGH entwickelte

---

436 Zu diesem haftungsrechtlichen Verständnis vgl. *Häsemeyer*, Insolvenzrecht Rdnr. 1.11 ff.
437 Gemeint ist die Aufrechnungslage bzw. Forderungshülle als formale Rechtsposition.

selbständige Anfechtung der Vertragserfüllung bei der Abtretung überzeugen kann.

1. Die Erfüllungsleistungen als selbständig anfechtbare Rechtshandlung mit „Doppelwirkung"

Die anfechtungsrechtliche Anknüpfung an die Erfüllungsleistungen, wenn diese der Forderungsentstehung zeitlich nachfolgen, kann inhaltlich nicht überzeugen.

Zunächst ist kein Grund ersichtlich, weshalb der BGH gerade die Erfüllungsleistungen als selbständig anfechtbare Rechtshandlung hervorhebt. Im Rahmen der Deckungsanfechtung ist es unerheblich, ob die anfechtbare Rechthandlung vom Schuldner oder von einem Dritten vorgenommen wurde, wie sich im Umkehrschluss zu § 133 InsO ergibt.[438] Darüber hinaus wird die Rechtshandlung wegen des haftungsrechtlichen Charakters der Anfechtung weniger von der Handlung, sondern viel mehr von den durch sie ausgelösten Folgen bestimmt, eine nähere Umschreibung ist daher weder möglich noch nötig.[439]

Die Vertragserfüllung zeigt jedoch – wie auch der BGH hervorhebt – eine Doppelwirkung als Erfüllung des Absatzvertrages mit der Folge des Erlöschens (§362 BGB) gegenüber dem Abnehmer und der Folge des Werthaltigmachens durch die Ausräumung der Einrede des § 320 BGB gegenüber dem Zessionar.[440]

Diese Doppelwirkung der Vertragserfüllung schließt jedoch die Möglichkeit der Beschränkung der Anfechtung auf das Ausräumen der Einrede des § 320 BGB und damit auf das Werthaltigmachen der abgetretenen Forderung nicht aus. Die „Doppelwirkung" der Vertragserfüllung ist nach hier vertretenem Verständnis auch kein Problem des anfechtungsrechtlichen Rückgewährsanspruchs als Rechtsfolge der Anfechtung.[441] Vielmehr ist dies bereits ein Problem der genauen Festlegung des Anfechtungsgegenstandes und der Rechtshandlung nach den von ihr ausgelösten Wirkungen.

Im Zusammenhang mit dem Werthaltigmachen einer Aufrechnungslage beschränkt der BGH den Anfechtungsgegenstand von vornherein auf einzelne abtrennbare Wirkungen und begrenzt so den Anfechtungsgegenstand.[442] So bildet

---

438 § 133 InsO verlangt eine Rechtshandlung des Schuldners. *Henckel, in:* Insolvenzrecht im Umbruch, S. 239 (240 f.), schlägt deshalb vor, im Rahmen der Deckungsanfechtung – von § 129 InsO abweichend – auf den Begriff der Rechtshandlung vollkommen zu verzichten.
439 Vgl. zum Begriff der Rechtshandlung nur *Häsemeyer,* Insolvenzrecht Rdnr.21.29; K/P-*Ehricke,* § 129 Rdnr. 35 m.w.N.
440 Zu dieser Doppelwirkung der Vertragserfüllung vgl. auch bereits die Ausführungen auf Seite 40 ff.
441 Vgl. zum vom BGH angenommenen Gesamtschuldverhältnis die Ausführungen auf S. 155 f.
442 Vertragsschluss und Vertragserfüllung mit der Folge des Werthaltigmachens sind bei der Aufrechnung ebenfalls abtrennbare Anfechtungsgegenstände bzw. anfechtbare Wirkungen vgl.

bei der Aufrechnung nur die werthaltig gewordene Aufrechnungslage den Anfechtungsgegenstand. Der forderungsbegründende Vertrag und dessen Erfüllung selbst bleiben dagegen von der Anfechtung der Aufrechnungslage unberührt. Deshalb ist die Vertragserfüllung selbst nicht Gegenstand der Anfechtung und Fragen der Rückgewähr der Erfüllungsleistungen stellen sich auch im Zwei-Personen-Verhältnis der Aufrechnung nicht. Dies wird besonders daran deutlich, dass die Erfüllungshandlung bei der Aufrechnung eine kongruente Deckung in Form der Befriedigung darstellen soll, während die Herstellung der Aufrechnungslage als inkongruente Deckung anzusehen ist.[443]

Bei der Aufrechnung können die Wirkungen der Rechtshandlung sogar hinsichtlich einer Person beschränkt werden. Dann sollte eine solche Beschränkung erst recht möglich sein, wenn die abtrennbaren Wirkungen einer Rechtshandlung gegenüber zwei verschiedenen Personen und in unterschiedlicher Alternativen der Deckung — Erfüllung gegenüber dem Abnehmer und Sicherung gegenüber dem Zessionar — eintreten. Daher sollten die angefochtenen Wirkungen der Vertragserfüllung allein auf das Werthaltigmachen der Forderung in der Hand des Zessionars und auf das mit ihm bestehende Rechtsverhältnis beschränkt werden. Die Anfechtung erfasst dagegen nicht auch den Vertragsschluss und die Vertragserfüllung gegenüber dem Abnehmer des Zedenten.

Auch in der Literatur[444] wird z.T. vertreten, dass die Anfechtung auf das Werthaltigmachen als abtrennbare Wirkung der Erfüllung gegenüber dem Zessionar begrenzt werden kann. Dazu werden die Grundsätze der Anfechtung für die unterschiedlichen Beziehungen innerhalb von Dreiecksverhältnissen angeführt.

Hält der BGH an der Notwendigkeit der selbständigen Anfechtung des Werthaltigmachens neben der Anfechtung des Forderungserwerbs fest, sollte entgegen dem jetzigen Konzept nicht die Vertragserfüllung mit ihren doppelten Wirkungen gegenüber Abnehmer und Zessionar, sondern nur die (eine) Wirkung des Werthaltigmachens der Forderung in der Hand des Zessionars als Anfechtungsgegenstand festgelegt werden.

BGH ZIP 2000, 2207 (2210); BGHZ 147, 233 (240) mit Anmerkung *Wagner*, EWiR 2001, 883f.

443 BGH ZIP 2000, 2207 (2210); BGHZ 147, 233 (240) mit Anmerkung *Wagner*, EWiR 2001, 883f.

444 *Kirchhof,* in: Festschrift Uhlenbruck, S.269 (277). MünchKomm-*Kirchhof,* § 143 Rdnr.18; K/P-*Paulus,* § 129 Rdnr.14; *Beiner/Luppe,* NZI 2005, 15(21). *Gerhardt,* in: Gedächtnisschrift für Knobbe-Keuk, Fn.29 (S.181).

2. „Abhängige" Kongruenz

Es erscheint widersprüchlich bei der Rechtshandlung auf die Vertragserfüllung abzustellen, in der entscheidenden Frage der Kongruenz dieser Vertragserfüllung jedoch einen Anspruch auf Übertragung der (werthaltigen) Forderung als Sicherheit anzuführen. Wenn die Vertragserfüllung tatsächlich gegenüber dem vorausgegangenen Vertragsschluss eine selbständig anfechtbare Rechtshandlung[445] darstellt, müsste konsequent die Kongruenz des Werthaltigmachens dann ebenfalls selbständig ermittelt werden. Der Anspruch auf Übertragung einer (werthaltigen) Sicherung aus der Sicherungsvereinbarung kann entgegen der Auffassung des BGH nicht herangezogen werden. Der BGH hat sich selbst auf die Vertragserfüllung als Anfechtungsgegenstand festgelegt, die Überlegungen zur Übertragung der Forderung auf Grund der Sicherungsvereinbarungen können deshalb nicht herangezogen werden.[446] Einen Anspruch auf die Vertragserfüllung besitzt allerdings nur der Abnehmer als Vertragspartner des Zedenten, nicht jedoch der Zessionar.

Wegen der Vermischung der unterschiedlichen Rechtsverhältnisse für die Bestimmung der Kongruenz kann die vom BGH betonte Selbständigkeit der Erfüllungsleistungen als anfechtbare Rechtshandlung nicht überzeugen. Vielmehr wird deutlich, dass letztlich wohl auch der BGH ausschließlich die Wertsteigerung der abgetretenen Forderung in der Hand des Zessionars und nicht die Vertragserfüllung als Anfechtungsgegenstand ansieht. Dadurch wird nochmals die Notwendigkeit der genauen Erfassung des Werthaltigmachens durch die präzise Festlegung des Anfechtungsgegenstandes unterstrichen.[447]

3. Das Werthaltigmachen als „Ermöglichen" der Sicherung

Die Vertragserfüllung mit der Folge der Werthaltigkeit der Forderung soll die Handlungsalternative des „Ermöglichen" der Sicherung gemäß §§ 130, 131 InsO erfüllen. Der BGH führt dazu die nach der Gesetzesbegründung beabsichtigte Erweiterung der Anfechtungsmöglichkeiten an.

---

445 Dies wird vom BGH ausdrücklich hervorgehoben vgl. BGHZ 174, 297 (301).
446 So auch *Kirchhof*, in: Festschrift für Uhlenbruck, S.269 (277); *Beiner/Luppe*, NZI 2005, 15 (22). *Gerhardt*, in: Gedächtnisschrift für Knobbe-Keuk, S.169 (178) und *Obermüller*, Bankrecht, Rdnr.6.103c (S.957) gehen auf die für den Erfolg eines Anfechtungsprozesses entscheidende Frage der Kongruenz des Werthaltigmachens bei der selbständigen Anfechtung nicht ein.
447 Vgl. dazu im Abschnitt zuvor (s.o.). Eine Alternative wird im Anschluss zu dieser Kritik vorgestellt.

Tatsächlich sollen nach der Gesetzesbegründung mit der Alternative „Ermöglichen" Vorbereitungshandlungen erfasst werden, die zwar noch nicht zu einer Deckung des Gläubigers geführt haben, jedoch in der Folge zu einer solchen führen können.[448] Voraussetzung für die Anfechtung ist jedoch in jedem Fall die später auch tatsächlich erfolgende Sicherung, da anderenfalls die Gläubigerbenachteiligung als allgemeine Anfechtungsvoraussetzung gemäß § 129 InsO fehlen würde.[449] Als Beispiele für diese Vorbereitungshandlungen werden das Anerkenntnis (§ 307 ZPO), die Unterwerfung unter die Zwangsvollstreckung (§ 794 Abs.1 Nr.5 ZPO) und das Nichtbestreiten anspruchsbegründender Tatsachen durch den Schuldner als Beklagten (§ 138 Abs.3 ZPO) genannt.

Die in der Gesetzesbegründung genannten Beispiele lassen sich jedoch nicht mit der Vorausabtretung und der zeitlich nachfolgenden Vertragserfüllung vergleichen. Hier dürfte der bereits frühzeitige Abschluss der Vorausabtretungsvereinbarung eine Vorbereitungshandlung darstellen. Auch der spätere Erwerb der Forderung verschafft dem Zessionar nur eine formale, wegen § 320 BGB jedoch nicht durchsetzbare Rechtsposition und kann ebenfalls als weitere Vorbereitungshandlung angesehen werden. Letztlich führt erst die Vertragserfüllung — als zeitlich letzter Schritt — zu einer werthaltigen Sicherung für den Zessionar i.S.v. §§ 130, 131 InsO.

Hinzu kommt, dass das Problem der anfechtungsrechtlichen Berücksichtigung des Werthaltigmachens – sowohl im Fall der Aufrechnung als der Abtretung – bereits unter der Konkursordnung in der Literatur aufgeworfen und diskutiert worden ist.[450] Die Konkursordnung sah jedoch die vom BGH herangezogene Alternative des „Ermöglichens" im Wortlaut der Deckungsanfechtung gemäß §§ 30, 31 KO gerade nicht vor.

Die Anfechtbarkeit des Werthaltigmachens kann entgegen der Auffassung des BGH daher nicht von der mit der Insolvenzordnung geschaffenen Alternative des „Ermöglichens" im Wortlauf von §§ 130, 131 InsO abhängen.[451]

---

448 Vgl. die amtliche Begründung der Bundesregierung zu § 145 InsO des Entwurfs einer Insolvenzordnung, BT Drucks. 12/2443 S.157.
449 Auch K/P-*Paulus*, § 131 Rdnr.6 verzichtet nur auf die hier nicht notwendige unmittelbare Gläubigerbenachteiligung. Eine mittelbare – d.h. wenigstens später eintretende – Gläubigerbenachteiligung ist nach der Grundvorschrift des § 129 InsO jedoch immer notwendig.
450 *Gerhardt*, in: Gedächtnisschrift für Knobbe-Keuk, 169, (178), behandelt das Problem des Werthaltigmachens unter den Anfechtungstatbeständen der Konkursordnung.
451 So ausdrücklich für den Fall des Werthaltigmachens künftiger Forderungen Jaeger-*Henckel*, § 130 Rdnr. 17. Das OLG Dresden ZIP 2005, 2167 (2168) sieht im Ermöglichen allenfalls eine zusätzliche, jedoch nicht unbedingt notwendige Voraussetzung für die selbständige Anfechtung des Werthaltigmachens. AA. *Kirchhof*, in: Festschrift für Uhlenbruck S. 269 (275 ff.), der das Werthaltigmachen als ein Beispiel für das „Ermöglichen" anführt; ebenso K/P-*Schoppmeyer*, § 130 Rdnr. 40.

4. Verhältnis zur Anfechtung des Forderungserwerbs

Offen bleibt auch das Verhältnis der vom BGH angenommenen selbständigen Anfechtung des Werthaltigmachens zur ebenfalls möglichen Anfechtung des Forderungserwerbs. In den häufigsten Fällen werden die beiden Anfechtungsmöglichkeiten parallel bestehen, da die Forderungen innerhalb des 3-Monatszeitraums entstehen und auch werthaltig werden.[452] Bei sicherungsabgetretenen Forderungen hat der Insolvenzverwalter ohne Rücksicht auf die Anfechtbarkeit die Verwertungsbefugnis[453] zur Einziehung der Forderung gemäß § 166 Abs. 2 InsO und könnte den Erlös für die Masse vereinnahmen.

Im Fall der Anfechtbarkeit des Forderungserwerbs, könnte der Verwalter dem Zessionar die Einrede der Anfechtbarkeit gemäß § 146 Abs. 2 InsO entgegenhalten, wenn dieser die Herausgabe des Netto-Erlöses nach § 170 Abs.1 S.2 InsO verlangt.

Daneben wäre nach dem BGH auch noch die selbständige Anfechtung des Werthaltigmachens möglich wenn auch diese in die Drei-Monatsfrist der §§ 130, 131 InsO fällt, da diese gegenüber der Anfechtung des Forderungserwerbs selbständig sein soll. Da der Wert der Vertragserfüllung jedoch nur einmal erarbeitete wurde, kann dieser entweder durch die Anfechtung des Forderungserwerbs oder durch die selbständige Anfechtung des Werthaltigmachens nicht aber „doppelt" abgeschöpft werden.

Hier wäre das vom BGH entwickelte Konzept noch zu präzisieren, so dass das Werthaltigmachen nur dann selbständig anfechtbar ist, wenn es dem Forderungserwerb zeitlich nachfolgt und die Anfechtung der Forderungserwerbs ausgeschlossen ist oder jedenfalls nicht vom Insolvenzverwalter geltend gemacht wird. Die selbständige Anfechtung des Werthaltigmachens dürfte deshalb nur subsidiären bzw. oder elektiven Charakter gegenüber der Anfechtung des Forderungserwerbs haben. Die Notwendigkeit einer solchen Beschränkung folgt letztlich aus der ungenauen Erfassung der Problematik des Werthaltigmachens durch die Trennung von Forderungserwerb und Werthaltigmachen.

5. Rechtsfolgen der selbständigen Anfechtung des Werthaltigmachens

Nach dem Konzept des BGH ergeben sich bei der selbständigen Anfechtung des Werthaltigmachens auch Probleme bei der Bestimmung des anfechtungsrechtli-

---

452 Längere Erfüllungszeiträume nach Forderungsentstehung sind nur bei größeren Bauprojekten denkbar.
453 Vgl. zur Verwertungsbefugnis bei sicherungsabgetretenen Forderungen schon die Ausführungen auf Seite 46f.

chen Rückgewährsanspruchs nach § 143 InsO. Der BGH hat hierfür allerdings bisher nur eine gesamtschuldnerische Haftung von Zessionar und dem Abnehmer als Vertragspartner des Zedenten hervorgehoben. Auf die für die Anfechtungspraxis besonders bedeutsamen Berechnungsdetails des Rückgewährsanspruchs als Folge der selbständigen Anfechtung ist der BGH – anders als das OLG Dresden[454] – bisher noch nicht eingegangen.

a) Inhalt und Verpflichteter des Rückgewährsanspruchs

Nach dem Wortlaut des § 143 Abs.1 InsO sind die Gegenstände zurückzugewähren, die aus der Insolvenzmasse veräußert bzw. weggegeben wurden. Konsequent müsste man daher bei der selbständigen Anfechtung des Werthaltigmachens die Gegenstände und Leistungen, mit denen der Absatzvertrag erfüllt wurde, als Rückgewährsgegenstand ansehen. Diese sind der (späteren) Insolvenzmasse i.S.v. § 143 InsO verloren gegangen.[455]

Schuldner des Rückgewährsanspruchs ist der Empfänger der veräußerten bzw. weggegebenen Gegenstände, zu dessen Gunsten der Erfolg der angefochtenen Rechtshandlung auf Kosten des Schuldnervermögens eingetreten ist.[456] Das wäre in jedem Fall der Abnehmer, der auch vom BGH als „unmittelbarer" Leistungsempfänger angesehen wird.

Für die selbständige Anfechtung des Werthaltigmachens bei der Vorausabtretung ist jedoch das Verhältnis zum Zessionar und dieser als Anfechtungsgegner entscheidend.[457]

Hier ist bereits problematisch, welchen Gegenstand der Zessionar aus der Masse empfangen hat.

Da die konkreten Gegenstände und Leistungen der Vertragserfüllung nicht verdoppelt werden können, hat der Zessionar wohl nur deren Vermögenswert in der abgetretenen Forderung und damit die Erfüllungsleistungen in diesem Sinne „mittelbar" erhalten. Präziser könnte man formulieren, der Zessionar hat die Wertschöpfung in der von ihm bereits erworbenen Forderung empfangen und muss diese wieder zurückgewähren. Eine solche Bestimmung des empfangenen Gegenstandes und damit auch des Rückgewährsanspruchs führt wieder zurück auf die bereits mehrfach angesprochene Problematik der Festlegung des Anfech-

---

454 OLG Dresden ZIP 2005, 2167 f. mit Anmerkung *Neußner,* EWiR 05/06, 691 f.
455 So argumentieren auch *Beiner/Luppe*, NZI 2005, 15 (22);
456 MünchKomm-*Kirchhof*, § 143 Rdnr. 5; ähnlich Uhlenbruck-*Hirte*, § 143 Rdnr.42.
457 Trotz des nach Auffassung der BGH bestehenden „Gesamtschuldverhältnisses" ist nach den bisherigen Entscheidungen stets der Zessionar und nicht der Abnehmer des Zedenten vom Insolvenzverwalter in Anspruch genommen worden.

tungsgegenstandes hinsichtlich des Werthaltigmachens.[458] Würde man — wie oben vorgeschlagen — nur das Werthaltigmachen der Forderung als Anfechtungsgegenstand ansehen und nicht die Vertragserfüllung mit ihren umfassenderen Auswirkungen, könnte der Rückgewährsgegenstand ohne die zusätzliche Problematik des „unmittelbaren" und „mittelbaren" Empfängers der Erfüllungsleistungen erfasst werden.

b) Das Gesamtschuldverhältnis von Zessionar und Abnehmer

Da der BGH jedoch den Anfechtungsgegenstand nicht von vornherein nur auf das Werthaltigmachen der Forderung beschränkt, bleibt das Problem der weiteren Auswirkungen der Insolvenzanfechtung auf die Vertragserfüllung im Verhältnis zwischen dem Zedenten und dem Abnehmer als seinem Vertragspartner bestehen. Hieran wird deutlich, dass nach dem Verständnis des BGH nicht (nur) die Wertsteigerung der Forderung in der Hand des Zessionars, sondern die konkrete Vertragserfüllung, die sich als Erfüllung gegenüber dem Abnehmer auswirkt, angefochten wird. Diese letztlich jedoch für den Anfechtungsprozess „unerwünschte" Folge der Auswirkung auch gegenüber dem Abnehmer kann vom BGH nur durch die Annahme eines Gesamtschuldverhältnisses[459] als „Notlösung"[460] zwischen dem Abnehmer des Zedenten und dem Zessionar behoben werden. Danach kann der Insolvenzverwalter die Anfechtung entweder gegenüber dem Abnehmer oder dem Zessionar geltend machen, ohne dass ein bestimmtes Vorrangverhältnis bestehen soll.

In seiner Entscheidungsbegründung verweist der BGH jedoch nur auf seine Rechtsprechung zu den Doppelwirkungen einer Leistung. Damit verbundene weitere Einzelheiten – wie etwa die Notwendigkeit eines Gesamtschuldnerausgleichs im Innenverhältnis zwischen dem Abnehmer und dem Zessionar bleiben offen.[461]

Die Annahme des Gesamtschuldverhältnisses vermeidet zwar, dass sich der Insolvenzverwalter auf die Geltendmachung gegenüber dem Abnehmer des Ze-

---

458 Siehe oben unter a) auf Seite 149.
459 Für das Gesamtschuldverhältnis verweist der BGH auf ein reichsgerichtliches Urteil RGZ 117, 86 (88) und seine frühere Rechtsprechung BGH NJW 1999, 3046 (3047).
460 Der Zessionar hatte in der Revision gegen das Anfechtungsverlangen des Insolvenzverwalters eingewendet, dieser müsse zunächst den Vertragspartner des Zedenten auf Herausgabe der Erfüllungsleistungen in Anspruch nehmen — BGH NZI 2008, 236 (237). Der BGH musste ein Gesamtschuldverhältnis einführen, um diese Einwendung des Zessionars auszuschließen.
461 Kritisch zur Annahme eines Gesamtschuldverhältnisses auch *Cranshaw*, DZWIR 2008, 221 (225) unter IV, der sich auch mit den Entscheidungen auseinandersetzt, die der BGH für seine Annahme anführt (Nachweise siehe Fn. 459).

denten als unmittelbaren Leistungsempfänger verweisen lassen muss, geht jedoch am Kern des Werthaltigmachens[462] vorbei. Dieser besteht nur in dem Vermögenszuwachs der Forderung in der Hand des Zedenten zu Lasten der späteren Insolvenzgläubiger. Deshalb sollte sich die Anfechtung von vornherein auf das Werthaltigmachen der Forderung in der Hand des Zessionars beschränken und nicht auch noch die Vertragserfüllung gegenüber dem Abnehmer des Zedenten erfassen. Das vom BGH angenommene Gesamtschuldverhältnis zwischen dem Zessionar und dem Abnehmer ist dann entbehrlich.[463]

c) Eingriff in die Risikoverteilung und Berechnungsdetails

Das Konzept des BGH, nach dem der Zessionar neben dem Abnehmer „mittelbarer" Empfänger der Erfüllungsleistungen ist, führt auch zu einer Verlagerung des Insolvenzrisikos. Diese Verlagerung tritt ein, wenn nach der Vertragserfüllung durch den Zedenten der Abnehmer selbst in finanzielle Schwierigkeiten gerät, der Zedent also – wie gerade für Werkverträge[464] typisch – selbst vorgeleistet hat.

Der zahlungsunfähige oder auch zahlungsunwillige Abnehmer hat dann zwar „unmittelbar" die Erfüllungsleistungen vom Zedenten erhalten und die spätere Insolvenzmasse ist dadurch auch tatsächlich verkürzt worden. Die Forderung des Zessionars ist jedoch in diesem Fall trotz Werthaltigmachens als Folge der Erfüllung bei wirtschaftlicher Betrachtung dennoch nicht werthaltig. Sieht der BGH den Zessionar auch in diesem Fall als „mittelbaren" Leistungsempfänger an, der zur Rückgewähr verpflichtet ist, würde letztlich dieser das Insolvenzrisiko tragen, das aus dem Vertragsverhältnis zwischen Zedent und Abnehmer stammt. Außerhalb der Insolvenz folgt daraus für den Zessionar jedoch keine Haftung, allenfalls ist die erworbene Forderung für den Zessionar dann nicht gegen den Abnehmer durchsetzbar und wertlos.

In der Insolvenz des Zedenten droht jedoch dann die Überwälzung des Insolvenzrisikos aus dem Absatzvertrag in Form einer zusätzlichen Rückgewährsverpflichtung für „mittelbar" empfangene Erfüllungsleistungen. Dies würde auch der Wertung des § 143 Abs.2 S.2 InsO widersprechen. Danach entfällt die Haftung bei einer Wertminderung des empfangenen Gegenstandes ohne eigenes Verschulden des Anfechtungsgegners (§§ 292, 987 Abs. 2, 989 BGB).[465] Das finan-

---

462 Zum Kern des Werthaltigmachens als Vermögenszuwachs der abgetretenen Forderung vgl. auch die Ausführungen unten auf Seite 158f.
463 Siehe zur genauen Festlegung des Anfechtungsgegenstandes oben unter 1. (S. 149 f.).
464 Die Fälligkeit der Vergütung setzt beim Werkvertrag grds. die Abnahme (§ 641 BGB) und damit die vorherige Erfüllung durch den Unternehmer voraus.
465 Denkbar wäre als weitere „Notlösung" nicht an den Wert der Erfüllungsleistungen anzuknüpfen, die der späteren Masse verloren gegangen sind, sondern an die Wertsteigerung der Forde-

zielle Unvermögen bzw. die Zahlungsunwilligkeit des Abnehmers als Dritten kann nicht der Risikosphäre oder dem Verschulden des Zessionars zugerechnet werden.

Daneben wird in der Literatur[466] zutreffend auf das Problem der genauen Ermittlung des Rückgewährsanspruchs hingewiesen, welches mit der zuvor dargestellten Verlagerung des Insolvenzrisikos auf den Zessionar zusammenhängt. Danach kommt es darauf an, ob die Höhe des Rückgewährsanspruchs durch den „Wertschöpfungserfolg" in der Forderung zu Gunsten des Zessionars begrenzt ist oder ohne Einschränkung dem Wert der verbrauchten Mittel der späteren Insolvenzmasse entspricht.[467] Das Problem wird relevant, wenn der Wert der Forderung durch Gewährleistungsrechte bzw. eine unwirtschaftliche Kalkulation des Zedenten unter dem Wert der für die Erfüllung verbrauchten Mittel liegt. Wie im zuvor dargestellten Insolvenzrisiko kann daraus ohne eine korrigierende Begrenzung[468] für den Zessionar eine — außerhalb der Insolvenz nicht bestehende — Ausfallhaftung für das wirtschaftliche Risiko des Zedenten entstehen.

Die Notwendigkeit einer Korrektur dieser unerwünschten Ergebnisse spricht ebenfalls gegen Folgerichtigkeit der selbständigen Anfechtung des Werthaltigmachens nach dem Konzept des BGH.

III. Die Anfechtung des Forderungserwerbs als Alternative zur selbständigen Anfechtung nach dem Konzept des BGH

Die zuvor dargestellte Kritik an den mit dem Konzept des BGH verbundenen Folgeproblemen wiegt umso schwerer, als die aufgezeigten konstruktiven Schwächen und Widersprüche nach hier vertretener Auffassung entfallen würden, wenn das Werthaltigmachen nur als eine Besonderheit innerhalb der Anfechtung des Forderungserwerbs verstanden wird. Entgegen dem Konzept des BGH muss der für die Anfechtung des Forderungserwerbs maßgebliche Zeitpunkt dafür nach der Vornahme des Werthaltigmachens und nicht nach dem Zeitpunkt der Forde-

---

rung in der Hand des Zessionars. Dies ist jedoch nicht ohne Weiteres mit dem Wortlaut des § 143 Abs. 1 InsO (Anknüpfung an die aus der Masse weggegebenen Gegenstände) vereinbar.

466 *Cranshaw*, DZWIR 2008, 397, (402). Die für Arbeitsleistungen angeführten Berechnungsbeispiele lassen sich jedoch auch auf andere Erfüllungsleistungen übertragen. Insbesondere geht es um die Relation zwischen dem Aufwand der Masse und dem Ertrag des Zessionars aus der Forderung.

467 Vgl. zu dieser Problematik *Eckardt*, EWiR 2008, 690 (691); *Cranshaw*, DZWIR 2008, 221 (225); 397 (405).

468 *Eckardt*, EWiR 2008, 689f., bezeichnet die notwendige Begrenzung als „Übermaßaufwand".

rungsentstehung bestimmt werden.⁴⁶⁹ Nachfolgend soll dargestellt werden, dass diese alternative Möglichkeit mit der Rechtsprechung des BGH zur Aufrechnung weitgehend übereinstimmt, die zuvor dargestellten konstruktiven Nachteile der selbständigen Anfechtung vermeidet und im Zusammenhang mit der Rechtsprechung des BGH zum Erfüllungswahlrecht steht. Letztlich würde durch die vorgeschlagene Alternative auch der Anfechtungsprozess in praktischer Hinsicht erheblich vereinfacht werden.

1. Der Anfechtungsgegenstand beim zeitlich nachfolgenden Werthaltigmachen der Forderung vor dem Hintergrund der Gläubigerbenachteiligung

Das Werthaltigmachen bewirkt, dass die zunächst nicht durchsetzbare Forderung in der Hand des Zedenten durch die Vertragserfüllung schrittweise an Wert gewinnt. Eine notwendige Bedingung dafür ist jedoch der Forderungserwerb durch den Zessionar, da sich dieser sonst den Wert der Vertragserfüllung nicht zu Nutze machen kann. Aus diesem Grunde sollten der Forderungserwerb und das zeitlich nachfolgende Werthaltigmachen entgegen dem Konzept des BGH nicht als getrennte Anfechtungsgegenstände, sondern als einheitlicher Anfechtungsgegenstand betrachtet werden.

Dafür spricht vor allem das erforderliche Merkmal der Gläubigerbenachteiligung nach § 129 InsO als allgemeine Anfechtungsvoraussetzung, die nur durch beide Elemente gemeinsam begründet werden kann.⁴⁷⁰

Allein der der Forderungserwerb ohne die Vertragserfüllung innerhalb der Tatbestandsfristen der §§ 130, 131 InsO führt nicht zur Verkürzung der späteren Insolvenzmasse. Es werden keine Mittel der späteren Insolvenzmasse verbraucht, so dass die Befriedigungsaussichten der Insolvenzgläubiger nicht beeinträchtigt werden und es an der Gläubigerbenachteiligung i.S.v. § 129 InsO fehlt. Soweit die Vertragserfüllung erst nach Insolvenzeröffnung und damit nach Erfüllungswahl des Insolvenzverwalters erfolgt, kann der Zessionar die Forderung nach der Rechtsprechung des BGH zu den Auswirkungen des § 103 InsO bereits nicht mehr erwerben, die Anfechtungsproblematik stellt sich dann nicht mehr.⁴⁷¹

Auch die Vertragserfüllung kann allein nicht zu einer Gläubigerbenachteiligung nach § 129 InsO führen. Nur durch den vorherigen Erwerb der Forderung

---

469 Nach dem Grundsatzurteil des BGH richtet sich dagegen der für die Anfechtung maßgebliche Zeitpunkt nach der Forderungsentstehung – BGHZ 174, 297 (300).
470 So im Ergebnis *Heinze*, DZWIR 2008, 185 (187), der jedoch auch die Unwirksamkeit des Forderungserwerbs als Folge der Erfüllungswahl nach der Rechtsprechung des BGH kritisiert und deshalb eine wirtschaftliche Betrachtung vornimmt.
471 Zum „Qualitätssprung" in Folge der Erfüllungswahl und der Unwirksamkeit des Forderungserwerbs nach § 91 InsO vgl. die Ausführungen und Nachweise auf Seite 94 ff.

kann sich der Zessionar die Vertragserfüllung durch den Zedenten zu Nutze machen. Der Forderungserwerb und die Vertragserfüllung führen deshalb erst gemeinsam zu einer Gläubigerbenachteiligung i.S.v. § 129 InsO. Dann sollten jedoch Forderungsabtretung und Vertragserfüllung auch als einheitlicher Anfechtungsgegenstand angesehen werden.[472]

Dieses Verständnis des Forderungserwerbs als einheitlicher Anfechtungsgegenstand entspricht auch der Rechtssprechung des BGH zu den Auswirkungen des Erfüllungswahlrechts nach § 103 InsO auf die Abtretung.[473] Auch dort ist der Forderungserwerb von vornherein unwirksam, ein wirksamer Forderungserwerb mit einem bereicherungsrechtlichen Ausgleich in einem „zweiten Schritt" ist vom BGH nicht angenommen worden. Die gesamte Problematik des Verbrauchs von Mitteln der Insolvenzmasse führt bereits zur Unwirksamkeit des Forderungserwerbs. Es wäre deshalb nur folgerichtig, wenn in der Zeit vor der Insolvenzeröffnung der Verbrauch von Mitteln der Insolvenzmasse ausschließlich zur Anfechtung des Forderungserwerbs unter Berücksichtigung des Werthaltigmachens führt. Eine anfechtungsrechtliche Rückgewähr als Folge der selbständigen Anfechtung mit dem weiteren Anfechtungsgegenstand der selbständigen Anfechtung der Vertragserfüllung wäre dann entbehrlich.

2. Übereinstimmung mit der Rechtsprechung des BGH zum Werthaltigmachen einer Aufrechnungslage

Für die Anfechtung des Forderungserwerbs im Zeitpunkt des Werthaltigmachens spricht zunächst die Rechtssprechung zur Anfechtung des Werthaltigmachens einer Aufrechnungslage, die zum Teil auch vom BGH in dem Grundsatzurteil zur Vorausabtretung angeführt wird.[474]

a) Zur Vergleichbarkeit der Aufrechnung

Zu Grunde liegt die von einem ungesicherten Gläubiger später durch einen Vertrag mit dem Schuldner geschaffene Aufrechnungslage. Der Vertrag wird vom Schuldner sukzessive gegenüber dem ungesicherten Gläubiger durch die Erbringung von Lieferungen und Leistungen erfüllt. Nach Abschluss der Erfüllung rechnet der ungesicherte Gläubiger gegen den durch die Erfüllung werthaltig gewordenen Vergütungsanspruch des Schuldners auf.

---

472 Wie bereits ausgeführt, müssen auch Vorbereitungshandlungen wenigstens später zu einer Gläubigerbenachteiligung führen können (vgl. zum „Ermöglichen" auf Seite 151f.)
473 Vgl. zur „Qualitätssprungtheorie" nach Erfüllungswahl die Ausführungen auf Seite 94f.
474 BGHZ 174, 297 (309).

Wie bei der Abtretung kommt es auch hier zu einem zeitlichen Auseinanderfallen von Aufrechnungslage — als zunächst für den Gläubiger wertlose Rechtsposition — und ihrer erst später eintretenden Werthaltigkeit.

Für den Vergleich mit der Abtretung genügt es, dass sich der Gläubiger durch die Aufrechnung den erst durch die Vertragserfüllung des späteren Schuldners geschaffenen Vermögenswert zu Nutze machen kann. Für die näheren Details und weiteren Einzelprobleme der Anfechtung bzw. der Unwirksamkeit der Aufrechnung, der Aufrechnungserklärung vor und nach Insolvenzeröffnung und der Anfechtbarkeit[475] der Aufrechnung nach der Konkursordnung und der Unwirksamkeit[476] nach der Insolvenzordnung soll hier nicht eingegangen werden.[477]

b) Die unterschiedlichen Entscheidungen

In zwei älteren Entscheidungen[478] geht der BGH ebenfalls von der selbständigen Anfechtung des Werthaltigmachens neben der Anfechtung der Aufrechnungslage aus.

Dagegen wurde in zwei jüngeren Entscheidungen[479] die selbständige Anfechtung des Werthaltigmachens in Abkehr zur früheren Rechtsprechung mangels Gläubigerbenachteiligung abgelehnt. Die Aufrechnung soll danach vielmehr einen mehraktigen Gesamtvorgang darstellen, der mit der Aufrechnungslage ohne Rücksicht auf die Forderungsfälligkeit beginnt, aber erst mit Werthaltigkeit die nachteiligen Wirkungen entfaltet. Erst in diesem späten Zeitpunkt des Werthaltigmachens soll die Aufrechnung als mehraktiger Gesamtvorgang i.S.d. Anfechtungsrechts vorgenommen worden sein.[480]

---

475 Nach der Konkursordnung musste die Herstellung der Aufrechnungslage angefochten werden, da eine dem § 96 Abs. 1 Nr. 3 InsO vergleichbare Vorschrift fehlte (Unwirksamkeit der Aufrechnung kraft Gesetzes).

476 Einen anschaulichen Überblick zur Funktion und zu den Voraussetzungen der Aufrechnungen in der Insolvenz gibt *Willmowsky*, NZG 1998, 481 ff. Siehe auch *Fischer*, WM 2008, 1ff., der auch besonders auf das Werthaltigmachen einer Aufrechnungslage eingeht.

477 Ausführlich auch zur Aufrechnung in der Insolvenz, auch mit Bezug zur Konkursordnung, MünchKomm-*Kirchhof*, § 95 Rndr. 4ff., auch mit weiteren Literaturhinweisen.

478 BGHZ 89, 189 ff. mit Anmerkung *Baur*, JZ 1984, 422 ff. ;BGHZ 129, 336 ff. = BGH NJW 1995, 1966 ff. mit Anmerkung *Uhlenbruck* EWiR 1995, 691f.

479 BGHZ 129, 336 ff. = BGH NJW 1995, 1966 ff. mit Anmerkung *Uhlenbruck* EWiR 1995, 691f. BGHZ 147, 28 ff.; Dies lässt sich der Formulierung „…durch die Wertschöpfung …geschaffene Aufrechnungslage..." entnehmen.

480 So ausdrücklich auch *Fischer*, ZIP 2004, 1679 (1683f); HK-*Kreft*, § 129 Rdnr.16; *Gerhardt/ Kreft*, Anfechtungsrecht, Rdnr.22; Zur Anwendbarkeit von § 140 InsO auch auf die Herstellung der Aufrechnungsmöglichkeit nach § 96 Abs.1 Nr.3 InsO BGH NJW 2004, 3118 (3120). Auch *Fischer*, WM 2008, 1ff., geht auf die Problematik des Werthaltigmachens einer Aufrechnungslage ein.

c) Übertragung auf die Abtretung

Gerade die jüngere Rechtsprechung des BGH zur Aufrechnung sieht das Werthaltigmachen nicht als selbständigen Anfechtungsgegenstand, sondern nur als ein Element des Gesamtvorgangs, der zu einer für den Zessionar ausnutzbaren Aufrechnungslage führt. Auf Grund der Vergleichbarkeit[481] von Aufrechnung und Abtretung sollte die Anfechtung des Forderungserwerbs im Zeitpunkt des Werthaltigmachens daher entgegen dem Konzept des BGH zur selbständigen Anfechtung möglich sein.[482] Der BGH begründet auch nicht, weshalb die Abtretung und die Aufrechnung in der Frage der Festlegung des für die Anfechtung maßgeblichen Zeitpunkts nach § 140 InsO unterschiedlich behandelt werden sollten.[483]

3. Die Auffassungen in der Literatur zur Anfechtung des Werthaltigmachens bei der Abtretung

In der Literatur, die bereits weit vor dem Grundsatzurteil des BGH das Werthaltigmachen thematisierte, lässt sich ein geteiltes Meinungsbild zum Anfechtungsgegenstand finden.

So vergleicht *Gerhardt*[484] das Werthaltigmachen der Forderung mit der Valutierung[485] akzessorischer Sicherungsrechte und problematisiert, ob schon allein die formale Entstehung einer noch wertlosen Forderung oder erst deren Werthaltigkeit den für die Anfechtung maßgeblichen Zeitpunkt bestimmt. Allerdings betrachtet *Gerhardt* anschließend nicht mehr die Anfechtung des Forderungserwerbs, sondern sieht den Anfechtungsgegenstand vielmehr in der selbständigen Anfechtung der Vertragserfüllung. Darüber hinaus hält er den Erwerb der entstandenen Forderung als leere Hülle sogar für unanfechtbar. Auch *Kirchhof* problematisiert lediglich die selbständige Anfechtung des Werthaltigmachens i.S.d. Konzepts des BGH.[486] Dabei bleibt allerdings offen, ob deshalb eine Anfechtung

---

481 In beiden Fällen werden zunächst formale Rechtspositionen erworben, die erst durch die Vertragserfüllung noch werthaltig gemacht werden müssen.
482 Es lässt sich auch keine Begründung finden, weshalb der BGH die Abtretung und die Aufrechnung in der Frage der Festlegung des für die Anfechtung maßgeblichen Zeitpunkts nach § 140 unterschiedlich behandelt.
483 Die Unterscheidung verwundert umso mehr, als der Vorsitzende des IX. Senats, der auch an dem Grundsatzurteil des BGH mitgewirkt hat, in einem aktuellen Aufsatz zur Aufrechnungslage den Zeitpunkt des Werthaltigmachens als für die Anfechtung maßgeblichen Zeitpunkt nach § 140 InsO vorschlägt.
484 *Gerhardt*, in: Festschrift für Knobbe-Keuk, S. 169 (178ff.)
485 Vgl. zur Valutierung von Sicherungsrechten die Ausführungen auf Seite 41.
486 Vgl. *Kirchhof*, ZInsO 2004, 465 (468); *ders.* , in: Festschrift für Uhlenbruck, 269 (274 f.)

des Forderungserwerbs – verlagert auf den Zeitpunkt des Werthaltigmachens – unbedingt ausgeschlossen sein soll. Eine andere Literaturauffassung erwähnt ebenfalls nur die selbständige Anfechtung des Werthaltigmachens und misst der Anfechtung des Forderungserwerbs unter Berücksichtigung des Werthaltigmachens keine Bedeutung zu.[487]

Dagegen schlägt *Kreft* die Gleichbehandlung von Abtretung und Aufrechnung in der Frage des Werthaltigmachens vor.[488] In beiden Fällen würde der Gläubiger bis zur Erfüllung durch den Zedenten nur eine formale Rechtsposition ohne Wert in Form der Aufrechnungslage bzw. der abgetretenen Forderung erwerben. Erst mit Erfüllung bestehe die Möglichkeit der abgesonderten Befriedigung auf Grund der erworbenen und auch durchsetzbaren Vergütungsforderung bzw. Aufrechnungslage als insolvenzrechtliches Befriedigungsvorrecht. Bei der Abtretung von Forderungen aus gegenseitigen Verträgen führe erst das Werthaltigmachen zu den nachteiligen Wirkungen für die Insolvenzgläubiger i.S.v. § 140 Abs.1 InsO.[489]

Auch ein Teil der erst nach dem Grundsatzurteil des BGH ergangenen Literatur[490] schlägt vor, das Werthaltigmachen nur als besondere Modalität der Anfechtung des Forderungserwerbs zu verstehen und kritisiert die selbständige Anfechtung des Werthaltigmachens nach dem dargestellten Konzept des BGH.

4. Das Werthaltigmachen als maßgeblicher Zeitpunkt für die Anfechtung gemäß § 140 InsO

Im Grundsatzurteil führt der BGH keine Gründe dafür an, weshalb sich — im Unterschied zu der zuvor dargestellten Situation der Aufrechnung — der Anfechtungszeitpunkt (§ 140 InsO) bei der Abtretung nach der Forderungsentstehung bestimmen soll. Für eine solche unterschiedliche Behandlung von Abtretung und Aufrechnung sind auch keine Gründe erkennbar.

---

[487] *Beiner/Luppe*, NZI 2005,15 (20), welche dem Werthaltigmachen in ihrem Beispiel keine Bedeutung für die Bestimmung des maßgeblichen Zeitpunkts bei der Anfechtung des Forderungserwerbs einräumen und gerade daraus die Notwendigkeit der selbständigen Anfechtung des Werthaltigmachens ableiten.

[488] Vgl. *Kreft*, Insolvenzrechtstag, S.24 f. Zustimmend Jaeger-*Henckel* , § 140 Rdnr.6.

[489] Dies entspricht der oben auf Seite 149 dargestellten Bestimmung der Rechtshandlung nach den von ihr ausgelösten Wirkungen.

[490] *Heinze,* DZWIR 2008, 185 (187); *Eckardt*, EWiR 2008, 689f.; ablehnend dagegen *Cranshaw* DZWiR 2008, 221 (227): Weshalb die „zivlrechtliche Dogmatik" der anfechtungsrechtlichen Erfassung des Werthaltigmachens entgegensteht, wird jedoch nicht näher begründet. Das Ausräumen der Einrede des § 320 BGB bildet doch gerade den Kern des Werthaltigmachens.

Wenn die abgetretene Forderung sofort oder ohne erheblichen zeitlichen Abstand werthaltig ist, stellt die Vertragserfüllung auch nach Auffassung des BGH keine selbständig anfechtbare Rechtshandlung dar.[491] Dann lässt auch der BGH nur die Anfechtung des Forderungserwerbs zu, die Vertragserfüllung ist dann zum Forderungserwerb unselbständig. Nach Auffassung des BGH verändert die Vertragserfüllung jedoch ihre Unselbständigkeit zur Abtretung, wenn die Vertragerfüllung erst mit einem gewissen zeitlichen Abstand der Abtretung[492] nachfolgt.

Entgegengesetzt dazu deutet der BGH in einer weiteren Entscheidungsbegründung[493] jedoch auch an, die der Forderungsentstehung zeitlich nachfolgende Vertragerfüllung sei „...nicht anders zu behandeln, als sei im Zeitpunkt der Werthaltigmachung eine neu entstandene bereits werthaltige Forderung von der Globalzession erfasst worden." Führt man diesen Gedanken zu Ende, müsste auch der BGH die nachfolgende Vertragserfüllung als Teil der Anfechtung des Forderungserwerbs sehen und nicht auf die von ihm angeführte selbständige Anfechtung der Erfüllungsleistungen verweisen. Allerdings beharrt der BGH in der weiteren Entscheidungsbegründung bei dieser selbständigen Anfechtung.

Das Werthaltigmachen spielt nur eine Rolle bei einem zeitlichen Auseinanderfallen von Forderungsentstehung und Vertragserfüllung. Für diese zeitliche Komponente bietet es sich jedoch an, die ebenfalls mit der zeitlichen Abfolge anfechtungsrechtlicher Vorgänge im Zusammenhang stehende Norm des § 140 InsO heranzuziehen. Dies ist näherliegender als die Annahmen eines weiteren Anfechtungsgegenstandes.

Nach hier vertretener Auffassung kann das Werthaltigmachen durchaus die von § 140 Abs.1 vorausgesetzten rechtlichen Wirkungen der Vorausabtretung auslösen. Die Vorschrift des § 140 InsO wurde erst mit der Insolvenzordnung eingeführt.[494] Nach der Grundregel des Abs.1 ist nicht der Abschluss der der formalen Rechtshandlung, sondern sind vielmehr die von ihr ausgelösten rechtlichen Folgen bzw. Wirkungen für die Festlegung des Zeitpunkts maßgebend.[495] Nach den Gesetzesmaterialien kommt es wegen der rechtlichen Wirkungen auf den

---

491 Im Grundsatzurteil BGHZ 174, 297 (309) wird das zeitliche Auseinanderfallen als Voraussetzung für die selbständige Anfechtbarkeit der Erfüllungsleistungen hervorgehoben.
492 Im Zeitpunkt der Forderungsentstehung.
493 BGH NZI 2008, 236 (237).
494 Die in § 140 normierten Grundsätze waren jedoch von der Rspr. bereits weitgehend noch zur Konkursordnung erarbeitet worden – vgl. MünchKomm-*Kirchhof*, § 140 Rdnr. 2.
495 Vgl. auch MünchKomm-*Kirchhof*, § 140 Rdnr.2; *Fischer*, ZIP 2004, 1697 ff. der in Fn. 4 eine Reihe maßgeblicher Entscheidungen zur Bestimmung des Vornahmezeitpunkts anführt.

Zeitpunkt an, in dem durch die Rechtshandlung eine Position begründet wurde, die im Falle der Eröffnung des Insolvenzverfahrens beachtet werden müsste.[496] Das Werthaltigmachen lässt sich mit dieser Begriffsbestimmung widerspruchsfrei vereinbaren, wenn man die „hypothetische" Betrachtung des BGH für die Gläubigerbenachteiligung wegen der Wirkungen des Erfüllungswahlrechts nach § 103 als systematisches Argument anführt.[497]

Der Erwerb der Forderung allein verhilft dem Zessionar nämlich gerade noch nicht zu einer rechtlichen Position, die im später eröffneten Insolvenzverfahren beachtet werden müsste. Schließlich wäre der Forderungserwerb unwirksam, wenn die Erfüllung erst nach Erfüllungswahl des Insolvenzverwalters und damit nach Eröffnung vorgenommen werden würde. Soweit die Erfüllung noch vor Insolvenzeröffnung erfolgt, ist der Forderungserwerb nach der Teilbarkeitsrechtsprechung des BGH dagegen wirksam. Die durch die Erfüllung noch vor der Insolvenzeröffnung erlangte Position[498] muss deshalb vom Insolvenzverwalter beachtet werden und kann allenfalls durch eine Anfechtung beseitigt werden.

Würde der BGH seine Rechtsprechung zu § 103 InsO konsequent in der Anwendung des § 140 InsO fortsetzen, müsste für die Anfechtung der Vorausabtretung von Forderungen aus noch zu erfüllenden Verträgen nicht an den Entstehungszeitpunkt, sondern an das noch vor der Eröffnung erfolgte Werthaltigmachen angeknüpft werden. Weder die Vorausabtretung noch die Forderungsentstehung führen zu rechtlichen Wirkungen, wenn die Forderung aus noch zu erfüllenden gegenseitigen Verträgen stammt und die Erfüllung nicht vor der Eröffnung erbracht worden ist.

Eine weitergehende und sich vom Begriff der rechtlichen Wirkungen i.S.v. § 140 InsO ablösende wirtschaftliche Betrachtungsweise bei der Auslegung von 140 InsO ist daher für die Festlegung des maßgeblichen Zeitpunkts bei der Abtretung nach hier vertretener Auffassung nicht erforderlich.[499]

5. Wegfall der „abhängigen" Kongruenz hinsichtlich der Vertragserfüllung

Da ausschließlich der Forderungserwerb, nicht aber daneben noch die Vertragserfüllung selbständig angefochten werden muss, entfällt das Problem der dop-

---

496 BT-Drucks. 12/2443 S.166.
497 Der BGH zieht den Zusammenhang mit dem Erfüllungswahlrecht allerdings nur zur Begründung der Gläubigerbenachteiligung heran – vgl. dazu auch schon auf Seite 140.
498 Die sicherungsabgetretene Forderung als Absonderungsrecht nach § 51 Nr.1 Alt.2 InsO.
499 Eine solche wirtschaftliche Betrachtung fordert *Heinze*, DZWIR 2008, 185 (187), der jedoch auch die Unwirksamkeit des Forderungserwerbs als Folge der Erfüllungswahl nach der Rechtsprechung des BGH kritisiert.

pelten Kongruenz nach dem Konzept des BGH.[500] Die Bestimmung der Kongruenz kann damit – wie auch bei anderen Sicherheiten- nach dem Inhalt der Sicherungsvereinbarung erfolgen. Unter Berücksichtigung des Grundsatzurteils liegt bei der Vorausabtretung in Form der Globalzession dann regelmäßig Kongruenz vor. Die oben erwähnte, zusätzliche Annahme des BGH, nach der sich für die Zwecke der Kongruenz aus der Sicherungsvereinbarung auch ein Anspruch des Zedenten auf die Vertragserfüllung ergeben soll, kann entfallen.[501]

6. Rechtsfolgen der Anfechtung und vereinfachte Abwicklung

Die oben angeführten, nur mit der selbständigen Anfechtung nach dem Konzept des BGH verbundenen Probleme bei der Bestimmung des Rückgewährsgegenstandes entfallen vollständig.

Der Insolvenzverwalter kann gemäß § 166 Abs. 2 InsO die Forderung – ganz unabhängig von der Anfechtung – einziehen. Wenn der Zessionar gemäß § 170 Abs. 1 S.2 InsO die Auskehr des den Kostenbeitrag übersteigenden Betrages verlangt, kann ihm der Insolvenzverwalter die Einrede des anfechtbaren Forderungserwerbs nach § 146 Abs. 2 InsO entgegensetzen.[502] Die Geltendmachung der Anfechtbarkeit als Einrede schließt zu Gunsten des Insolvenzverwalters die sonst mögliche Verjährung des Rückgewährsanspruchs aus (§ 146 Abs.2 InsO).

Nur falls der Zessionar die Forderung bereits vor der Insolvenzeröffnung eingezogen hat, muss der Insolvenzverwalter den Rückgewährsanspruch nach § 143 InsO durch eine Anfechtungsklage geltend machen. Der Rückgewährsanspruch beschränkt sich jedoch dann auf den vom Zessionar eingezogenen Geldbetrag der Forderung. Weder müssen Berechungen zu festen und variablen Kosten[503] und weiteren Details der geschäftlichen Kalkulation[504] und der Vertragserfüllung angestellt werden, noch wird das Insolvenzrisiko aus dem Verhältnis zwischen dem Zedenten und dem Abnehmer entgegen der Wertung des § 143 Abs. 1 S.2 InsO zur Haftung des Anfechtungsgegners auf den Zessionar verlagert.

Durch die Anfechtung des Forderungserwerbs sind die Rechtsfolgen von vornherein auf den Wert beschränkt, den die abgetretene Forderung durch die Vertragserfüllung gewonnen hat. Eine über die Abschöpfung von Vorteilen hin-

---

500 Vgl. zur Kongruenz die Ausführungen auf Seite 151.
501 Vgl. dazu die Kritik auf Seite 151.
502 Zur Sicherungsabtretung in der Insolvenz vgl. bereits die Ausführungen auf Seite 48.
503 Das OLG Dresden ZIP 2005, 2167 f. mit Anmerkung *Neußner,* EWiR 05/06, 691 f stellt einen solchen Vergleich für die Gläubigerbenachteiligung an, dies müsste jedoch auch für den Umfang des Rückgewährsanspruchs gelten.
504 Zur näheren Berechnung des Rückgewährsanspruchs siehe die Beispiele bei *Cranshaw,* DZWiR 2008, 221 (227) unter dem Punkt „Gesamtschuldnerausgleich".

ausgehende Haftung des Zessionars kann deswegen nicht entstehen. Zusätzliche Korrekturen wie bei der selbständigen Anfechtung des Werthaltigmachens nach dem Konzept des BGH sind deshalb entbehrlich.[505]

IV. Zusammenfassung

Das vom BGH entwickelte Konzept der Anfechtung der Forderungsabtretung und der selbständigen Anfechtung des Werthaltigmachens kann nur in dem grundsätzlichen Punkt überzeugen, dass nunmehr auch bei der Vorausabtretung das Problem des Werthaltigmachens berücksichtigt wird.[506]

Die konstruktive Umsetzung nach dem oben dargestellten Konzept des BGH zeigt jedoch erhebliche Schwächen.

Die Unterscheidung der zwei Anfechtungsgegenstände führt von der eigentlichen Problematik des Werthaltigmachens weg, indem sie die Forderungsabtretung und das Werthaltigmachen voneinander trennt. Durch die Trennung des einheitlichen Anfechtungsgegenstandes entstehen neue konstruktive Probleme in der Bestimmung des Rückgewährsanspruchs und des Anfechtungsgegners. Diese Probleme können jedoch vermieden werden, wenn man — wie in den jüngeren Urteilen des BGH zur Anfechtung der Aufrechnungslage — den Forderungserwerb und das Werthaltigmachen als einen einheitlichen Anfechtungsgegenstand ansieht.[507]

Für die Anfechtung des Forderungserwerbs bei gegenseitigen Verträgen ist entgegen dem Konzept des BGH der Zeitpunkt des Werthaltigmachens und nicht der Zeitpunkt der Forderungsentstehung maßgeblich (§ 140 InsO).

Ist die Wertschöpfung nach dieser zeitlichen Abgrenzung zum Teil nicht als kongruente[508] Deckung anfechtbar – weil die Vertragserfüllung teilweise vor der Kenntnis der Zahlungsunfähigkeit erfolgte (§130 Abs.1 Nr. 1 InsO) wird die Übertragung der Teilbarkeitsrechtsprechung[509] des BGH zum Erfüllungswahlrecht nach § 103 InsO vorgeschlagen. Nur der Teil der Forderung, der durch die

---

505 Vgl. dazu die Ausführungen auf Seite 156 unter 5.c)
506 Der BGH hat diese erstmals im Grundsatzurteil BGHZ 174, 297 ff. ausdrücklich bestätigt; nur das OLG Dresden hat zuvor das Werthaltigmachen bei der Vorausabtretung für anfechtbar gehalten – ZIP 2005, 2167 f.
507 Dafür auch Heinze, DZWIR 2008, 185 (187); Eckardt, EWiR 2008,689f. Jaeger-*Henckel*, § 140 Rdnr. 6. Offen gelassen OLG Dresden WM 2006, 2095 (2096) mit Anmerkung *Neußner*, EWiR 05/06, 691 f.
508 Die Forderungsabtretung ist nach dem Grundsatzurteil des BGH bei der Globalzession grds. als kongruente Deckung anzusehen.
509 Zur Teilbarkeitsrechtsprechung hinsichtlich der vor und nach Insolvenzeröffnung erfolgten Vertragserfüllung vgl. die Ausführungen und Nachweise auf Seite 96f.

Vertragserfüllung ab dem Vorliegen aller Anfechtungsvoraussetzungen werthaltig geworden ist, unterliegt der Anfechtung.[510]

D. Das Werthaltigmachen als Kriterium für die Insolvenzanfechtung

Werden Forderungen aus noch zu erfüllenden gegenseitigen Verträgen abgetreten, ist die Anfechtung ohne Einbeziehung des zeitlich nachfolgenden Werthaltigmachens unter Verbrauch von Mitteln der Insolvenzmasse nicht möglich.

Weder können die Forderungsabtretung noch die Vertragserfüllung allein die Gläubigerbenachteiligung gemäß § 129 InsO als allgemeine Anfechtungsvoraussetzung begründen.[511] Dies gilt ganz unabhängig davon, ob das Werthaltigmachen nach Auffassung des BGH selbständig — oder wie nach der hier vorgeschlagenen Alternative als Teil des Forderungserwerbs — angefochten werden kann.[512] Dieser notwendige Zusammenhang von Forderungsentstehung und Werthaltigmachen entspricht dem schon in der Frage der Unwirksamkeit des Forderungserwerbs nach §§ 91, 103 InsO festgestellten Ergebnis, dass der Forderungserwerb bei gegenseitigen Verträgen nicht isoliert von der erfolgten bzw. noch zu erfolgenden Vertragserfüllung betrachtet werden kann.[513]

Der Verbrauch von Mitteln der späteren Insolvenzmasse, die ohne die Vertragserfüllung für die Befriedigung der Insolvenzgläubiger zur Verfügung stehen würden, rechtfertigt es, den in der Forderung verkörperten Vermögenswert der Wertschöpfung den Insolvenzgläubigern zuzuordnen. Diese Zuordnung wird mit den Mitteln und unter den Voraussetzungen der Insolvenzanfechtung verwirklicht.

Vor dem Kriterium des Werthaltigmachens unter Verbrauch von Mitteln der Insolvenzmasse ist auch die Betrachtung[514] des BGH für den hypothetischen Fall der Erfüllung nach Insolvenzeröffnung verständlich. Dadurch kann jede Form der

---

510 Das OLG Dresden WM 2006, 2095 (2070) schlägt vor, für die genaue Berechnung die Minderungsformel nach §§ 437, 441 BGB zu verwenden. Dies erfolgt im Rahmen der selbständigen Anfechtung des Werthaltigmachens, ist jedoch auf die vorgeschlagene Anfechtung des Forderungserwerbs übertragbar.
511 Zur Gläubigerbenachteiligung siehe oben unter 3. (S.167).
512 Auch wenn gerade die Gläubigerbenachteiligung es nahelegt, Forderungserwerb und Werthaltigmachen als einheitlichen Anfechtungsgegenstand anzusehen.
513 Für § 91 InsO vgl. das Ergebnis auf Seite 69 für das Erfüllungswahlrecht auf Seite 124.
514 Zur Gläubigerbenachteiligung bei Arbeitsleistungen vgl. auf Seite 140 f

Vertragserfüllung – auch finanzierte Arbeitsleistungen eines Unternehmens – die Gläubigerbenachteiligung auslösen.[515]

Nähere Vorgaben wie ein Vergleich von vermeidbaren und festen Kosten[516] oder die die Herausrechnung des Geschäftsgewinns[517] des Zedenten erübrigen sich nach dieser grundsätzlichen Überlegung zur Begründung der Gläubigerbenachteiligung. Es ist nur ein Vergleich mit der Situation erforderlich, die bestehen würde, wenn die Vertragserfüllung erst nach Insolvenzeröffnung und damit nach Erfüllungswahl erfolgt wäre. Als Folge der Rechtsprechung des BGH zu den Auswirkungen des Erfüllungswahlrechts könnte die Forderung dann nicht wirksam erworben werden. In der Zeit vor der Insolvenzeröffnung wird dies Wertungsprinzip durch die Insolvenzanfechtung gewährleistet.

Das Werthaltigmachen der vom Zessionar erworbenen Forderung ist deshalb ein notwendiges Kriterium für das Merkmal der Gläubigerbenachteiligung nach § 129 InsO bei der Abtretung von Forderungen aus noch zu erfüllenden gegenseitigen Verträgen.

Daneben können die bestehenden Anfechtungsmöglichkeiten erweitert bzw. zeitlich ausgedehnt werden. Dies ist relevant, wenn entweder die Forderung außerhalb der Tatbestandsfristen der §§ 130, 131 InsO entsteht oder aber zum Zeitpunkt des Forderungserwerbs die erforderlichen objektiven und subjektiven Merkmale fehlen, diese aber im Zeitpunkt des zeitlich nachfolgenden Werthaltigmachens vorliegen.[518]

Ohne Berücksichtigung des Werthaltigmachens bei der Festlegung des für die Anfechtung maßgeblichen Zeitpunkts nach § 140 InsO wäre der Forderungserwerb nicht anfechtbar.[519] Dazu muss berücksichtigt werden, dass die nach §§ 130, 131 InsO erforderlichen zusätzlichen objektiven und subjektiven Merkmale um

---

515 BGH ZIP 2008, 1435f. mit Anmerkung *Dahl/Schmitz*, NZI 2008, 541 ff; dazu auch schon früher BGH NJW-RR 2004, 696f.

516 Einen solchen Vergleich der festen und vermeidbaren Kosten der Vertragserfüllung zur Feststellung der Gläubigerbenachteiligung fordern dagegen *Kirchhof*, in: Festschrift Uhlenbruck, S.269 (278) und im Anschluss daran auch das OLG Dresden ZIP 2005, 2167 (2169).

517 Nähere Einzelheiten zu Kalkulation der Erfüllungsleistungen verlangt *Eckardt*, EWiR 2008, 679 (680). Ebenfalls *Cranshaw*, DZWiR 2008, 221 (228).

518 Die objektiven und subjektiven Merkmale der §§ 130, 131 InsO müssen (erst) im relevanten Zeitpunkts i.S.v. § 140 InsO vorliegen – vgl. dazu schon die Ausführungen auf Seite 138f. und HK-*Kreft*, § 140 Rdnr.3; MünchKomm-*Kirchhof*, § 130 Rdnr.10 f.

519 Nach dem Konzept des BGH wäre dann nur die selbständige Anfechtung der Erfüllungsleistungen möglich, da es hierfür auch auf den Zeitpunkt der Werthaltigkeit ankommt – BGHZ 174, 297 (310).

so leichter vom Insolvenzverwalter dargelegt und bewiesen werden können, je näher der maßgebliche Zeitpunkt an den Insolvenzantrag aufgeschoben wird.[520]

Dieser Aufschub des für die Anfechtung maßgeblichen Zeitpunkts bei der Anfechtung des Forderungserwerbs durch das spätere Werthaltigmachen (§ 140 InsO) nach der oben entwickelten Alternative bzw. die selbständige Anfechtung nach dem Konzept des BGH ermöglicht daher die Anfechtung auch bei Erfüllungszeiträumen, die erheblich länger als die dreimonatigen Tatbestandsfristen der §§ 103, 131 InsO sind.[521]

---

520 Die Zahlungsunfähigkeit des Insolvenzschuldners wird dann immer offensichtlicher – Zahlungsrückstände, Zwangsvollstreckung und die Kündigung von Krediten als Folge der eingetretenen finanziellen Krise (§§ 130, 131 InsO).
521 Diese langen Erfüllungszeiträume nach der frühzeitigen Forderungsentstehung sind für größere Bauprojekte typisch.

Teil 5: Das Werthaltigmachen als einheitliches Wertungskriterium für die Vorausabtretung

A. Anwendung des Wertungskriteriums auf den Geldkredit

Nach der Betrachtung des Geldkredits ist das Werthaltigmachen in allen Abwicklungsstadien der Vorausabtretung und unabhängig vom Zeitpunkt der Forderungsentstehung oder der Vertragserfüllung vor oder nach der Insolvenzeröffnung ein Wertungskriterium für den Interessenkonflikt zwischen dem Zessionar und der Insolvenzmasse hinsichtlich des Wertes, der in der Forderung verkörpert ist.

Die Zuordnung des Wertes hängt davon ab, ob die zur Erfüllung eingesetzten Mittel nur für die Befriedigung der Insolvenzgläubiger zur Verfügung stehen. Dies ist beim Geldkredit immer der Fall, da an diesen Mitteln keine insolvenzfesten Aus- bzw. Absonderungsrechte bestehen, so dass die Mittel mit Insolvenzeröffnung in die Insolvenzmasse fallen würden (§ 35 Alt.1 InsO). Die Massezugehörigkeit der zur Vertragserfüllung einzusetzenden Mittel rechtfertigt es, den durch die Erfüllung geschaffenen Vermögenswert den Insolvenzgläubigern und nicht dem Zessionar zuzuordnen. Diese Überlegung ist entsprechend auf die Insolvenzanfechtung zu übertragen. Hier müssten die noch vor Insolvenzeröffnung für die Erfüllung verbrauchten Mittel ohne die Vertragserfüllung in die Insolvenzmasse fallen. Durch die bereits erfolgte Erfüllung stehen diese Mittel jedoch nicht mehr für die Insolvenzgläubiger zur Verfügung. Der Wert ist nur noch in der abgetretenen Forderung verkörpert, so dass die Abtretung[522] der Anfechtung unterliegt.

Das vorgeschlagene Wertungskriterium ist auch nicht auf die Massezugehörigkeit körperlicher Gegenstände beschränkt. Vielmehr gilt das Wertungskriterium ohne Rücksicht auf die Art der Vertragserfüllung – entscheidend ist nur der Eintritt der Werthaltigkeit der abgetretenen Forderung in der Hand des Zessionars als Erfolg. Die Wertschöpfung durch Arbeitsleistungen, die vom Zedenten und damit zu Lasten der späteren Insolvenzgläubiger finanziert wurden,[523] lässt

---

522 Bzw. der selbständigen Anfechtung nach dem Konzept des BGH.
523 BGH ZIP 2008, 1435 (1437). Dies hat der BGH zwar im Rahmen der selbständigen Anfechtung des Werthaltigmachens bestätigt, dürfte sich aber auch auf die vorgeschlagene einheitliche Anfechtung des Forderungserwerbs übertragen lassen.

sich auch nach dem Kriterium des Werthaltigmachens den Insolvenzgläubigern zuordnen. Die konstruktive Argumentation des BGH, die finanzierten Arbeitsleistungen haben einen in die Insolvenzmasse fallenden Vermögenswert, dessen Einsatz im Ergebnis zur Insolvenzanfechtung führt, kann durch das zusätzliche Kriterium des Werthaltigmachens bestätigt werden.

B. Anwendung des Wertungskriteriums auf den Warenkredit

Bei konsequenter Anwendung des Werthaltigmachens als Kriterium müsste der Forderungserwerb des Zessionars auch bei zwischenzeitlicher Insolvenzeröffnung wirksam bzw. unanfechtbar sein, wenn die zur Vertragserfüllung einzusetzenden Mittel gerade nicht für die Befriedigung der Insolvenzgläubiger i.S.v. §§ 1, 38 InsO zur Verfügung stehen. Dies wäre der Fall, wenn an den zur Erfüllung einzusetzenden Mitteln insolvenzfeste Vorrechte in Form von Aus- bzw. Absonderungsrechte bestehen, wie es bei der Vorausabtretung im Rahmen des verlängerten Eigentumsvorbehalts der Fall ist.

Zur Überprüfung der umfassenden Geltung des Wertungskriteriums für die Wirksamkeit bzw. Anfechtbarkeit der Vorausabtretung soll deshalb der Warenkredit in Form des verlängerten Eigentumsvorbehalts als Gegenbeispiel zum Geldkredit betrachtet werden.

I. Beschreibung des Warenkredits

Die Darstellung kann sich für die Betrachtung des Werthaltigmachens nur auf die wesentlichen Grundzüge[524] des Warenkredits beschränken. Es genügt für diese Betrachtung, den Grundfall des verlängerten Eigentumsvorbehalts anzunehmen, wobei der Zedent als Zwischenhändler Waren im Rahmen des bloßen Weiterverkaufs durch seine eigene Vertriebsstruktur an den Abnehmer als Endkunden veräußert.[525] Die Waren hat er zuvor vom Zedenten als Warenkreditgeber bezogen.

---

524 Für die Gesamtdarstellung und die zahlreichen Einzelprobleme siehe bei: Grundlegend *Serick*, Eigentumsvorbehalt Bd. IV §§ 44-46; MünchKomm-*Ganter*, vor §§ 49-52 Rdnr.10ff m.w.N; HK-*Kreft*, § 48 Rdnr.3 ff., Jaeger-*Henckel*, vor § 46 Rdnr. 25. *Flume*, NJW 1959, 913 ff. Zu den Fragen der Verarbeitungsklausel und deren Schicksal in der Insolvenz *Elz*, ZInsO 2000, 478 ff. mwN. Vgl. dazu auch *Lwowski*, Kreditsicherung, Rdnr. 968 ff. m.w.N.

525 Aus Gründen der Übersichtlichkeit soll auf Verarbeitungsvorgänge der Rohmaterialien und die damit verbundenen, weiteren Probleme nicht eingegangen werden. An den nachfolgend aufgestellten Grundsätzen würde sich nichts ändern.

Als Sicherheit stehen die gelieferten Waren gemäß §§ 449, 158 Abs.1 BGB bis zur vollständigen Bezahlung unter Eigentumsvorbehalt des Zessionars. Das vorbehaltene Resteigentum dient als Sicherheit für die Forderung des Zessionars aus der Lieferung. Der Zedent tritt die Erlösansprüche aus der künftigen Weiterveräußerung der Waren im Voraus an den Zessionar im Wege der stillen Zession ab. Zusätzlich wird dem Zedenten die Einziehungsermächtigung bis zum Eintritt des Sicherungsfalls erteilt und dieser wird weiter auch zur Veräußerung der noch im (Rest-) Eigentum des Zessionars stehenden Ware gemäß § 185 Abs.1 BGB im eigenen Namen ermächtigt.[526] Bei vereinbarungsgemäßer Abwicklung überträgt der Zedent das Eigentum an den Waren auf den Abnehmer, zieht die Erlösforderung ein und tilgt mit der so gewonnenen Liquidität die noch offene Forderung des Zessionars aus der Warenlieferung.

Die Kreditierung des Warenkreditgebers liegt in der sofortigen Überlassung der Waren und der Einräumung der Veräußerungsermächtigung und Einziehungsermächtigung, obwohl der Zedent die Ware noch nicht (ggf. vollständig) bezahlt hat.

Das vorbehaltene Resteigentum als Sicherheit entfällt erst, wenn der Abnehmer durch die Veräußerung des Zedenten gemäß §§ 929, 185 BGB das Eigentum an der Vorbehaltsware erwirbt. Falls der Zedent abredewidrig die Ware außerhalb des ordentlichen Geschäftsgangs[527] veräußert oder die Veräußerungsermächtigung widerrufen wurde, kann der Abnehmer dennoch unter den Voraussetzungen des §§ 932, 936 BGB gutgläubig das vorbehaltene Resteigentum des Zessionars erwerben.[528]

II. Erfüllungswahlrecht hinsichtlich des Liefervertrages gemäß § 107 Abs. 2 InsO

Beim Warenkredit besteht ein weiterer gegenseitiger Vertrag in Form des Liefervertrages zwischen dem Zessionar als Warenkreditgeber und dem Zedenten. Der Liefervertrag ist von keiner Seite erfüllt, da sich der Zessionar das Resteigentum vorbehalten hat und der Zedent bzw. die Insolvenzmasse den Kaufpreis nicht (vollständig) gezahlt haben. Aus diesem Grunde besteht auch hinsichtlich des

---

526 Grundlegend *Serick*, Eigentumsvorbehalt Bd. IV §§ 44-46. *Flume*, NJW 1959, 913 ff. Zu den Fragen der Verarbeitungsklausel und deren Schicksal in der Insolvenz *Elz*, ZInsO 2000, 478 ff. mwN. Vgl. dazu auch *Lwowski*, Kreditsicherung, Rdnr.968 ff.
527 Für die Fälle der Verschleuderung bzw. des Verkaufs der Ware deutlich unter Einstandspreis gilt die Veräußerungsermächtigung nicht
528 Je nach dem, ob das bestehende Resteigentum und die Ermächtigung zur Veräußerung offen gelegt werden ggf. in Verbindung mit § 366 HGB.

Liefervertrages das Erfüllungswahlrecht des Insolvenzverwalters nach § 103 InsO, welches durch § 107 Abs.2 InsO bestätigt und im Detail modifiziert wird.[529]

Zur Beschränkung auf die Probleme des Werthaltigmachens hinsichtlich des hier interessierenden Absatzvertrages zwischen dem Zedenten und seinem Abnehmer soll davon ausgegangen werden, dass der Insolvenzverwalter die gelieferten Waren bei Insolvenzeröffnung vorfindet und die Ware veräußern möchte oder bereits veräußert hat. Die Ware wird an den Abnehmer veräußert, wobei der Insolvenzverwalter die Erfüllung des Liefervertrages trotz Weiterveräußerung der Ware ablehnt. Dies hat zur Folge, dass die erteilte Weiterveräußerungsermächtigung für die Vorbehaltsware erlischt.[530]

Die mögliche Erfüllungswahl hinsichtlich des Liefervertrages zwischen dem Zessionar und dem Zedenten kann außer Betracht bleiben, da sich bei Abschluss des hier interessierenden Absatzvertrages nach Insolvenzeröffnung keine besonderen Probleme ergeben.[531] Daher soll der Erfüllungswahl hinsichtlich des Liefervertrages nicht weiter nachgegangen werden.[532]

III. Eigentumsvorbehalt als Aussonderungsrecht

Lehnt der Insolvenzverwalter die Erfüllungswahl hinsichtlich des Liefervertrages ab, kann der Zessionar nach allgemeinen Regeln wegen Zahlungsverzuges vom Liefervertrag zurücktreten und die gemäß § 47 S.2 InsO i.V.m. § 985 BGB unter Eigentumsvorbehalt gelieferte Ware aus der Insolvenzmasse aussondern und an-

---

529 Nach Abs. 2 wird dem Verwalter eine längere Frist zur Entscheidung über die Erfüllungswahl eingeräumt, um die frühzeitige Aussonderung zu verhindern. Dazu HK-*Marotzke*, § 107 Rdnr.23.

530 Wann die Veräußerungsermächtigung entfällt, ist umstritten. In jedem Fall entfällt diese, wenn der Insolvenzverwalter die Erfüllung des Liefervertrages ablehnt. Dazu Uhlenbruck-*Uhlenbruck*, § 47 Rdnr.27 und Gottwald-*Gottwald*, Insolvenzrechtshandbuch, § 43 Rdnr.54; Jaeger-*Henckel*, § 51 Rdnr.35; Jaeger-*Windel*, § 91 Rdnr.65. Nach *Häsemeyer*, Insolvenzrecht Rdnr. 11.25, gilt die dem Zedenten erteilte Weiterveräußerungsermächtigung ohnehin nicht bei Insolvenzverwalter, sondern müsste neu erteilt werden.

531 Allein in der Veräußerung der Ware soll die Erfüllungswahl des Liefervertrages liegen, wobei der Insolvenzverwalter mit Wirkung für die Masse der Vorausabtretung der Forderung aus dem Absatzvertrag zustimmt- vgl. MünchKomm-*Ott*, § 107 Rdnr.19. Smid-*Smid*, § 107 Rdnr.9. Jaeger-*Henckel*, § 51 Rdnr.33. Wegen der Zustimmung des Verwalters ist die Abtretung dann trotz § 91 InsO gemäß § 185 Abs. 2 BGB mit Wirkung für und gegen die Masse wirksam.

532 Für die Insolvenzanfechtung spielt das Erfüllungswahlrecht hinsichtlich des Liefervertrages keine Rolle, da der Forderungserwerb bzw. das Werthaltigmachen vor der Insolvenzeröffnung bereits abgeschlossen sind.

schließend selbst verwerten.[533] Dieses Aussonderungsrecht zu Gunsten des Zessionars besteht, solange die Ware noch nicht veräußert wurde.[534] Bis zur Veräußerung befindet sich der Zessionar daher trotz der zwischenzeitlichen Insolvenzeröffnung auch im Fall der Erfüllungsablehnung in einer komfortablen Position. Er kann auf die unter Eigentumsvorbehalt gelieferte Ware zugreifen und so die gesicherte Kaufpreisforderung aus der Warenlieferung auch nach Insolvenzeröffnung realisieren.

IV. Wirksamkeit bzw. Anfechtbarkeit der Forderungsabtretung

1. Forderungsentstehung nach Insolvenzeröffnung

Es ist davon auszugehen, dass der Insolvenzverwalter zur Veräußerung die vorgefundene verkaufsfertige Ware durch den Abschluss des Absatzvertrags an einen Abnehmer veräußert hat. Der Abnehmer hat den Kaufpreis noch nicht entrichtet.[535]

Die frühere Vorausabtretung zu Gunsten des Zessionars wäre gemäß § 91 InsO hinsichtlich der von Verwalter begründeten Erlösforderung unwirksam, wenn die Forderung zur Masse gehören würde.

a) Das Vorstellungsbild des Durchgangserwerbs

Wie beim Geldkredit ausführlich dargestellt, lässt sich die Massezugehörigkeit nicht ohne weiteres mit der Vorschrift des § 35 InsO begründen, da die Forderung erst nach Insolvenzeröffnung und durch ein Handeln des Insolvenzverwalters entsteht.[536] Legt man auch hier das Vorstellungsbild des Durchgangserwerbs zu Grunde, fehlt es auch beim Warenkredit an einer hinreichend gesicherten Erwerbsposition hinsichtlich der vorausabgetretenen Veräußerungsforderung. Im Zeitpunkt der Vorausabtretung ist schlichtweg offen, ob und mit welchen inhaltlichen Konditionen der Verwalter einen Absatzvertrag schließen wird. Daher findet — wie auch beim Geldkredit — ein Durchgangserwerb statt, so dass die For-

---

533 Zum Aussonderungsrecht MünchKomm-*Kirchhof,* § 47 Rdnr. 62; Uhlenbruck-*Uhlenbruck,* § 47 Rdnr. 26; Jaeger-*Heckel,* § 47 Rdnr. 42.
534 Der „einfache" Eigentumsvorbehalt sollte nach der ursprünglichen Gesetzesfassung ebenfalls nur ein Absonderungsrecht gewähren- vgl. § 55 des RefE mit Begründung S. 49. Diese Änderung wurde jedoch in Übereinstimmung mit dem RegE gestrichen.
535 Selbst wenn der Kaufpreis bereits entrichtet und vermischt ist, hätte der Zessionar einen Anspruch gemäß § 816 Abs.2 BGB auf Erlösherausgabe als Masseschuld nach § 55 Abs.1 Nr.3 InsO.
536 Vgl. dazu die Ausführungen auf Seite 61 f.

derung in die Insolvenzmasse fällt. Der Zessionar kann deshalb nach dem Vorstellungsbild des Durchgangserwerbs auch im Fall des verlängerten Eigentumsvorbehalts die vorausabgetretene Forderung nicht erwerben.

Der BGH hat in einer jüngeren Entscheidung bei der Vorausabtretung im Rahmen des Warenkredits tatsächlich an der Anwendung des § 91 InsO festgehalten, ohne sich jedoch dazu näher mit den Auswirkungen des Eigentumsvorbehalts auf die Massezugehörigkeit auseinanderzusetzen. In dem entschiedenen Fall war die Forderung aus einem Werkvertrag allerdings bereits vor der Insolvenzeröffnung entstanden und lediglich mangels Abnahme noch nicht fällig, so dass sich die Frage von § 91 InsO letztlich nicht stellte.[537] Die in der Literatur[538] zitierte Entscheidung des BGH zur Wirksamkeit der Vorausabtretung beim Warenkredit trifft keine Aussage zum Erwerb der künftigen Forderung aus der Veräußerung.[539] Aus der Entscheidungsbegründung ergibt sich vielmehr, dass die abgetretene Forderung wegen der Besonderheiten des Kontokorrents bereits vor der Insolvenzeröffnung bestand und sich deshalb auch hier die Frage der Unwirksamkeit nach § 91 InsO nicht stellte.

Soweit ersichtlich hält der BGH auch im Fall des verlängerten Eigentumsvorbehalts daran fest, dass der Zessionar die vorausabgetretene Forderung auf Grund des Durchgangserwerbs gemäß § 91 InsO nicht erwerben kann, wenn diese erst nach Insolvenzeröffnung entsteht. In der Literatur nimmt *Häsemeyer*[540] ebenfalls die Unwirksamkeit des Forderungserwerbs an, da auch dem Warenkreditgeber hinsichtlich der künftigen Erlösforderung eine schützenswerte Rechtsposition fehlen soll.

b) Berücksichtigung des Werthaltigmachens

Ein anderes Ergebnis könnte sich jedoch nach dem Kriterium des Werthaltigmachens ergeben.

Dann müssten die zur Erfüllung einzusetzenden Mittel — anders als beim Geldkredit — gerade nicht zur Insolvenzmasse gemäß § 35 InsO gehören und deshalb auch ohne die Vertragserfüllung nicht für die Befriedigung der Insolvenzgläubiger zu Verfügung stehen.

---

537 BGH NJW-RR 2000, 1154 (1155)= ZIP 2000, 932 (934).
538 So z.B. *Hess/Weis/Wienberg*, § 91 Rdnr.37; MünchKomm-*Breuer*, § 91 Rdnr. 27; *Hess* (6. Auflage) § 15 KO Rdnr. 17.
539 BGHZ 70, 86 (94 f.).
540 *Häsemeyer*, Insolvenzrecht, Rdnr. 10.26; Eine schützenswerte Position wäre z.B. ein Anwartschaftsrecht bezüglich der Forderung. Dies fehlt hier jedoch, da die Forderungsentstehung vom Verhalten des Zedenten abhängt — vgl. dazu schon die Abgrenzung auf Seite 31.

Wegen des vorbehaltenen Resteigentums kann der Zessionar die Ware gemäß § 47 S.1 InsO bis zur Veräußerung der Ware aussondern. Die Vorbehaltsware gehört auf Grund des Aussonderungsrechts deshalb nicht zur Insolvenzmasse und würde deshalb auch nicht zur Befriedigung der Insolvenzgläubiger zur Verfügung stehen.

Da für die Erfüllung des Absatzvertrages keine zur Masse gehörenden Vermögensgegenstände verbraucht werden, ist die aus der Veräußerung der Vorbehaltsware stammende Erlösforderung auch als nicht massezugehörig anzusehen.

Die Vorschrift des § 91 InsO ist nach dem Kriterium des Werthaltigmachens deshalb auf die Vorausabtretung der Erlösforderung bei zuvor bestehendem Aussonderungsrecht an der veräußerten Ware nicht anwendbar.

c) Stellungnahme

Da sich durch die vorgeschlagene Berücksichtigung des Werthaltigmachens – anders als beim Geldkredit – ein abweichendes Ergebnis ergibt, ist eine Entscheidung notwendig.

Mit der Anwendung von § 91 InsO auch im Fall des verlängerten Eigentumsvorbehalts setzt sich *Häsemeyer* selbst in Widerspruch zu dem von ihm hervorgehobenen Sinn und Zweck dieser Norm. Auch nach *Häsemeyer* soll die Funktion von § 91 InsO im Schutz des Surrogationsprinzips[541] bei Handeln des Verwalters liegen und so für die Erhaltung der Insolvenzmasse sorgen.[542] Für eine Surrogation bei Gegenständen, die wegen des Eigentumsvorbehalts ohnehin der Aussonderung unterliegen, gibt es jedoch keinen Grund.

Deshalb kommt die von *Häsemeyer* angenommene Surrogation nicht in Betracht.[543] Die Forderung tritt nicht an die Stelle der veräußerten Vorbehaltsware, da diese wegen des bestehenden Aussonderungsrechts nach § 47 InsO nicht zur Insolvenzmasse gehört.[544]

Gegen die auch vom BGH angenommene Unwirksamkeit der Forderungsabtretung beim verlängerten Eigentumsvorbehalt spricht auch die Ersatzaussonde-

---

541 Zur ungeschriebenen Verwaltungssurrogation vgl. die Ausführungen oben auf Seite 67f.
542 *Häsemeyer*, Insolvenzrecht, Rdnr.10.26 Fn.88.
543 Einen Bezug zu Massegegenständen verlangt i.Ü. an anderer Stelle auch *Häsemeyer*, Insolvenzrecht Rdnr.9.28 mit Hinweis auf K/P-*Lüke*, § 80 Rdnr.55f „...objektiver Bezug, wenn Erfüllung mit Massemitteln erfolgt...".
544 So auch Jaeger-*Henckel*, § 48 Rdnr. 53; Jaeger-*Windel*, § 91 Rdnr.62 ff.; *Marotzke*, KTS 1979, 41 (48).

rung⁵⁴⁵ nach § 48 S.1 InsO, falls der Insolvenzverwalter die Ware bereits veräußert hat.

Der Insolvenzverwalter veräußert die Vorbehaltsware unberechtigt i.s. § 48 InsO, da die zur Weiterveräußerung berechtigende Ermächtigung des Zessionars entfallen ist.⁵⁴⁶ Die Veräußerung ist auch gegenüber dem Zessionar wirksam. Das vorbehaltene Eigentum erlischt entsprechend der §§ 932, 936 BGB, da der Abnehmer das Volleigentum gutgläubig lastenfrei erwirbt, wenn der Eigentumsvorbehalt nicht offen gelegt wird.⁵⁴⁷

Als Ausgleich kann der Zessionar gemäß § 48 S.1 InsO die Abtretung der vom Verwalter begründeten und nach Erfüllung gegenüber dem Abnehmer auch werthaltigen Erlösforderung als Ersatz für das verlorene Vorbehaltseigentum verlangen.⁵⁴⁸

Der Zessionar kann die Vergütungsforderung also trotz der Anwendung von § 91 InsO erwerben, wenn auch erst über den „Umweg" eines schuldrechtlichen Anspruchs gegen die Masse auf Grund der Ersatzaussonderung nach § 48 S.1 InsO.

Die mit dem Vorstellungsbild des Durchgangserwerbs ermittelt Massezughörigkeit der Forderung verletzt die von der Insolvenzordnung zum Ausdruck gebrachte Vermögenszuordnung der abgetretenen Erlösforderung zum Zessionar, welche durch die Ersatzaussonderung nach § 48 S.1 wiederhergestellt wird.⁵⁴⁹

Auch aus diesem Grund sollte die Vergütungsforderung beim Warenkredit nach dem vorgeschlagenen Kriterium des Werthaltigmachens haftungsrechtlich von vornherein nicht als Massegegenstand i.S.v. § 91 InsO angesehen werden.⁵⁵⁰ Dies würde dann auch mit der Wertung des § 48 InsO übereinstimmen.

2. Der Warenkredit und das Erfüllungswahlrecht nach § 103 InsO

Wie schon beim Geldkredit kann auch der Zedent noch vor der Insolvenzeröffnung den Absatzvertrag geschlossen haben, der bei Insolvenzeröffnung weder vom Zedenten noch vom Abnehmer bereits vollständig erfüllt ist. Der Insolvenz-

---

545   Vgl. zur Ersatzaussonderung MünchKomm-*Ganter*, § 48 Rdnr.5f; *Häsemeyer*, Insolvenzrecht, Rdnr. 10.18 ff.
546   Vgl. zum Entfallen der Weiterveräußerungsermächtigung oben unter II. und die Nachweise Fn.530.
547   Wenn der Insolvenzverwalter das Bestehen der Weiterveräußerungsermächtigung behauptet, kann in Verbindung mit § 366 HGB gutgläubig das Eigentum erworben werden.
548   Für die Vorgängervorschrift § 46 KO vgl. BGHZ 27, 306 (308f.); MünchKomm-*Ganter,* vor §§ 49-52 Rdnr.27.
549   So auch Jaeger-*Henckel*, § 49 Rdnr.7 ff.
550   In diesem Sinne wohl auch MünchKomm-*Ganter*, § 48 Rdnr.7 der von einer haftungsrechtlichen Ausgliederung der Vergütungsforderung spricht.

verwalter entscheidet sich aus wirtschaftlichen Erwägungen für die Erfüllung des Absatzvertrages.[551]

a) Unanwendbarkeit von § 107 Abs. 1 InsO

Zunächst ist festzuhalten, dass in der hier betrachteten Konstellation die Vorschrift des § 107 Abs. 1 InsO mit dem dort normierten Ausschluss des Erfüllungswahlrechts bei beweglichen Sachen nicht einschlägig ist.

Die Vorschrift schützt den Abnehmer, falls dieser vom später insolventen Zedenten bereits Ware unter Eigentumsvorbehalt erworben hat und zwingt den Insolvenzverwalter zur Erfüllung des Absatzvertrages ohne Wahlrecht.[552]

Dies setzt voraus, dass der Zedent noch vor der Insolvenzeröffnung unter Eigentumsvorbehalt eine bewegliche Sache veräußert hat. Diese Problematik ist jedoch von den hier zu betrachtenden Auswirkungen des Werthaltigmachens der Erlösforderung verschieden. Die Vorschrift des § 107 Abs. 1 InsO erfasst nur den hier nicht interessierenden Fall, in dem der Abnehmer bis zur vollständigen Zahlung des Kaufpreises noch nicht Eigentümer der verkauften Ware ist.

Hinsichtlich des zu betrachtenden Absatzvertrages, aus dem die vorausabgetretene Erlösforderung stammt, besteht ebenfalls das Erfüllungswahlrecht nach der Grundnorm[553] des § 103 InsO.

b) Folgen der Erfüllungswahl

Soweit ersichtlich, existieren weder Rechtsprechung noch Literatur, welche die Wirksamkeit der Vorausabtretung im Fall des Erfüllungswahlrechts hinsichtlich des Absatzvertrages beim verlängerten Eigentumsvorbehalt problematisieren.[554]

---

551 Das Erfüllungswahlrecht des Absatzvertrages ist von dem des Liefervertrages zu unterscheiden, hier ist nur das Erfüllungswahlrecht hinsichtlich des Absatzvertrages von Interesse.
552 Zum Regelungszweck und dem früheren Streit zur Konkursfestigkeit des Eigentumsvorbehalts unter der Konkursordnung vgl. MünchKomm-*Ott*, § 107 Rdnr.1 mwN.
553 Zum systematischen Verhältnis von § 103 zu den §§ 140-115 InsO vgl. die Übersicht bei MünchKomm-*Kirchhof*, vor §§ 103 ff. InsO Rdnr.10 ff.
554 Gemeint ist hier das Erfüllungswahlrecht hinsichtlich des Absatzvertrages mit dem Abnehmer, nicht das Erfüllungswahlrecht hinsichtlich des Liefervertrages mit dem Zessionar. Der Grund für die fehlende Rechtsprechung hierfür ist vermutlich in der Zustimmung des Verwalters zur Abtretung mit Wirkung gegen die Masse zu sehen, die mit Erfüllungswahl hinsichtlich des Liefervertrages verbunden ist. Dadurch ist die Abtretung ganz unabhängig vom Erfüllungswahlrecht wirksam.

aa) „Qualitätssprung" der Forderung

Nach dem konstruktiven Ansatz der „Qualitätssprungtheorie" müsste die Erfüllungswahl des Insolvenzverwalters zu einer Aufwertung der Erfüllungsforderung des Abnehmers gemäß § 55 Abs.1 Nr.2 InsO führen.[555] Erst dadurch entfiele die mit Insolvenzeröffnung eingetretene Hemmung des Erfüllungsanspruchs der Masse gegen den Abnehmer, die bis zu Erfüllungswahl nach § 320 BGB besteht. Die qualitativ aufgewertete Forderung aus der Veräußerung wäre auch hier mit einer erst nach Insolvenzeröffnung entstandenen Forderung gleichzusetzen. Die vorausabgetretene Erlösforderung könnte aus diesem Grunde gemäß § 91 InsO nicht vom Zessionar erworben werden.

bb) Die Berücksichtigung des Werthaltigmachens bzw. des „Gegenleistungsgrundsatzes" als Wertungskriterium

Berücksichtigt man das Werthaltigmachen, besteht dagegen kein Grund, dem Zessionar beim verlängerten Eigentumsvorbehalt den Forderungserwerb zu versagen. An den veräußerten Waren bestand durch das Resteigentum ein Aussonderungsrecht gemäß § 47 InsO, so dass die zur Erfüllung einzusetzenden Mittel nicht zur Befriedigung der Insolvenzgläubiger zur Verfügung gestanden hätten. Insoweit kann auf die vorherige Argumentation zur Forderungsentstehung nach Insolvenzeröffnung verwiesen werden.

Zu diesem Ergebnis müsste auch der BGH kommen, wenn er sich nicht nur auf den konstruktiven Ansatz des „Qualitätssprung" beschränken würde, sondern den Gegenleistungsgrundsatz als Wertungskriterium hinzuzieht. Da wegen des Aussonderungsrechts von der Masse keine Leistungen erbracht werden, kann diese durch die Abtretung der aus der Veräußerung stammenden Forderung auch nicht verkürzt werden.[556]

Unter Beachtung des Gegenleistungsgrundsatzes als Wertungskriterium müsste auch der BGH zur Wirksamkeit des Forderungserwerbs beim verlängerten Eigentumsvorbehalt trotz Erfüllungswahl kommen.

3. Insolvenzanfechtung

Beim verlängerten Eigentumsvorbehalt müsste konsequenterweise die Insolvenzanfechtung der Abtretung — und wenn man daneben die selbständige Anfechtung

---

555 Vgl. zu den Auswirkungen des Erfüllungswahlrechts auf die Vorausabtretung nach der „Qualitätssprungtheorie" die Darstellung auf Seite 98 f.
556 Zum Gegenleistungsgrundsatz als hinter der „Qualitätssprungtheorie" stehendes Wertungsmodell vgl. die Ausführungen auf Seite 118 ff.

des Werthaltigmachens mit dem BGH für notwendig hält auch diese — ausgeschlossen sein.

a) Rechtsprechung und Literatur im Fall des verlängerten Eigentumsvorbehalts

Der BGH hat eine solche Einschränkung der Anfechtbarkeit in einer älteren Entscheidung vom 4. Mai 1975 auch tatsächlich angeführt.[557]

In dieser Entscheidung verneint der BGH die Anfechtbarkeit des Forderungserwerbs im Wege der Vorausabtretung, wenn und soweit der veräußerte Gegenstand im Eigentumsvorbehalt des Zessionars stand, und die Forderung nur an die Stelle des durch die Veräußerung verlorenen Eigentums an dem Gegenstand tritt.

Nach der Entscheidungsbegründung soll sich dieser Anfechtungsausschluss zwar nicht aus einer rechtlichen und auch nicht aus einer „vermögensmäßigen" Surrogation ergeben. Konstruktiv hat der BGH einen Sicherheitentausch angenommen, da an die Stelle des vorbehaltenen Resteigentums nach der Veräußerung die Erlösforderung tritt. Dadurch würde nur das insolvenzfeste Aussonderungsrecht in die nach der Veräußerung bestehende Erlösforderung getauscht werden, ohne dass sich die Befriedigungsaussichten der Insolvenzgläubiger beeinträchtigten würden.

Dies soll jedenfalls bis zur Höhe des Wertes der unter Eigentumsvorbehalt stehenden Waren gelten. Soweit die Vergütungsforderung den Wert der vom Zessionar gelieferten Ware übersteigt und deshalb auf den eigenen Leistungen des Zedenten beruht, soll die Vorausabtretung nach Auffassung des BGH anfechtbar bleiben. In zwei weiteren Entscheidungen hat der BGH diese Rechtsprechung bestätigt.[558]

Auch in der Literatur wird ein Ausschluss der Anfechtbarkeit wegen fehlender Gläubigerbenachteiligung angenommen, wenn die zur Erfüllung eingesetzten Mittel wegen bestehender Aus- bzw. Absonderungsrechte ohnehin nicht für die Gläubigerbefriedigung zur Verfügung stehen würden.[559]

b) Das Kriterium des Werthaltigmachens

Das gleiche Ergebnis folgt auch nach Kriterium des Werthaltigmachens. Da die veräußerten Gegenstände nicht zum Vermögen des Zedenten gehörten und des-

---

557 BGHZ 64, 312 (314).
558 BGH NJW-RR 1986, 536 (538); BGH NJW-RR 2000, 1154 ff. Siehe auch OLG Dresden, ZinsO 2008, 564 (565).
559 *Kirchhof*, ZinsO 2004, 465 (468); MünchKomm-*Kirchhof*, § 131 Rdnr. 22; § 129 Rdnr. 150, 155; HK-*Kreft*, § 129 Rdnr.57; *Jaeger/Henckel*, § 29 Rdnr.156 ff.; *Marotzke*, KTS 1979, 40 (47), der zusätzlich eine Surrogation zu Gunsten des Zessionars annimmt.

halb im Moment der Insolvenzeröffnung wegen des Aussonderungsrechts nicht in die Masse fallen, würde auch danach die Anfechtung mangels Gläubigerbenachteiligung ausscheiden.

Das Kriterium des Werthaltigmachens ist jedoch umfassender als der konstruktive Ansatz des Sicherheitentauschs und kann auch die teilweise erfolgte Wertschöpfung durch Arbeitsleistungen[560] erfassen, wie es für die Werkverträge typisch ist. Werden diese nicht von Zedenten finanziert, dürfte die allein dadurch geschaffene Werthaltigkeit nach dem Kriterium des Werthaltigmachens nicht anfechtbar sein, da keine (finanziellen) Mittel des Zedenten und damit der späteren Masse verbraucht wurden. Die konstruktive Begründung eines Sicherheitentauschs – wie beim Erlöschen des Eigentumsvorbehalts gegen Abtretung der Erlösforderung – dürfte bei nicht vom Zedenten finanzierten Arbeitsleistungen kaum zu begründen sein.[561] Es bedarf deshalb eines weitergehenden Kriteriums wie das hier vorgeschlagene Werthaltigmachen ohne Verbrauch von Mitteln der Insolvenzmasse, um die Unanfechtbarkeit überzeugend begründen zu können.

Durch das Kriterium des Werthaltigmachens kann umfassend jede Art der Vertragserfüllung die Anfechtbarkeit ausschließen, wenn dafür keine Mittel der späteren Insolvenzmasse verbraucht werden.

c) Übertragung auf die selbständige Anfechtung des Werthaltigmachens

Die vom BGH auf die fehlende Gläubigerbenachteiligung gestützte Unanfechtbarkeit der Vorausabtretung beim Warenkredit – die sich auf Anfechtung des Forderungserwerbs bezieht — lässt sich auf die selbständige Anfechtung[562] des Werthaltigmachens — wenn man diese mit dem BGH für notwendig hält — übertragen. Es ist anzunehmen, dass der BGH auch hier mangels Gläubigerbenachteiligung die Anfechtbarkeit ablehnen würde. Das gleiche Ergebnis ergibt sich, wenn man – wie oben vorgeschlagen[563] – den Forderungserwerb und das Werthaltigmachen als einen einheitlichen Anfechtungsgegenstand ansieht.

---

560 Vgl. zur Problematik der Arbeitsleistungen beim Werthaltigmachen vgl. die Ausführungen auf Seite 167.
561 Dieses konstruktive Problem sieht auch *Mitlehner*, ZIP 2007, 1925 (1930).
562 Die selbständige Anfechtung des Werthaltigmachens bei der Vorausabtretung war zu diesem Zeitpunkt vom BGH noch nicht entwickelt worden. Daher müssen sich die Ausführungen des BGH auf den Forderungserwerb beziehen.
563 Zu diesem Vorschlag siehe die Ausführungen auf Seite 157 ff.

V. Der Warenkredit und das Kriterium des Werthaltigmachens

Mit dem Kriterium des Werthaltigmachens lassen sich auch im Fall des Warenkredits in Form des verlängerten Eigentumsvorbehalts kann die Wirksamkeit bzw. Unanfechtbarkeit des Forderungserwerbs finden widerspruchsfrei begründet werden.

Fallen die zur Erfüllung einzusetzenden Mittel wegen des Aussonderungsrechts des Zessionars nicht in die Masse, ist der Forderungserwerb wirksam. Dieses an Hand des Kriteriums des Werthaltigmachens gefundene Ergebnis beruht auf der gesetzlichen Wertung des § 48 InsO zur Ersatzaussonderung der Forderung, wonach die Forderung letztlich dem Zessionar zuzuordnen ist.[564]

Auch bei den Wirkungen des Erfüllungswahlrechts als zusätzliches Wertungskriterium hinzugezogen werden. Der konstruktive Ansatz der „Qualitätssprungtheorie" würde dagegen allein zur Unwirksamkeit des Forderungserwerbs führen. Die Unwirksamkeit würde jedoch gegen den vom BGH selbst herangezogenen „Gegenleistungsgrundsatz" als Wertungsprinzip verstoßen und müsste deshalb folgerichtig auch vom BGH abgelehnt werden.

Im Anfechtungsrecht hat der BGH das Werthaltigmachen ohne Verbrauch von Mitteln der späteren Masse als Kriterium für die Unanfechtbarkeit des Forderungserwerbs bereits anerkannt. Das Werthaltigmachen kann als Wertungskriterium die fehlende Gläubigerbenachteiligung begründen, da die verbrauchten Mittel ohnehin nicht zur Masse gehört hätten. Die vom BGH gewählte konstruktive Umsetzung der Unanfechtbarkeit durch einen Sicherheitentausch, dürfte dagegen zu eng sein. Hinsichtlich anderer Arten der Vertragserfüllung[565] – insbesondere bei nicht vom Zedenten finanzierten Arbeitsleistungen – kann die Unanfechtbarkeit nur an Hand des Kriteriums des Werthaltigmachens begründet werden. Dieses Problem stellt sich, wenn in der finanziellen Krise der Zessionar als Lieferant die Ware selbst verarbeiten lässt, um einen weiteren Wertverfall zu verhindern.[566]

---

564 Die Wertung des § 48 InsO ist auch die Grundlage für das Kriterium des Werthaltigmachens – vgl. dazu die Ausführungen auf Seite 65 f.
565 Schon im Grundsatzurteil wird deutlich, dass jede Handlung, die zur Werthaltigkeit der Forderung führt, als anfechtbares Werthaltigmachen anzusehen ist – BGHZ 174, 297 (309 f.). Es kommt daher nur auf die Wertschöpfung als Erfolg an.
566 Zur Problematik der Erfassung finanzierter Arbeitsleistungen vgl. die Ausführungen auf Seite 167 beim Geldkredit und auf Seite 183 beim Warenkredit.

C. Fazit: Das Werthaltigmachen als Wertungskriterium für die Vorausabtretung neben den bisherigen konstruktiven Ansätzen

I. Notwendigkeit eines zusätzlichen Wertungskriteriums

Die Vorausabtretung von Forderungen aus noch zu erfüllenden gegenseitigen Verträgen wirft in der Insolvenz des Zedenten eine Reihe von Problemen auf, die sich nicht durch eine isolierte Betrachtung des Abtretungsvertrages und der Vertragserfüllung bzw. allein durch rechtskonstruktive Begründungen zufriedenstellend bzw. widerspruchsfrei erfassen lassen.

So kann das Vorstellungsbild des „Durchgangserwerbs" bei der Begründung der Massezugehörigkeit für die Anwendung von § 91 InsO nicht vollständig überzeugen.[567] Auch die „Qualitätssprungtheorie" kann die nachträgliche Unwirksamkeit des bereits mit Entstehung der Forderung abgeschlossenen Forderungserwerbs nicht erklären, wenn man sich nur allein auf den konstruktiven Ansatz[568] der Aufwertung der Forderung als Folge der Erfüllungswahl beschränkt.

Auch im Anfechtungsrecht ist der Forderungserwerb nicht anfechtbar, weil ohne die gleichzeitige Berücksichtigung der Vertragserfüllung keine Gläubigerbenachteiligung vorliegen kann.

Erfolgt die Vertragserfüllung durch vom Zedenten finanzierte Arbeitsleistungen in anfechtbarer Zeit, lässt sich mit konstruktiven Begründungen die Gläubigerbenachteiligung zu § 129 InsO nur schwer begründen, und im Fall der fehlenden Finanzierung durch den Zedenten auch nur schwer ausschließen.[569]

II. Das Werthaltigmachen als Kriterium für die Vorausabtretung im Allgemeinen

Die vollständige Erfassung der Vorausabtretung von Forderungen aus gegenseitigen Verträgen wird erst durch ein zu Grunde liegendes Wertungskriterium ermöglicht. Ein solches Kriterium darf sich nicht nur auf die Erfüllungswahl nach § 103 InsO beschränken, sondern muss auch die Forderungsentstehung nach

---

567 Dazu ausführlich die Betrachtung auf Seite 61 ff.
568 Deshalb zieht der BGH auch den Gegenleistungsgrundsatz als Wertungsprinzip hinzu – vgl. dazu auf Seite 88 f.
569 Durch die Annahme eines Sicherheitentauschs kann dies nur schwer begründet werden – vgl. dazu die Ausführungen auf Seite 183f.

Insolvenzeröffnung außerhalb des Wahlrechts und die Insolvenzanfechtung umfassen.

Schließlich stellt sich bei der Vorausabtretung die zu Grunde liegende Wertungsfrage, wem der durch die Vertragserfüllung geschaffene Wert zu Gute kommen soll, ganz unabhängig von der Forderungsentstehung bzw. Vertragserfüllung vor bzw. nach der Insolvenzeröffnung und unabhängig von Wirksamkeit bzw. Anfechtbarkeit des Forderungserwerbs.

Nach dem Ergebnis der Betrachtung kann das Werthaltigmachen unter Verbrauch von Mitteln der Insolvenzmasse in der Frage der Wirksamkeit bzw. der Anfechtbarkeit die Zuordnung der werthaltigen Forderung bzw. ihres Vermögenswertes zu den Insolvenzgläubigern erklären. Das Kriterium des Werthaltigmachens ist allgemein und berücksichtigt den Umstand der zeitlich nachfolgenden Vertragserfüllung bei gegenseitigen Verträgen.

Das Kriterium kann auch im Fall des verlängerten Eigentumsvorbehalts angewendet werden, wobei sich wegen des dort bestehenden Aussonderungsrechts die Wirksamkeit bzw. Unanfechtbarkeit des Forderungserwerbs als gegenteiliges Ergebnis zum Geldkredit begründen lässt. Als Wertungskriterium ist es flexibel genug, die sonst nur zu schwer zu erfassenden finanzierten Arbeitsleistungen zu erfassen, die ein Unternehmen erbringt.

III. Die Bildung eines umfassenden Konzepts für die Vorausabtretung

Mit dem vorgeschlagenen Wertungskriterium des Werthaltigmachens kann ein geschlossenes Konzept[570] für die Vorausabtretung in der Insolvenz geschaffen werden. Die im Verlauf der Betrachtung aufgezeigten Probleme der Anwendung der insolvenzrechtlichen Schutznormen auf die Vorausabtretung in der Insolvenz können auf das Werthaltigmachen der Forderung unter Verbrauch von Mitteln der (ggf. späteren) Insolvenzmasse als zugrundeliegender übergreifender Wertungsgesichtspunkt zurückgeführt werden.[571] Das auch mit den konstruktiven Begründungsansätzen gefundene Ergebnis kann dann am Kriterium des Werthaltig-

---

570 Dieses aus dem Wertungskriterium entwickelte Konzept kann auch als ein System für die Auswirkungen der Insolvenz auf die Vorausabtretung bezeichnet werden – Zum Systembegriff *Canaris*, Systemdenken und Systembegriff in der Jurisprudenz, S.35 ff.
571 Gerade weil bei dem komplexen Gesamtproblem der Vorausabtretung die einfache begriffliche Subsumtion unter die insolvenzrechtlichen Normen nicht immer überzeugend gelingt., rechtfertigt sich die zusätzliche Betrachtung des vorgeschlagenen Wertungskriteriums. Zu den Grundlagen, zum Nutzen und den Grenzen von Wertungsprinzipien vgl. die Ausführungen weiterer Nachweise bei *Larenz/Canaris*, Methodenlehre S.37 ff.

machens überprüft und – wie im Fall des verlängerten Eigentumsvorbehalts ggf. korrigiert — werden.

Das heißt jedoch keinesfalls, dass sich das Kriterium des Werthaltigmachens von den insolvenzrechtlichen Normen und ihren begrifflichen Voraussetzungen vollständig ablöst. Im Gegenteil: Das vorgeschlagene Wertungskriterium stützt sich auf die in der Insolvenzordnung vorhandenen Normen, deren Voraussetzungen und die bereits vorhandenen Wertungen. Das Werthaltigmachen beeinflusst aber auch die Auslegung von Normen und ihrer Voraussetzungen oder wirkt zumindest als zusätzliches Wertungskriterium mit, wenn konstruktive Ansätze nicht vollständig überzeugen können.

So nimmt des Kriterium des Werthaltigmachens Bezug auf die in der Insolvenzordnung enthaltenen Wertungsprinzipien[572] als Befriedigungszweck der Massegegenstände nach den §§ 1, 38 InsO, die Wertung der Ersatzaussonderung nach § 48 InsO (bzw. § 55 Abs.1 Nr.3 InsO) und die ungeschriebene, aber weitgehend anerkannte Verwaltungssurrogation.

Der Gesichtspunkt des Werthaltigmachens unter Verbrauch von Mitteln der Insolvenzmasse wirkt auf den Begriff der „Massezugehörigkeit" i.S.v. § 91 InsO ein und bestimmt dadurch die Unwirksamkeit der Abtretung.[573] Im Anfechtungsrecht ist das Werthaltigmachen für die Feststellung der Gläubigerbenachteiligung gemäß § 129 InsO erforderlich.[574] Nach hier vertretener Auffassung wirkt es auch auf den Begriff der „rechtlichen Wirkungen" i.S.v. § 140 InsO und damit auf die Festlegung des für die Anfechtung der maßgeblichen Zeitpunkts bei der Vorausabtretung ein.

Mit dem Wertungskriterium des Werthaltigmachens können die unterschiedlichen Auswirkungen der Insolvenzeröffnung auf die Vorausabtretung von Forderungen aus gegenseitigen Verträgen auf eine weitere dogmatische Grundlage gestellt und so die vorhandenen konstruktiven Ansätze sinnvoll ergänzt werden.

---

572 Vgl. zu den normativen Grundlagen des Werthaltigmachens die Ausführungen auf Seite 64ff.
573 Dies gilt für die Anwendung von § 91 InsO nach der Insolvenzeröffnung (vgl. S.69) und in Zusammenhang mit dem Erfüllungswahlrecht (vgl. S. 124)
574 Bzw. für den Ausschluss der Gläubigerbenachteiligung.

Gesamtergebnis

1. Über die Wirksamkeit bzw. Anfechtbarkeit der Vorausabtretung von Forderungen aus gegenseitigen Verträgen kann nach hier vertretener Auffassung in der Insolvenz des Zedenten nur gemeinsam mit der Vertragserfüllung entschieden werden.

2. Die vorhandenen konstruktiven Ansätze können die Unwirksamkeit des Forderungserwerbs bzw. die Anfechtbarkeit nicht immer überzeugend begründen. Aus diesem Grund sollte zusätzlich der Gesichtspunkt des Werthaltigmachens unter Verbrauch von Mitteln der Insolvenzmasse hinzugezogen werden.

3. Dieser Wertungsgesichtspunkt kann einheitlich in jedem Abwicklungsstadium der Vorausabtretung und unabhängig vom Zeitpunkt der Forderungsentstehung und der Vertragserfüllung vor bzw. nach Insolvenzeröffnung herangezogen werden. Das Werthaltigmachen fließt dabei übergreifend in die Anwendung und Auslegung der unterschiedlichen insolvenzrechtlichen Normen zum Schutz der Insolvenzmasse ein. Es ermöglicht auch die Erfassung der Wertschöpfung durch Arbeitsleistungen, die der Zedent finanziert hat. Ohne Finanzierung durch den Zedenten ist die nach dem Kriterium des Werthaltigmachens insoweit die Anfechtung ausgeschlossen.

4. Das Kriterium des Werthaltigmachens knüpft u.a. an die in der Insolvenzordnung angelegten Wertungen zur Ersatzaussonderung (§ 48 InsO) und dem Befriedigungszweck der Massegegenstände nach §§ 1 35 InsO an. Als Folge der vorgeschlagen Berücksichtigung des Werthaltigmachens wird die Insolvenzmasse nicht nur vor dem Verlust von körperlichen Massegegenständen geschützt. Vielmehr wird der Schutz auch auf den jeweiligen Vermögenswert der Massegegenstände ausgedehnt, der auf Kosten der Insolvenzmasse durch die Vertragserfüllung erarbeitet wurde und nach der Erfüllung nur noch in der von der Vorausabtretung erfassten Vergütungsforderung verkörpert ist. Mit Blick auf die Anfechtung wird die noch „werdende" Insolvenzmasse gegen eine entsprechende Aushöhlung vor Insolvenzeröffnung auch dann geschützt, wenn der Forderungserwerb – isoliert betrachtet – wegen des früheren Ablaufs der Tatbestandsfristen der §§ 130, 131 InsO nicht anfechtbar wäre.

5. Die vorgeschlagene Berücksichtigung des Werthaltigmachens führt zu keinen abweichenden Ergebnissen bei der Anwendung der Masseschutzvorschriften beim Geldkredit. Allerdings können die mit den konstruktiven Ansätzen gefundenen Ergebnisse unter dem Gesichtspunkt des Werthaltigmachens auf eine neue dogmatische Grundlage gestellt werden. Beim Warenkredit in Form des verlängerten Eigentumsvorbehalts können aus dem Gesichtspunkt des Werthaltigmachens Ergebnisse folgen, die von der Unwirksamkeit bzw. Anfechtbarkeit nach den bisherigen konstruktiven Ansätzen abweichen. Nur die mit dem Kriterium des Werthaltigmachens gefundenen Ergebnisse lassen sich mit den anderen in der Insolvenzordnung enthaltenen Wertungen vereinbaren.

6. Die Berücksichtigung des zeitlich nachfolgenden Werthaltigmachens bei den Anfechtungsvoraussetzungen — sei es bei der vom BGH entwickelten selbständigen Anfechtung bzw. bei der hier vorgeschlagenen Anfechtung des Forderungserwerbs — führt zu einer zeitlich begrenzten Erweiterung der Anfechtungsrisiken bei frühzeitigem Vertragsschluss und Erfüllungszeiträumen, die länger als die dreimonatigen Tatbestandsfristen der Deckungsanfechtung nach den §§ 130, 131 InsO sind. Dies dürfte vor allem größere Bauprojekte betreffen.

Literaturverzeichnis

Adam, Roman F.	Die Aufrechung gegen das Erfüllungsverlangen des Konkursverwalters, Diss. Gießen, 1994 (zit.: *Adam*, Diss., S.)
	Die Forderungsabtretung und das Wahlrecht des § 103 InsO, DZWIR 1998, S.227 ff.
	Kann das Erfüllungsverlangen des Konkursverwalters mit einer Aufrechnungserklärung beantwortet werden? NJW 1995, S.3103 ff.
	Die Korrektur masseschädlicher Handlungen des Insolvenzverwalters bei der ungerechtfertigten Begünstigung von Gläubigern, DZWIR 2000, S.89 ff.
Arbeitskreis für Insolvenz- und Schiedsgerichtswesen e.V. (Hrsg.)	Kölner Schrift zur Insolvenzordnung Das neue Insolvenzrecht in der Praxis, Gesamtredaktion Karlhans Fuchs, 2. Auflage Herne/Berlin 2000 (zit.: *Bearbeiter*, in: Kölner Schrift, S.)
Arndt	Die Wirkung einer Vorausabtretung künftiger Forderungen im Konkurs, DRiZ, 1954, S. 233f.
Baldringer, Sebastian	Vertragliche Lösungsklauseln auf den Insolvenzfall, DZWIR 2004, S.285 ff.

Bärenz, Christian	Von der Erlöschenstheorie zur Theorie der insolvenzrechtlichen Modifizierung – zur Dogmatik der neuen BGH-Rechtsprechung zu § 103 InsO, NZI 2006, S.72 ff.
Barnert, Thomas	Anmerkung zum Urteil des BGH vom 1.04.2004 – IX ZR 305/00 – (ZIP 2004, 957 ff.) KTS 2005, S.92 ff
Baur, Jürgen Fritz *Stürner, Rolf*	Zwangsvollstreckungs-, Konkurs- und Vergleichsrecht Band II Insolvenzrecht, 12. Auflage, Heidelberg 1990
	Sachenrecht, 17. neubearbeitete Auflage, München 1999
Beiner, Torsten *Luppe, Ulrich*	Insolvenzanfechtung bei Forderungserwerb aus Sicherungsglobalzession, NZI 2005, S. 15 ff.
Berger, Christian (Hrsg.)	Dritter Leipziger Insolvenzrechtstag, - Dokumentation des Symposiums vom 11.02.2002, Berlin 2002
	Der Zeitpunkt des anfechtungsrechtlichen Wirksamwerdens eines Pfandrechts zur Sicherung künftiger Forderungen nach § 140 InsO, NZI 2007, 566 ff.

Blum, Stefan	Zur (Un-)Anfechtbarkeit der Globalzession (Zugleich: Anm. zu LG Berlin, Urt.v. 26.1.2007 ZinsO 2007, S.555 ff.) ZinsO 2007, S. 528 ff.
Bork, Reinhard (Hrsg.)	Handbuch des Insolvenzanfechtungsrechts, Köln 2006 (zit.: *Bork*, Insolvenzanfechtung)
	Einführung in das Insolvenzrecht, 5. neubearbeitete Aufl., Tübingen 2009. (zit.: *Bork*, Insolvenzrecht)
	Zur Dogmatik des § 17 KO, in: Bettermann, Karl August (Hrsg.), Festschrift für Albrecht Zeuner zum 70. Geburtstag, Tübingen 1994, S.297 ff. (zit.: *Bork*, in: Festschrift Zeuner)
	Die Rolle der Banken in der vorläufigen Insolvenz, ZBB 2001, S.271 ff.
	Anmerkung zum Urteil des BGH vom 4.05.1995 – IX ZR 256/93 – (BGHZ 129,336) JZ 1996, S.49 ff.
Brandt, Sven *Günther, Antje*	Kongruenz von Kreditsicherheiten – gleichzeitig eine Besprechung von OLG Karlsruhe, BKR 2006, 161. BKR 2006, S.232 ff.
Brandt, Sven	Anmerkung zum Urteil des BGH vom 29.11.2007 – IX ZR 30/07 – (BGHZ 174, 279 ff.) BKR 2008, 117 f..

Braun, Eberhard (Hrsg.)	Insolvenzordnung, Kommentar 3. Auflage München 2007 (zit.: Braun-*Bearbeiter*)
Bremkamp, Christoph	Anmerkung zum Urteil des BGH vom 25.04.2002 – IX ZR 313/99 – (DB 2002, S.1499 ff.) DB, 2002, S.1501 ff.
Bülow, Peter	Recht der Kreditsicherheiten, 7. Auflage, Heidelberg 2007 (zit.: *Bülow*, Kreditsicherheiten)
Caemmerer, Ernst v.	Verlängerter Eigentumsvorbehalt und Bundesgerichtshof, JZ 1953, S.97 ff.
Canaris, Claus-Wilhelm	Systemdenken und Systembegriff in der Jurisprudenz entwickelt am Beispiel des deutschen Privatrechts, Schriften zur Rechtstheorie, Heft 14, Berlin 1969 (zit.: *Canaris,* Systemdenken und Systembegriff)
Christiansen, Julian	Bedingungen und Befristungen im Recht der Insolvenzanfechtung, KTS 2003, S.353 ff.
Cranshaw, Friedrich L.	Die Anfechtung der Globalzession - offene Fragen nach der aktuellen Rechtsprechung des Bundesgerichtshofs? DZWiR 2008, S.221 f. Weitere Entwicklungslinien in der aktuellen Rechtsprechung des BGH zur Globalzession, DZWiR 2008, S.397 ff.

Dahncke, Sabine	Zur Sicherungsabtretung von Forderungen, die im Konkurs des Zedenten dem § 17 KO unterliegen, Diss. Berlin 1997 (zit.: *Dahncke*, Diss.)
Dahl, Michael *Schmitz, Jan*	Zur Anfechtung bei Werthaltigmachung einer global abgetretenen Forderung durch Arbeitnehmerleistungen, NZI 2008, S. 541 f.
Dampf, Peter	Die Rückführung von debitorischen Kontokorrentkrediten in der Unternehmenskrise und ihre Behandlung nach KO und InsO KTS 1998, S.145 ff.
Dieckmann, Albrecht	Zur Reform des Ersatzaussonderungsrechts, in: Gerhardt, Walter (Hrsg.), Festschrift für Wolfram Henckel zum 70. Geburtstag am 21. April 1995, Berlin 1995, S.95 ff. (zit.: *Dieckmann*, Festschrift Henckel)
Eckardt, Diederich	Vorausverfügung und Sequestration, ZIP 1997, S.957 ff.
	Die Ausübung der Mobiliarsicherheiten in der Unternehmenskrise, ZIP 1999, S.1734 ff.
	Kreditsicherung versus Insolvenzanfechtung − Zur Anfechtung globaler Kreditsicherheiten, dargestellt anhand des AGB-Pfandrechts der Banken, ZIP 1999, S.1417 ff.
	Anmerkung zum Urteil des BGH vom 26.06.2008 − IX ZR 144/05 − (ZIP 20008, 1435 ff.) EWiR 2008, 689 f.

Eckert, Rainer	Probleme der Bestimmung des für die Insolvenzanfechtung relevanten Zeitpunkts nach § 140 InsO, Diss., Frankfurt am Main 2003 (zit.: *Eckert*, Diss.)
Eickmann, Dieter	Heidelberger Kommentar zur Insolvenzordnung 4., neu bearb. Aufl., Heidelberg 2006 (zit.: HK-*Bearbeiter*)
Elz, Dirk	Verarbeitungsklauseln in der Insolvenz der Vorbehaltskäufers – Aussonderung oder Absonderung ? ZInsO 2000, 478 ff.
Fillmann, Andreas	Anfechtung der Globalzession als inkongruente Deckung –BGH locuta, causa finita? NJOZ 2008, S.824 ff.
Fischer, Gero	Der maßgebliche Zeitpunkt der anfechtbaren Rechtshandlung, ZIP 2004, 1679
	Aufrechnung und Verrechnung in der Insolvenz, WM 2008, S.1 ff.
	Die Rechtsprechung des BGH zum Insolvenzrecht im Jahr 2007, NZI 2008, S. 265 ff.
Flume, Werner	Zur Problematik des verlängerten Eigentumsvorbehalts, NJW 1959, S.913 ff.
	Der verlängerte und erweiterte Eigentumsvorbehalt, NJW 1950, S.841 ff.

Förl, Thomas	Die Absicherung von Neukonsorten in Share Pledge Agreements, RNotz 2007, S.433 ff.
Furche, Steffen	Die Globalabtretung in der Insolvenz, WM 2007, S.1305 ff.
Ganter, Hans Gerhard	Die Rechtsprechung des Bundesgerichtshofs zum Insolvenzrecht im Jahre 2004 NZI 2005, S.243 ff.
Gerhardt, Walter	Die systematische Einordnung der Gläubigeranfechtung, Diss. Göttingen 1969 (zit.: *Gerhardt*, Diss.)
	Vorausabtretung und § 17 KO, in: Walter, Gerhardt (Hrsg.), Festschrift für Franz Merz, Köln 1992, S.117 ff. (zit.: *Gerhardt,* in: Festschrift für Merz)
	Vorausabtretung und Konkurseröffnung, in: Schön, Wolfgang (Hrsg.), Gedächtnisschrift für Brigitte Knobbe-Keuk, Köln 1997, S.169 ff., (zit.: *Gerhardt*, in: Gedächtnisschrift für Knobbe-Keuk)
	Verfügungsbeschränkungen in der Eröffnungsphase und nach Verfahrenseröffnung, in: Arbeitskreis für Insolvenz- und Schiedsgerichtswesen e.V. (Hrsg.), Kölner Schrift zur Insolvenzordnung, 2. Auflage, Herne/Berlin 2000 (zit.: *Gerhardt*, in: Kölner Schrift)
Gerhardt, Walter *Kreft, Gerhart*	Aktuelle Probleme der Insolvenzanfechtung, 10. Auflage, Köln 2006 (zit.: *Gerhardt/Kreft*, Insolvenzanfechtung)

Gernhuber, Joachim (Hrsg).	Bürgerliches Recht: ein systematisches Repetitorium 4. Auflage, München 1998 (zit.: *Gernhuber*, Bürgerliches Recht)
Gottwald, Peter (Hrsg.)	Insolvenzrechts-Handbuch 4. Auflage, München 2009 (zit.: Gottwald-*Bearbeiter*, Insolvenzrechts-Handbuch)
Graf, Ulrich *Wunsch, Irene*	Gegenseitige Verträge im Insolvenzverfahren, ZIP 2002, 2117
Gundlach, Ulf *Frenzel, Volkhard* *Schmidt, Nikolaus*	Die Anfechtung von Forderungseinziehungen durch den Sicherungsnehmer vor Insolvenzeröffnung, NZI 2004, S. 305 ff.
	Die Anwendbarkeit des § 48 InsO auf Veräußerungen durch den Insolvenzschuldner, DZWIR 2001, S.441 ff.
Hahn, Carl (Hrsg.).	Die gesammelten Materialien zu den Reichsjustizgesetzen, Vierter Band, Materialien zur Konkursordnung, 1881, Neudruck 1983 (zit.: *Hahn*, Materialien zu den Reichsjustizgesetzen)
Hahnzog, Klaus	Die Rechtsstellung des Zessionars künftiger Forderungen, Diss. München 1962, (zit.: *Hahnzog*, Diss.)
Harder, Sirko	Insolvenzrechtliche Surrogation, Köln 2002
Häsemeyer, Ludwig	Insolvenzrecht, 4. Auflage, Köln/München 2007

	Der Surrogationsgedanke im Konkursrecht - dargestellt an der Ersatzaussonderung, KTS 1990, S.1 ff.
	Die Gleichbehandlung der Konkursgläubiger, KTS 1982, S.507 ff.
	Das funktionelle Synallagma im Konkurs- und Vergleichsverfahren, KTS 1973, S. 2 ff.
	Anmerkung zum Urteil des BGH vom 21.11.1991 – IX ZR 290/90 – (BGHZ 116, 156 ff.) JR 1992, 423 ff.
Heinze, Harald	Die Wertauffüllung einer globalzedierten Forderung in der Rechtsprechung des BGH, DZWIR 2008, 185 ff.
Henckel, Wolfram	Gegenseitige Verträge in Konkurs und Vergleich, ZZP 99 (1986), 419
	Aufrechnung in der Insolvenz, in: Prütting, Hans (Hrsg.), Verfahrensrecht am Ausgang des 20. Jahrhunderts: Festschrift für Gerhard Lüke zum 70. Geburtstag, München 1997, S.237 ff. (zit.: *Henckel*, in: Festschrift Lüke)
	Konstruktion, Funktion, Interessen – zur modifizierten Erlöschenstheorie durch den Bundesgerichtshof, in: Gerhardt, Walter (Hrsg.), Insolvenzrecht im Wandel der Zeit: Festschrift für Hans-Peter Kirchhof zum 65. Geburtstag, Recklinghausen 2003, S.191 ff. (zit.: *Henckel*, in: Festschrift Kirchhof)

Anmerkung zum Urteil des BGH vom
27.2.1997
– IX ZR 5/96 –
(BGHZ 135, 25 ff.)
JZ 1998, S.155 ff.

Vorausverfügung und Aufrechnung bei der Miete beweglicher Sachen und bei der Rechtspacht im Konkurs des Vermieters und des Verpächters
in: Grunsky, Wolfgang (Hrsg.), Festschrift für Fritz Baur,
Tübingen 1981
(zit.: *Henckel*, Festschrift Baur)

Insolvenzanfechtung
in: Arbeitskreis für Insolvenz- und Schiedsgerichtswesen e.V. (Hrsg.), Kölner Schrift zur Insolvenzordnung,
2. Auflage, Herne/Berlin 2000, S.813 ff.
(zit. *Henckel*, Kölner Schrift)

Jaeger, Ernst (Begr.)
Gerhardt, Walter (Hrsg.)

Insolvenzordnung, Großkommentar
Erster Band, §§ 1-55
1. Auflage
Berlin 2004.
(zit.: Jaeger-*Bearbeiter*)

Jaeger, Ernst (Begr.)
Henckel, Wolfram (Hrsg.)

Insolvenzordnung, Großkommentar
Vierter Band, §§ 129-147
1. Auflage, Berlin 2008
(zit.: Jaeger-*Bearbeiter*)

Hennrichs, Joachim

Kollisionsprobleme bei der (Voraus-) Abtretung zukünftiger Forderungen,
JZ 1993, 225 ff.

Himmelsbach, Rainer
Achsnick, Jan

Anmerkung zum Urteil des OLG Karlsruhe vom 8.04.2005
– 14 U 200/03 –
(NZI 2005, 103)
NZI 2005, 104 ff.

Homann, Stefan, *Junghans, Sven*	Anmerkung zum Urteil des BGH vom 29.11.2007 – IX ZR 165/05 – (NZI 2008, 236) EWiR 2008, 505 f.
Huber, Michael	Grundstrukturen der Abwicklung eines Bauvertrags in der Insolvenz - Teil 1, NZBau 2005, S.177 ff.
	Grundstrukturen der Abwicklung eines Bauvertrags in der Insolvenz - Teil 2 NZBau 2005, S.468 ff.
	Insolvenz des Vorbehaltskäufers, in: Heinrich, Christian (Hrsg.), Festschrift für Hans-Joachim Musielak zum 70. Geburtstag, München 2004, S. 124 ff. (zit.: *Huber*, Festschrift Musielak)
Jacobi, Christoph Alexander	Der latente Widerspruch zwischen kongruenter Globalzession und inkongruentem AGB-Pfandrecht, ZIP 2006, S. 2351 ff.
Jacoby, Florian	Globalzession gerettet — Handlungsbedarf bleibt, ZIP 2008, S.385 ff.
Jaeger, Ernst (Begr.)	Konkursordnung, 8. Aufl., §§ 1-70, bearbeitet von Friedrich Lent, 1958 (zit.: *Jaeger/Lent*, KO §§)
Jaeger, Ernst (Begr.)	Konkursordnung mit Einführungsgesetzen, Großkommentar 9. Aufl., §§ 1-42, bearbeitet von Wolfram Henckel, Berlin New York 1997 (zit.: *Jaeger/Henckel*, KO)

Kalter	Über die substantiellen Veränderungen konkursbefangener Forderungen und Rechte von Konkursgläubiger und Gemeinschuldner, KTS 1973, S.16 ff.
Kammel, Volker *Staps, Christian*	Die Deckungsanfechtung von Globalzessionen, NZI 2008, S. 143 ff.
Kirchhof, Hans-Peter	Die Anfechtung „ermöglichender" Deckungshandlungen nach § 130, 131 InsO, in: Festschrift für Uhlenbruck, S.269 ff. Köln 2000
	Die Ziele des Insolvenzverfahrens in der Rechtsprechung des Bundesgerichtshofs, in: Festschrift für Walter Gerhardt, S.443 ff. Köln 2004
	Anfechtbarkeit von Sachsicherheiten insbesondere der Banken in der Insolvenz des Kunden, ZinsO 2004, 465 ff.
	Anmerkung zum Urteil des OLG Karlsruhe vom 8.04.2005 – 14 U 200/03 – (NZI 2005, 103) WuB VI A. § 131 InsO 1.06
Kirchhof, Hans-Peter (Hrsg.) *Hans-Jürgen Lwowski(Hrsg.)* *Rolf Stürner(Hrsg.)*	Münchener Kommentar zur InsO Band 1, §§ 1-102 InsO, München 2001 (zit.: MünchKomm-*Bearbeiter*)
	Band 2, §§ 103-269 2. Auflage München 2008 (zit.: MünchKomm-*Bearbeiter*)

Knees, Klaus-Niels *Fischer, Paul*	Zur Unzulässigkeit von Kontokorrentverrechnungen bei vorhandener Globalzession, ZinsO 2008, S. 116 ff.
Kreft, Gerhart	Die Wende in der Rechtsprechung zu § 17 KO, ZIP 1997, 865
	Teilbare Leistungen nach § 105 InsO (unter besonderer Berücksichtigung des Bauvertragsrechts) in: Prütting, Hans (Hrsg.), Festschrift für Wilhelm Uhlenbruck zum 70. Geburtstag, Köln 2000, S.387 ff. (zit.: *Kreft*, Festschrift Uhlenbruck)
	Aktuelle Entwicklungen des Anfechtungsrechts im Lichte der höchstrichterlichen Rechtsprechung in: Berger, Christian (Hrsg.), Dritter Leipziger Insolvenzrechtstag, -Dokumentation des Symposiums vom 11.02.2002, Berlin 2002, S. 21 ff. (zit.: *Kreft*, Insolvenzrechtstag)
Krull, Helge	Globalzession, Erfüllungsverlangen und vorkonkursliche Teilleistung, InVo 1988, S.180 ff.
Kübler, Bruno M.(Hrsg.) *Prütting, Hans* *Bork Reinhard*	InsO, Loseblatt-Kommentar, Köln, Dezember 2008 (zit.: K/P-*Bearbeiter*)
	Das neue Insolvenzrecht, RWS Dokumentation 2. Auflage, Köln 2000 (zit.: *Kübler/Prütting*, RWS Dokumentation)

Kuder, Karen	Das Ende der Globalzession? Anfechtbarkeit von Globalzession und von Verrechnung von Zahlungseingängen bei offener Kreditlinie, ZinsO 2006, 1065 ff.
Kuhn, Georg *Uhlenbruck, Wilhelm*	Konkursordnung, 11. Auflage, München 1994 (zit.: *Kuhn/Uhlenbruck*)
Lange, Martin *Reimann, Christoph*	Müssen Kreditinstitute von der Globalzession Abschied nehmen?, BKR 2006, S.230
Larenz, Karl *Canaris, Claus-Wilhelm*	Lehrbuch des Schuldrechts, Band II/2, 13.Auflage, München 1994
	Methodenlehre der Rechtswissenschaft, 3. neu bearbeitete Auflage, Berlin Heidelberg New York 1995 (zit.: *Larenz/Canaris*, Methodenlehre)
Leipold, Dieter (Hrsg.)	Insolvenzrecht im Umbruch, Köln 1991
Lempenau, Gerhard	Direkterwerb oder Durchgangserwerb bei Übertragung künftiger Rechte, Bad Homburg Gehlen 1968 (zit.: *Lempenau*, Direkterwerb)
Lwowski, Hans-Jürgen	Das Recht der Kreditsicherung, 8. Auflage, Berlin 2000 (zit: *Lwowski*, Kreditsicherung)

Marotzke, Wolfgang   Gegenseitige Verträge im neuen Insolvenzrecht,
3. Auflage
Neuwied; Kriftel 2001
(zit.: *Marotzke*, Gegenseitige Verträge)

Die logische Sekunde – ein Nullum mit Dauerwirkung,
AcP 191 (1991), 177

Forderungszuständigkeit des Konkursverwalters als ungeschrieben Voraussetzung der §§ 17 Abs.1, 59 Abs.1 Nr.2 Alt.1 KO,
ZIP 1987, 1293 ff.

Das neue Insolvenzrecht – dargestellt am Beispiel der Mobiliarsicherheiten,
1999

Der Einfluss des Konkurses auf vor Verfahrenseröffnung getätigte Vorauszessionen,
KTS 1979, S.41 ff.

Das Anwartschaftsrecht- ein Beispiel sinnvoller Rechtsfortbildung?,
Berlin 1977.

Anmerkung zum Urteil des BGH vom 25.04.2002
– IX ZR 313/00 –
(ZIP 2002, 1093 ff.),
ZZP 111, S. 507 ff.

Anmerkung zum Urteil des BGH vom 14.12.1989
– IX ZR 283/88 –
(BGHZ 109, 369 ff.),
JR 1990, S.331 ff.

Medicus, Dieter	Kreditsicherung durch Verfügung über künftiges Recht, JuS 1967, S. 385ff.
Meller-Hannich, Caroline	Anmerkung zum Urteil des BGH vom 11.05.2006 – IX ZR 247/03 – (WM 2006, 1343 ff.), WuB VI A. § 114 InsO 1.06
Mentzel, Franz *Kuhn, Georg* *Uhlenbruck, Wilhelm*	Konkursordnung, 9.Auflage München 1979 (zit.: *Mentzel/Kuhn/Uhlenbruck*)
Meyer, Henning	Zur Anfechtbarkeit von Beraterhonoraren und der Reichweite der Barausnahme des § 142 InsO bei Geschäftsbesorgungen DZWir 2003, S.6 ff.
Mitlehner, Stefan	Die Verwertung sicherungszedierter Forderungen in der Insolvenz, ZIP 2001, 677 ff. Anfechtungsanspruch bei antizipierter Sicherungsübertragung, ZIP 2007, S. 1925 ff. Anmerkung zum Urteil des BGH vom 29. 11 2007 – IX ZR 30/07 – (BGHZ 174, 297) ZIP 2008, 189 f.
Mohrbutter, Harro *Mohrbutter, Peter*	Erfüllungsverlangen des Insolvenzverwalters und Teilbarkeit der Leistung, DZWIR 2003, S.1 ff.

Molitor, Michael W.	Anfechtbarkeit von Banksicherheiten in der Insolvenz des Kreditnehmers, ZInsO 2006, 23 ff
Mugdan, Benno	Die gesamten Materialien zum Bürgerlichen Gesetzbuch für das deutsche Reich, Band 3 Sachenrecht, Aalen 1979
Müller, Gerd	Vorausverfügung über gesellschaftsrechtliche Einzelansprüche und Übertragung der Mitgliedschaft, ZIP 1994, 342 ff
Musielak, Hans-Joachim	Die Erfüllungsablehnung des Konkursverwalters Zur Auslegung des § 17 KO Abs.1 Konkursordnung, AcP 179, S.189 ff.
	Kommentar zur Zivilprozessordnung 7. neubearbeitete Auflage München 2009 (zit.: Musielak-*Bearbeiter*)
Neußner, Anette	Anmerkung zum Urteil des OLG Dresden vom 13.10.2005 – 13 U 2364/04 – (ZIP 2005, 2167 ff.) EWiR 05/06, 691 f.
Nörr, Knut Wolfgang *Scheyhing, Robert* *Pöggeler, Wolfgang*	Handbuch des Schuldrechts, Sukzessionen Bd.2, Tübingen 1999
Obermüller, Manfred	Insolvenzrecht: eine systematische Darstellung des neuen Insolvenzrechts, 3. Auflage Heidelberg, 1999 (zit.: *Obermüller*, Insolvenzrecht)

	Insolvenzrecht in der Bankpraxis 7. neubearb. Auflage, Köln 2007 (zit.: *Obermüller*, Bankpraxis)
Olshausen, Eberhard v.	„Verfügung" statt „Rechtshandlung" in § 81 InsO oder: Der späte Triumph des Reichstagsabgeordneten Levin Goldschmidt, ZIP 1998, S.1039 ff.
	Die kausalose wirksame Verfügung eines Nichtberechtigten in dessen Konkurs, MDR 1975, S.669 ff.
Pagenkopf, Martin	Zur Abtretung künftiger Forderungen, Diss. Bonn 1978
Pape, Gerhard	Anmerkung zum Urteil des BGH vom 20.12.1988 – IX ZR 50/88 – (ZIP 1989, 171 ff.) EWiR 89, 283 f.
	Ablehnung und Erfüllung schwebender Rechtsgeschäfte durch den Insolvenzverwalter, in: Arbeitskreis für Insolvenz- und Schiedsgerichtswesen e.V. (Hrsg.), Kölner Schrift zur Insolvenzordnung, 2. Auflage, Herne/Berlin 2000, S.531 ff. (zit.: *Pape*, Kölner Schrift)
Paulus, Christoph G.	Zum Verhältnis von Aufrechung und Insolvenzanfechtung, ZIP 1997, 569 ff.
	Anmerkung zum Urteil des BGH vom 4.05.1995 – IX ZR 256/93 – (WM 1995, 1116 ff.) WuB VI B. § 17 KO 2.95

Pech, Janine	Die Einbeziehung des Neuerwerbs in die Insolvenzmasse, 1998 (zit.: *Pech*, Diss.)
Piepenbrock, Andreas	Die Globalzession im Visier der Deckungsanfechtung, NZI 2006, S.685 f.
Raschke, Thorsten	Funktion und Abgrenzung des Bargeschäftstatbestandes in § 142 InsO, Diss., Hamburg 2000, (zit.: *Raschke*, Diss)
Rigol, Ruth	Anmerkung zum Urteil des BGH vom 04.10.2001 – IX ZR 207/00 – (NJW-RR 2002, 262) EWiR 2002,107 f.
Ringstmeier, Andreas	Auswirkung der Erfüllung gegenseitiger Verträge im Konkurs auf Forderungsabtretungen, Diss. Köln 1990. (zit.: *Ringstmeier*, S.)
Roth, Herbert	Die Fortsetzung des Synallagmas mit insolvenzrechtlichen Mitteln (§ 103 InsO), in: Diederichsen, Uwe (Hrsg.), Festschrift für Walter Rolland zum 70. Geburtstag, Köln 1999, S. 305 ff. (zit.: *Roth*, in: Festschrift Rolland)
Sethe v., Henning	Anmerkung zum Urteil des BGH vom 29.11.2007 – IX ZR 30/07 – (BGHZ 174, 279 ff.) BKR 2008, 118 f..
Scheffler, Frank Rüdiger	Teilleistungen und gegenseitige nicht vollständig erfüllte Verträge, ZIP 2001, S.1182ff.

Schimansky, Herbert *Bunte, Hermann J.* *Lwowski, Hans J.*	Bankrechts-Handbuch Band 2 2. Aufl., München 2001
Schmidt, Karsten	Anmerkung zum Urteil des BGH vom 20.12.1988 – IX ZR 59/88 – (NJW 1989, 1282 f.), JuS 1989, S. 935 f.
Schmitz, Claus	Das Bauunternehmen im Konkurs, ZIP 1998, S.1421 ff. Anmerkung zum Urteil des BGH Urteil vom 28. 9. 2000 - VII ZR 372/99 (BGHZ 145, 245 ff.) ZIP 2000, 2211 ff. Die Bauinsolvenz, München 2003
Schneider, Johann *Güther, Robert*	Die insolvenzrechtliche Anfechtbarkeit von revolvierenden (Global-)Sicherheiten, DB 2008, 279 ff.
Schwerdtner, Peter	Globalzession und verlängerter Eigentumsvorbehalt, NJW 1974, S.1785 ff.
Serick, Rolf	Eigentumsvorbehalt und Sicherungsübertragung Bd. IV Verlängerungs- und Erweiterungsformen des Eigentumsvorbehalts und der Sicherungsübertragung, Erster Teil, Heidelberg 1976 Bd. V Verlängerungs- und Erweiterungsformen des Eigentumsvorbehalts und der Sicherungsübertragung, Zweiter und Dritter Teil, Heidelberg 1982.

	Verarbeitungsklauseln im Wirkungskreis des Konkursverfahrens, ZIP 1982, 507 ff.
Smid, Stefan *Lieder, Solveig*	Struktur und systematischer Gehalt des deutschen Insolvenzrechts, DZWIR, 2004. S.11
Smid, Stefan (Hrsg.)	Insolvenzordnung (InsO) : mit insolvenzrechtlicher Vergütungsverordnung (InsVV), 2. Aufl. . - Stuttgart 2001 (zit.: Smid-*Bearbeiter*)
Staudinger, Julius v.	Bürgerliches Gesetzbuch § 397 – 432 BGB; Berlin 2005 (zit.: Staudinger-*Bearbeiter*)
Streit, Georg *Jordan, Stefan*	Anfechtbarkeit von Kontokorrentverrechnungen und Sicherungs-Globalzession in der Insolvenz des Kontoinhabers, DZWIR 2004, 411 ff.
Sundermann, Werner	Anmerkung zum Urteil des BGH vom 20.12.1988 – IX ZR 50/88 – (BGHZ 106, 236ff.) WuB VI B. § 15 KO 1.89.
Tintelnot, Albrecht	Die gegenseitigen Verträge im neuen Insolvenzverfahren, ZIP 1995, S.616 ff.
	Zur Aufrechnung mit einer Nichterfüllungsforderung nach § 103 II 1 InsO, KTS 2004, S.339 ff.

Uhlenbruck, Wilhelm	Insolvenzordnung, 12. Auflage, München 2003 (zit.: Uhlenbruck-*Bearbeiter*)
	Anmerkung zum Urteil des BGH vom 21.11.1991 – IX ZR 290/90 – (BGHZ 116,156 ff.) JZ 1992, S.425 ff.
	Anmerkung zum Urteil des BGH vom 21.11.1991 – IX ZR 290/90 – (KTS 1992, 424f.), KTS 1992, S. 425 ff.
Wagner, Gerhard	Anmerkung zum Urteil des BGH vom 05.04.2001 – IX ZR 216/98 – (BGHZ 147, 233 ff.) EWiR 2001,883 f.
Wazlawik, Thomas	Aufrechnungsbefugnis und Wirksamkeit der Zession nach Erfüllungswahl des Insolvenzverwalters, DB 2002, S.2587 ff.
Wieser, Eberhard	Erfüllungsverlangen des Insolvenzverwalters und Aufrechung mit einer Insolvenzforderung, JZ 2003, S.231 ff.
Wilmowsky, Peter	Aufrechnung in der Insolvenz, NZG 1998, S. 481 ff.

Wimmer, Klaus (Hrsg.).	Frankfurter Kommentar zu Insolvenzordnung, 5. überarbeite Auflage, Neuwied u.a. 2008 (zit.: FK-*Bearbeiter*)
Wischemeyer, Markus	Die Anfechtung der Rückführung debitorischer Konten in der Krise, Diss., 2002 (zit.: *Wischemeyer*, Diss.)

Christoph Thomas Koehler

Lastschriftverfahren in der Insolvenz des Schuldners
Im Lichte der neuen BGH-Rechtsprechung

Frankfurt am Main, Berlin, Bern, Bruxelles, New York, Oxford, Wien, 2010.
XVI, 244 S., zahlr. Tab. und Graf.
Saarbrücker Studien zum Privat- und Wirtschaftsrecht.
Herausgegeben von Johann Paul Bauer, Michael Martinek und Helmut Rüßmann. Bd. 66
ISBN 978-3-631-60161-7 · geb. € 51,80

Wohl kaum ein insolvenzrechtliches Thema ist zurzeit derart umstritten, wie die rechtliche Behandlung des Einzugsermächtigungsverfahrens im Fall der Insolvenz des Schuldners. Sowohl in Rechtsprechung als auch in der Literatur herrscht große Uneinigkeit diesbezüglich. Die große Besonderheit ist jedoch, dass sich zwei Senate des Bundesgerichtshofs bei diesem Thema stark widersprechen, was bisweilen zu großen Unsicherheiten in der Praxis führt. Diese Arbeit zeigt die unterschiedlichen Standpunkte auf und erörtert anhand derer die jeweiligen insolvenzrechtlichen Konsequenzen. Es wird dabei versucht, auf alle rechtlichen Fragestellungen und Problembereiche einzugehen und die rechtlichen Handlungsmöglichkeiten der einzelnen Parteien zu bestimmen. Dieses Werk beschränkt sich dabei nicht nur auf das Einzugsermächtigungsverfahren, sondern bezieht auch das Abbuchungsauftragsverfahren und das seit dem 1.11.2009 geltende europäische Lastschriftverfahren mit ein.

Aus dem Inhalt: Insolvenzrechtliche Behandlung von Einzugsermächtigungsverfahren · Abbuchungsauftragsverfahren und europäischem Lastschriftverfahren (SEPA-Lastschrift)

Frankfurt am Main · Berlin · Bern · Bruxelles · New York · Oxford · Wien
Auslieferung: Verlag Peter Lang AG
Moosstr. 1, CH-2542 Pieterlen
Telefax 00 41 (0) 32 / 376 17 27

*inklusive der in Deutschland gültigen Mehrwertsteuer
Preisänderungen vorbehalten
Homepage http://www.peterlang.de